职业教育·道路运输类专业教材

公路工程招投标与合同管理

HIGHWAY ENGINEERING BIDDING AND CONTRACT MANAGEMENT

（第3版）

崔 磊 主 编

陈艳华 张振平 副主编

田志峰 主 审

人民交通出版社股份有限公司

北京

内 容 提 要

本书为职业教育道路运输类专业教材。本书以公路工程建设最新的法律、法规、标准文本为依据,以真实工程项目为载体,结合工程招投标与合同管理的实际工作程序和工作内容以及典型工程案例进行编写。本书分为7个模块,包括:认识公路建设市场,公路工程施工招标,公路工程施工投标,公路工程施工开标、评标与定标,学习合同法律基础,公路工程施工合同管理,公路工程施工索赔。每个模块设有学习导航(思维导图),知识、能力、素质三维目标;以工作任务引领,教、学、做、练同步,学习内容中穿插大量工程案例;融入特色思政元素;系统设计训练考核,包括职业素养提升、课内实训、单选题、多选题、案例评析、专项实训、在线测评等。

本书可作为职业教育道路与桥梁工程技术、道路工程造价、建设工程监理及相关专业的教材,也可作为公路工程建设、施工、监理等工程技术人员参考用书及相关岗位培训用书。

* 本书配套数字资源(包括微课、视频、多媒体课件、题库、课程思政学习资料、任务训练、在线测评等形式),读者可通过扫描封面二维码免费观看和在线学习、测试。另外,本书有配套教学课件,教师可通过加入职教路桥教学研讨群(QQ群号:561416324)获取。

图书在版编目(CIP)数据

公路工程招投标与合同管理/崔磊主编. —3 版

. —北京:人民交通出版社股份有限公司,2024.1

ISBN 978-7-114-18541-0

Ⅰ.①公… Ⅱ.①崔… Ⅲ.①道路施工—招标—高等职业教育—教材 ②道路施工—投标—高等职业教育—教材 ③道路工程—经济合同—管理—高等职业教育—教材

Ⅳ.①U415.1

中国版本图书馆 CIP 数据核字(2022)第 257393 号

职业教育·道路运输类专业教材
Gonglu Gongcheng Zhao-Toubiao yu Hetong Guanli

书　　名:**公路工程招投标与合同管理(第3版)**
著 作 者:崔　磊
责任编辑:刘　倩
责任校对:孙国靖　卢　弦
责任印制:张　凯
出版发行:人民交通出版社股份有限公司
地　　址:(100011)北京市朝阳区安定门外外馆斜街3号
网　　址:http://www.ccpcl.com.cn
销售电话:(010)59757973
总 经 销:人民交通出版社股份有限公司发行部
经　　销:各地新华书店
印　　刷:北京市密东印刷有限公司
开　　本:787×1092　1/16
印　　张:19
字　　数:427 千
版　　次:2015 年 6 月　第 1 版
　　　　　2019 年 12 月　第 2 版
　　　　　2024 年 1 月　第 3 版
印　　次:2024 年 1 月　第 3 版　第 1 次印刷　总第 11 次印刷
书　　号:ISBN 978-7-114-18541-0
定　　价:56.00 元
(有印刷、装订质量问题的图书,由本公司负责调换)

本书第 1 版于 2015 年 6 月由人民交通出版社股份有限公司正式出版发行,受到广大师生的好评,并于 2019 年 12 月修订出版第 2 版。近年来,随着我国招投标市场更加规范和完善,国家相关部委陆续颁布实施了新的法律法规和标准示范文本。结合公路建设行业发展、教育部课程思政要求及教育教学数字化转型,我们在第 2 版的基础上完成了本书第 3 版的修订工作。

本书以公路工程建设最新的法律、法规、标准文本为依据,以真实工程项目为载体,结合工程招投标与合同管理的实际工作程序和工作内容以及典型工程案例进行编写。本书分为 7 个模块,包括:认识公路建设市场,公路工程施工招标,公路工程施工投标,公路工程施工开标、评标与定标,学习合同法律基础,公路工程施工合同管理,公路工程施工索赔。教师可根据不同专业的教学需要,灵活安排各模块学时。

在第 2 版的基础上,第 3 版做了如下修订:

(1)在每一模块增加了职业素养提升栏目,丰富了课程思政方案。

(2)更新了教材中涉及的《中华人民共和国民法典》(2021 年)、《建设项目工程总承包合同(示范文本)》(GF-2020-0216)、《建设工程企业资质管理制度改革方案》(2020 年)等内容,吸纳了公路建设领域最新技术成果。

(3)增加了微课、视频、文本等教学资源。

(4)更新和增加了大量典型工程案例、课内实训和专项实训,有利于"教""学""做""练"一体化开展。

本书第 3 版突出了以下特色:

1.凸显时效性和模块化,配套教学资源

本书贯彻落实党的二十大精神,紧密对接交通强国战略下公路建设转型升级带来的建造智慧化、管理精细化等技术变革,依据最新专业教学标准、职业标准、"1＋X"工程造价数字化应用职业技能等级证书的相关要求,采用最新标准和规范,选编符合新基建需求的招投标和施工合同管理内容,以工作任务为引领,以真实工程项目为载体,共设计 7 个模块 29 项任务,融入大量公路工程典型案例和各类表单资料等,实现岗课赛证融通。

本书配套了丰富的数字资源(形式有微课、视频、题库、文档资料等),读者可通过扫描二维码免费观看和在线学习、测试,同时我们会根据行业发展,不断更新、完善二维码所链接的资源。

2.注重理论联系实际，重视职业岗位能力训练

本书根据公路建设转型升级对岗位能力需求的变化，注重理论和实践紧密结合，重视职业岗位技能学习和训练。本书结合实际工作，穿插了大量工程典型案例和实用表单，便于教师采用案例教学法授课。每个模块设有学习导航(思维导图)，知识、能力、素质三维目标，工作任务引领，教、学、做、练一体；学习内容中穿插大量知识点小案例和综合应用案例；系统设计同步训练考核，包括职业素养提升、任务训练、课内实训、专项实训、在线测评等。其中，职业素养提升为课程思政有机融入的考核任务；任务训练包括"1＋X"工程造价数字化应用职业技能等级证书考试，造价师、建造师等职业资格考试中的考核内容以及行业最新发展动态，题型有单选题、多选题、案例评析等；课内实训任务均在课堂内完成，专项实训更为综合，可选择部分任务课下完成，最后完成在线测评，切实增强学生对职业岗位的适应能力。

3.特色课程思政有机融入

本书系统设计了特色课程思政，主要包括：融入职业自豪感、大国复兴、国际视野；道德修养、法治意识；"两路"精神、职业能力、路桥工匠等思政元素；运用川藏公路、青藏公路、港珠澳大桥、京台高速公路等的招投标、合同管理、施工创新案例，将二十大精神融入各模块，并且增设了"职业素养提升"板块，对每个模块课程思政进行考评。

4.坚持产教融合、校企双元开发

本书由院校教师和公路施工、监理企业一线技术人员共同编写。编写组成员具有多年教学经验和企业工作经历，在编写过程中更注重教材内容与企业岗位需求相匹配。

本书由山东交通职业学院崔磊担任主编并统稿，山东交通职业学院陈艳华、张振平担任副主编，潍坊公路发展集团有限公司工程技术应用研究员田志峰担任主审，山东交通职业学院杨青潮、于之华、李瑾、靳田和潍坊顺昌路桥工程有限公司吴学芹参与修订编写。编写分工如下：模块1、模块4、模块7由崔磊修订编写；模块2、模块3由陈艳华、李瑾、吴学芹修订编写；模块5、模块6由张振平、杨青潮、于之华、靳田修订编写。湖北顺达公路工程监理咨询有限公司、山东高速工程建设集团有限公司、山东高速工程项目管理有限公司提供了部分工程案例。

本书第3版在前两版的基础上修改完成，在此向本书前两版的编写人员表示感谢。

本书在第3版修订过程中，参考了国内外相关文献资料和视频，在此一并表示感谢。本书出版得到多所兄弟院校同行、行业企业专家、人民交通出版社股份有限公司各位编辑的大力支持，特致谢意。

由于编者水平有限，书中难免存在不足之处，敬请各位读者批评指正。

编　者
2023 年 10 月

本教材配套资源索引

		一、知识点配套资源		
教材内容	二维码序号	资源名称	资源类型	书中页码
模块1 认识公路建设市场	1	加快建设交通强国	视频	003
	2	建筑业企业资质等级	文本	005
	3	山东省路桥集团施工资质	图片	007
	4	国家职业资格目录(2021年版)	文本	010
	5	二级造价工程师职业资格报考条件	文本	010
	6	"1+X"工程造价数字化应用职业技能 等级证书考评大纲	文本	010
	7	建设工程交易系统操作手册(投标人)	文本	013
	8	招标投标法实施条例(2019年修订版)	文本	014
模块2 公路工程施工招标	9	招标投标法(2017年修正)	文本	023
	10	必须招标的工程项目规定	文本	023
	11	招标投标法实施条例 (2019年修订版)(可以不招标的情况)	文本	024
	12	工程建设项目施工招标投标办法	文本	024
	13	公路工程建设项目招标投标管理办法	文本	024
	14	取消招标代理机构资格认定	文本	027
	15	招标代理企业平台注册	微课	028
	16	项目登记——电子招投标交易平台	微课	028
	17	招标备案——电子招投标交易平台	微课	028
	18	申请人须知	文本	035
	19	资格审查办法	文本	035
	20	资格预审申请文件格式	文本	035
	21	公路工程标准施工招标资格预审文件(2018年版)	文本	035
	22	资格预审公告	文本	035
	23	公路工程标准施工招标文件(2018年版)	文本	040
	24	标准设计施工总承包招标文件(2012年版)	文本	040
	25	简明标准施工招标文件(2012年版)	文本	040
	26	招标公告和公示信息发布管理办法	文本	042
	27	招标公告	文本	042
	28	招标公告管理——电子招投标交易平台	微课	042
	29	投标邀请书	文本	047
	30	投标人须知	文本	051
	31	招标文件管理、最高投标限价	微课	073

续上表

教材内容	二维码序号	资源名称	资源类型	书中页码
模块3 公路工程施工投标	32	投标人资格要求	文本	100
	33	施工单位平台注册	微课	102
	34	招标公告及投标报名——信息平台	微课	102
	35	购买及下载招标文件——信息平台	微课	102
	36	投标文件编制工具	微课	105
	37	标书制作软件用户手册	文本	114
	38	投标有效期及投标保证金规定	文本	119
模块4 公路工程施工开标、 评标与定标	39	工程项目开标	微课	163
	40	工程项目评标	微课	166
	41	评标专家违规被处理	文本	167
	42	四种评标方法目录	文本	168
	43	合理低价法	文本	168
	44	综合评分法	文本	168
	45	经评审的最低投标价法	文本	169
	46	技术评分最低标价法	文本	169
	47	"围标串标"的认定	文本	172
	48	工程项目定标	微课	182
	49	电子招标投标示例	文本	185
模块5 学习合同法律基础	50	《民法典》合同编目录	文本	196
	51	合同的订立	微课	199
	52	合同的成立	微课	201
	53	缔约过失责任	微课	203
	54	合同的效力	微课	204
	55	效力待定合同	微课	205
	56	可变更、可撤销合同	微课	207
	57	合同履行	微课	207
	58	合同变更、转让及终止	微课	210
	59	违约及违约责任	微课	213
模块6 公路工程施工 合同管理	60	S213龙青线大中修施工合同	文本	230
	61	施工合同各方基本权利义务	微课	230
	62	施工合同中的质量管理	微课	233
	63	施工合同中的进度管理	微课	241
	64	施工合同中的造价管理	微课	246
	65	设计变更通知单	图片	252

续上表

教材内容	二维码序号	资源名称	资源类型	书中页码
模块7 公路工程施工索赔	66	不可抗力	文本	266
	67	工期延误、暂停施工	文本	266
	68	建设工程施工合同:索赔	文本	273
	69	建设项目工程总承包合同:索赔处理程序	文本	274
	70	工程保函欺诈纠纷案	文本	281
	71	某高速公路施工合同纠纷案	文本	281

二、在线测评及参考答案

教材内容	二维码序号	资源名称	资源类型	书中页码
模块1 认识公路建设市场	1	模块1 在线测评	题库	020
模块2 公路工程施工招标	2	模块2 在线测评	题库	097
模块3 公路工程施工投标	3	模块3 在线测评	题库	160
模块4 公路工程施工开标、评标与定标	4	模块4 在线测评	题库	193
模块5 学习合同法律基础	5	模块5 在线测评	题库	222
模块6 公路工程施工合同管理	6	模块6 在线测评	题库	262
模块7 公路工程施工索赔	7	模块7 在线测评	题库	290

三、课程思政学习资源

教材内容	二维码序号	课程思政元素	资源素材	素材来源和时间	书中页码
模块1 认识公路建设市场	1	民族自豪感、职业自豪感、大国复兴、经济发展	汪小金——鲁布革冲击波掀开中国项目管理改革篇章	云南卫视《云南新闻联播》,2018-11-30 22:47	020
			[中华民族]每一段公路上都印满了建设者们艰苦奋斗的足迹	CCTV-1 综合频道,中华民族,2020-08-05 00:28	
			沿着高速看中国·川藏公路——通向"世界屋脊"的团结线幸福路	CCTV-13 新闻频道,朝闻天下,2021-06-21 07:17	
			港珠澳大桥之家国情怀	CCTV-综合频道,纪录片《港珠澳大桥》,2017-07-01-18:54	
			北京青年数说二十大报告——奋进交通新征程	共青团北京市委员会,北京青年"数"说二十大报告,2022-11-26	
模块2 公路工程施工招标	2	道德修养、法治意识	中央纪委国家监委曝光工程招投标领域猫腻及典型案例	中央纪委国家监委网站,发布时间:2021-02-02 14:20	097
			大道不容路蠹	中央纪委国家监委网站,发布时间:2020-11-30 14:21	

续上表

教材内容	二维码序号	课程思政元素	资源素材	素材来源和时间	书中页码
模块2 公路工程 施工招标	2	道德修养、法治意识	触目惊心的"塌方式腐败"	来源:中国纪检监察报 发布时间:2014-11-18 14:11	097
			交通运输部:2050年全面建成交通强国,实现"人享其行,物优其流"	央视网:CCTV-2财经频道 经济信息联播,时间:2021-03-24 21:20	
模块3 公路工程 施工投标	3	"两路"精神、职业能力、工匠精神	"两路"精神如何激励今人前行	中央纪委国家监委网站 发布时间:2020-11-09 14:39	160
			企业要招投标须先入"会"抢资格	CCTV-13新闻频道,新闻直播间,时间:2018-10-28 12:40	
			最美奋斗者许振超——创造享誉全球的"振超效率"	CCTV-13新闻频道,东方时空,时间:2015-04-11	
模块4 公路工程 开标、评标 与定标	4	公平公正、职业精神	新经济、新业态、新模式,线上远程异地招评标,按下项目建设"加速键"	湖北卫视,湖北新闻,2020-04-23 10:31	193
			关于高速公路建设项目的评标专家违规行为处理结果的决定	湖南省交通运输厅,2019-08-28	
模块5 学习合同 法律基础	5	社会公德、法律意识、规范与道德	《民法典》标志我国正式进入法典化时代	CCTV-13新闻频道,朝闻天下时间:2021-01-05 07:31	222
			签订律师代理合同要谨慎	BTV新闻,都市晚高峰,时间:2021-01-02 20:39	
			民法典对电子合同的订立和履行有明确回应	CCTV-12社会与法频道,时间:2020-07-01 22:26	
			国家发改委等完善招标投标交易担保制度解读	中国招标投标协会,2023-02-07	
模块6 公路工程 施工合同 管理	6	国际视野、法律意识、适应发展、节约成本	筑梦一带一路:巴基斯坦——刘炫历经艰辛,修建平均海拔最高的公路	CCTV-4中文国际频道,时间:2016-12-28 13:49	262
			《焦点访谈》通在纸上的高速路	CCTV-13,焦点访谈,2014-12-24 20:06	
			注意审查合同内容,提高证据保全意识	CCTV-12社会与法频道,热线12,时间:2017-09-18 14:39	
模块7 公路工程 施工索赔	7	职业精神、社会责任、职业能力	建设工程施工合同纠纷再审审查与审判监督民事裁定书	中国裁判文书网,中华人民共和国最高人民法院民事裁定书(2018)最高法民申3589号	290
			建设工程施工合同纠纷二审民事判决书	中国裁判文书网,中华人民共和国最高人民法院民事判决书(2019)最高法民终794号	

资源使用方法:

1.扫描封面上的二维码(注意此码只可激活一次);

2.关注"交通教育出版"微信公众号;

3.公众号弹出"购买成功"通知,点击"查看详情",进入后即可查看资源;

4.也可进入"交通教育"微信公众号,点击下方菜单"用户服务-图书增值",选择已绑定的教材进行观看和学习。

目 录
CONTENTS

模块 1　认识公路建设市场　/　001

任务 1.1　公路建设市场发展历程 ┄┄┄┄┄┄┄┄┄┄┄┄┄┄┄┄┄┄┄┄┄┄ 003

任务 1.2　公路建设市场主体与客体 ┄┄┄┄┄┄┄┄┄┄┄┄┄┄┄┄┄┄┄┄ 004

任务 1.3　公共资源交易中心 ┄┄┄┄┄┄┄┄┄┄┄┄┄┄┄┄┄┄┄┄┄┄┄┄ 012

任务 1.4　公路工程招标投标法律法规 ┄┄┄┄┄┄┄┄┄┄┄┄┄┄┄┄┄┄ 014

职业素养提升 ┄┄┄┄┄┄┄┄┄┄┄┄┄┄┄┄┄┄┄┄┄┄┄┄┄┄┄┄┄┄┄┄ 016

模块小结 ┄┄┄┄┄┄┄┄┄┄┄┄┄┄┄┄┄┄┄┄┄┄┄┄┄┄┄┄┄┄┄┄┄┄ 016

任务训练 ┄┄┄┄┄┄┄┄┄┄┄┄┄┄┄┄┄┄┄┄┄┄┄┄┄┄┄┄┄┄┄┄┄┄ 017

专项实训　公共资源交易中心建设工程交易服务过程模拟 ┄┄┄┄┄┄┄ 019

在线测评 ┄┄┄┄┄┄┄┄┄┄┄┄┄┄┄┄┄┄┄┄┄┄┄┄┄┄┄┄┄┄┄┄┄┄ 020

课程思政学习资源 ┄┄┄┄┄┄┄┄┄┄┄┄┄┄┄┄┄┄┄┄┄┄┄┄┄┄┄┄┄┄ 020

模块 2　公路工程施工招标　/　021

任务 2.1　施工招标准备 ┄┄┄┄┄┄┄┄┄┄┄┄┄┄┄┄┄┄┄┄┄┄┄┄┄┄ 023

任务 2.2　施工招标资格审查 ┄┄┄┄┄┄┄┄┄┄┄┄┄┄┄┄┄┄┄┄┄┄┄┄ 032

课内实训 2-1　资格预审公告的编制 ┄┄┄┄┄┄┄┄┄┄┄┄┄┄┄┄┄┄┄ 038

任务 2.3　施工招标文件编制 ┄┄┄┄┄┄┄┄┄┄┄┄┄┄┄┄┄┄┄┄┄┄┄┄ 040

课内实训 2-2　投标邀请书的编制 ┄┄┄┄┄┄┄┄┄┄┄┄┄┄┄┄┄┄┄┄ 047

任务 2.4　施工招标控制价编制 ┄┄┄┄┄┄┄┄┄┄┄┄┄┄┄┄┄┄┄┄┄┄ 071

任务 2.5　实际工程施工招标文件示例 ┄┄┄┄┄┄┄┄┄┄┄┄┄┄┄┄┄┄ 075

职业素养提升 ┄┄┄┄┄┄┄┄┄┄┄┄┄┄┄┄┄┄┄┄┄┄┄┄┄┄┄┄┄┄┄┄ 091

模块小结 ┄┄┄┄┄┄┄┄┄┄┄┄┄┄┄┄┄┄┄┄┄┄┄┄┄┄┄┄┄┄┄┄┄┄ 091

任务训练 ┄┄┄┄┄┄┄┄┄┄┄┄┄┄┄┄┄┄┄┄┄┄┄┄┄┄┄┄┄┄┄┄┄┄ 091

专项实训　某公路工程施工招标文件编制 ┄┄┄┄┄┄┄┄┄┄┄┄┄┄┄┄ 097

在线测评 ┄┄┄┄┄┄┄┄┄┄┄┄┄┄┄┄┄┄┄┄┄┄┄┄┄┄┄┄┄┄┄┄┄┄ 097

课程思政学习资源 ┄┄┄┄┄┄┄┄┄┄┄┄┄┄┄┄┄┄┄┄┄┄┄┄┄┄┄┄┄┄ 097

模块3 公路工程施工投标 / 098

任务 3.1　施工投标准备 ································ 100

任务 3.2　施工投标程序与内容 ···················· 102

任务 3.3　施工投标文件编制 ······················· 103

课内实训 3-1　某公路工程投标函与附录编制 ···· 117

任务 3.4　投标报价策略与技巧 ···················· 121

任务 3.5　实际工程施工投标文件示例 ············· 125

职业素养提升 ··· 156

模块小结 ·· 156

任务训练 ·· 156

专项实训　某公路工程施工投标文件编制 ········· 159

在线测评 ·· 160

课程思政学习资源 ··································· 160

模块4 公路工程施工开标、评标与定标 / 161

任务 4.1　施工开标 ································· 163

课内实训 4-1　施工开标案例评析 ·················· 165

任务 4.2　施工评标 ································· 166

课内实训 4-2　综合评分法应用案例评析 ·········· 180

任务 4.3　施工定标与签订合同 ···················· 181

职业素养提升 ··· 187

模块小结 ·· 187

任务训练 ·· 188

专项实训　某公路工程投标、开标和评标工作模拟 ···· 192

在线测评 ·· 193

课程思政学习资源 ··································· 193

模块5 学习合同法律基础 / 194

任务 5.1　合同的订立与效力 ······················· 196

任务 5.2　合同的履行 ······························· 207

任务 5.3　合同的变更、转让与终止 ················ 210

任务 5.4　违约责任与合同争议的解决 ············· 213

职业素养提升 ··· 217

模块小结 ·· 218

任务训练 ·· 218

专项实训　某公路工程施工合同履行过程的争议处理模拟 ···· 222

在线测评 ………………………………………………………………… 222
课程思政学习资源 ………………………………………………………… 222

模块 6　公路工程施工合同管理　/　223

任务 6.1　认识施工合同 ………………………………………………… 225
任务 6.2　施工合同质量管理 …………………………………………… 233
任务 6.3　施工合同进度管理 …………………………………………… 241
任务 6.4　施工合同价款管理 …………………………………………… 246
任务 6.5　公路工程变更 ………………………………………………… 251
职业素养提升 ……………………………………………………………… 257
模块小结 …………………………………………………………………… 257
任务训练 …………………………………………………………………… 258
专项实训　某公路工程施工合同的模拟签订 ………………………… 261
在线测评 …………………………………………………………………… 262
课程思政学习资源 ………………………………………………………… 262

模块 7　公路工程施工索赔　/　263

任务 7.1　施工索赔概述 ………………………………………………… 265
课内实训 7-1　施工索赔案例评析 ……………………………………… 271
任务 7.2　施工索赔程序及文件 ………………………………………… 272
任务 7.3　施工索赔费用和工期计算 …………………………………… 278
职业素养提升 ……………………………………………………………… 284
模块小结 …………………………………………………………………… 284
任务训练 …………………………………………………………………… 284
专项实训　某高速公路某合同段施工索赔 …………………………… 288
在线测评 …………………………………………………………………… 290
课程思政学习资源 ………………………………………………………… 290

参考文献　/　291

模块1
认识公路建设市场

学习导航

认识公路建设市场
- 公路建设市场发展历程
- 公路建设市场主体与客体
  - ·公路建设市场主体
  - ·公路建设市场客体
- 公共资源交易中心
  - ·组成和管理范围
  - ·主要职责
  - ·招投标运行流程
- 公路工程招标投标法律法规
  - ·主要法律
  - ·现行法律法规制度体系

知识目标

1. 了解我国公路建设市场的发展历程；
2. 掌握公路建设市场主体与客体；
3. 熟悉建筑市场的资质管理；
4. 熟悉公共资源交易中心的性质、主要职能、运行程序；
5. 了解公路工程招投标相关法律法规。

能力目标

1. 能够区分公路建设市场的主体与客体；
2. 能够叙述公路建设市场相关主体的职责；
3. 能够叙述公共资源交易中心的职责。

素质目标

1. 培养诚实守信、公平公正的思想品质；
2. 增强工程建设法律意识，具有良好的职业道德和敬业精神；
3. 关注公路建设市场发展动态，树立创新意识。

工作任务

济南至潍坊高速公路工程施工（1～3标段）项目已报上级部门批准，建设资金已落实。项目法人单位为山东高速集团有限公司，资金来源为企业自筹和银行贷款。现对路基、路面、桥梁、防护等工程进行施工招标，招标人为山东高速集团有限公司建设管理分公司。

假如你是路桥施工企业的一名技术员，请熟悉以下公路建设市场基本知识。

1. 此工程招标信息在哪里发布的？
2. 通过上述案例，讨论各自地区公路建设市场招投标的现状。
3. 了解我国对公路建设市场如何有效管理的？熟悉建筑业企业资质管理要求。
4. 登录全国公共资源交易平台（山东省）（http://ggzyjy.shandong.gov.cn/），或全国公路建设市场信用信息管理系统（https://glxy.mot.gov.cn/），查找公路工程项目招投标相关信息，施工、检测、监理等参建单位信用信息。
5. 列举公路工程招标与投标活动中涉及的主要法律法规。

任务 1.1
公路建设市场发展历程

公路建设是最早开放市场、引入招标投标制度的工程建设领域之一。我国公路建设市场化改革主要经历了 4 个阶段。

1. 第一阶段：市场化起步阶段（1980—1986 年）

1980 年，国务院发布《关于开展和保护社会主义竞争的暂行规定》，指出"对一些适宜于承包的生产建设项目和经营项目，可以试行招标投标的办法"。1984 年，国务院颁布《关于改革建筑业和基本建设管理体制若干问题的暂行规定》，要求大力推行工程招标承包制。1985 年，交通部颁布了首部规范公路工程招标投标的管理办法——《公路工程施工招标投标试行办法》。

2. 第二阶段：市场化完善阶段（1987—1998 年）

1988 年，国务院颁布《关于印发投资管理体制近期改革方案的通知》，重点对政府投资范围、资金来源和经营方式进行初步改革。1993 年《中共中央关于建立社会主义市场经济体制若干问题的决定》和 1997 年党的十五大，对公路建设项目可行性论证、设计、采购、施工、监理等进行改革，广泛引入竞争机制。

3. 第三阶段：健全完善招标投标制度阶段（1999—2016 年）

自 1999 年开始，《中华人民共和国合同法》（以下简称《合同法》）、《中华人民共和国公路法》、《中华人民共和国招标投标法》（以下简称《招标投标法》）、《中华人民共和国招标投标法实施条例》（以下简称《招标投标法实施条例》）相继实施，市场化改革深入推进。2009 年，交通运输部颁布《公路建设市场信用信息管理办法（试行）》和《公路施工企业信用评价规则（试行）》；同年开发了"全国公路建设市场信用信息管理系统"。2015 年，交通运输部颁布《公路工程建设项目招标投标管理办法》，对原有十三个部门规章和规范性文件进行统一整合。

4. 第四阶段：持续优化招标投标领域体制机制阶段（党的十九大至今）

党的十九大报告提出"建设交通强国"，党的二十大报告提出"加快建设交通强国"。"构建全国统一大市场，深化要素市场化改革，建设高标准市场体系。""完善产权保护、市场准入、公平竞争、社会信用等市场经济基础制度优化营商环境。"

（1）管理制度不断完善。2022 年，住房和城乡建设部先后发布了《建筑业企业资质标准（征求意见稿）》《工程勘察资质标准（征求意见稿）》《工程设计资质标准（征求意见稿）》《工程监理企业资质标准（征求意见稿）》4 项资质标准，交通运输部颁布了《公路水运工程监理企业资质管理规定》，进一步保障了公路建设市场的公平竞争和规范有序。

加快建设
交通强国

（2）营商环境不断优化。完善了施工、监理等企业资质标准，简化了资质申报材料，优化

了审批流程,推行企业资质网上"电子化""清单式"申报和许可网上办理,进一步调整和下放行政审批事项。

（3）信用体系建设不断推进。优化升级全国信用信息共享平台,构建以信用为基础、衔接标前、标中、标后各环节的新型监管机制。2022 年,交通运输部公布了 2021 年度公路建设市场全国综合信用评价结果,涉及公路设计企业 351 家、公路施工企业 967 家、公路监理企业 524 家。

应用案例1-1

【案例概况】

北京—天津—塘沽高速公路作为我国第一条经国务院批准建设的高速公路,1972—1977 年,由交通部调研规划;1982 年提出可行性研究报告;1983 年上报国家计委立项;1984 年 1 月 7 日经国务院批准实施;1985 年完成施工图设计;1987 年 12 月动工;1993 年 9 月 25 日全线通车。项目建设按国际竞争性招标,实行施工监理制度,严格遵守国际咨询工程师联合法制定的合同条款进行组织、施工和管理。全部工程于1995 年 8 月通过国家验收,国家验收委员会认定工程总体水平达到国内领先和当代国际先进水平。

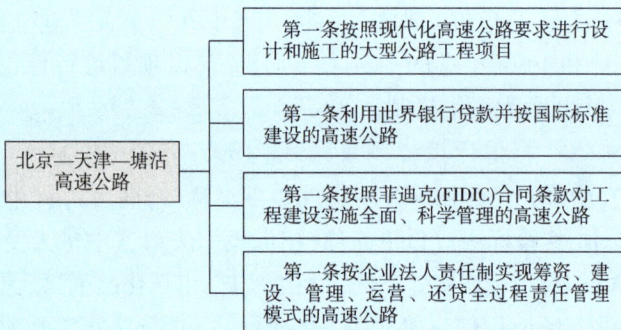

```
                      ┌─ 第一条按照现代化高速公路要求进行设
                      │   计和施工的大型公路工程项目
                      │
                      ├─ 第一条利用世界银行贷款并按国际标准
  北京—天津—塘沽      │   建设的高速公路
  高速公路        ─────┤
                      ├─ 第一条按照菲迪克(FIDIC)合同条款对工
                      │   程建设实施全面、科学管理的高速公路
                      │
                      └─ 第一条按企业法人责任制实现筹资、建
                          设、管理、运营、还贷全过程责任管理
                          模式的高速公路
```

任务 1.2
公路建设市场主体与客体

公路建设市场有狭义和广义之分。狭义的公路建设市场是指公路建设产品交易的场所;广义的公路建设市场是指公路工程建设的咨询、勘察、设计、施工及设备供应等各项任务从发包开始,到工程竣工、交付使用、后评价结束为止的全过程,这些活动都是在公路建设市场中进行。公路建设市场体系见图1-1。

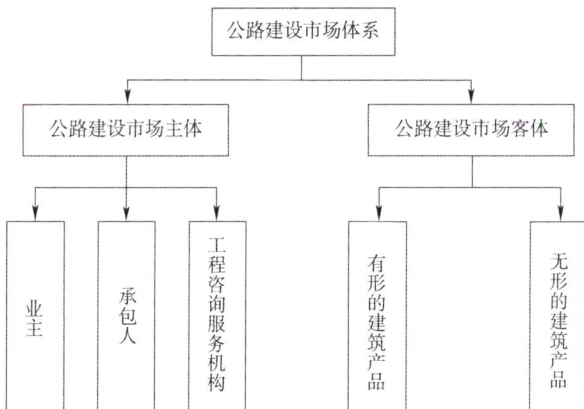

图 1-1　公路建设市场体系

公路建设项目依法实行施工许可制度。国家和国务院交通运输主管部门确定的重点公路建设项目的施工许可可由省级人民政府交通运输主管部门实施,其他公路建设项目的施工许可按照项目管理权限由县级以上地方人民政府及交通运输主管部门实施。

一　公路建设市场主体

公路建设市场主体是指公路建设的从业单位和从业人员,包括业主、承包人和工程咨询服务机构。

1. 业主

业主,又称项目法人(俗称"甲方"),是指有工程建设需求且有工程建设资金和各种准建手续,在建设市场中发包工程项目建设的勘察、设计、施工任务,并最终得到建筑产品的政府部门、企事业单位和个人。

项目业主的产生,主要有企业或单位、联合投资董事会、各类开发公司三种方式。

2. 承包人

承包人是指拥有一定数量的建筑装备、流动资金、工程技术和经济管理人员及一定数量的工人,以及取得建设资质证书和营业执照的、能够按照业主要求提供不同形态的建筑产品实体并最终得到相应工程价款的建筑施工企业。

相对于业主,承包人作为建设市场主体是长期和持续的。因此,对承包人一般实行从业资格管理。承包人从事建设生产,一般需要具备以下条件:

(1)拥有符合国家规定的注册资本。

(2)拥有与其资质等级相适应且具有注册执业资格的专业技术人员和管理人员。

建筑业企业资质等级

(3)拥有从事相应建筑活动所应有的技术装备。

取得资质证书和营业执照的承包人可以分为建筑、公路、铁路、市政、水电、港口工程等专业。根据《建设工程企业资质管理制度改革方案》,现行施工企业资质等级见表1-1。

施工企业资质等级 表 1-1

资质类别	序号	施工资质类型	等级
综合资质	1	综合资质	不分等级
施工总承包资质	1	建筑工程施工总承包	甲、乙级
	2	公路工程施工总承包	甲、乙级
	3	铁路工程施工总承包	甲、乙级
	4	港口与航道工程施工总承包	甲、乙级
	5	水利水电工程施工总承包	甲、乙级
	6	市政公用工程施工总承包	甲、乙级
	7	电力工程施工总承包	甲、乙级
	8	矿山工程施工总承包	甲、乙级
	9	冶金工程施工总承包	甲、乙级
	10	石油化工工程施工总承包	甲、乙级
	11	通信工程施工总承包	甲、乙级
	12	机电工程施工总承包	甲、乙级
	13	民航工程施工总承包	甲、乙级
专业承包资质	1	建筑装修装饰工程专业承包	甲、乙级
	2	建筑机电工程专业承包	甲、乙级
	3	公路工程类专业承包	甲、乙级
	4	港口与航道工程类专业承包	甲、乙级
	5	铁路电务电气化工程专业承包	甲、乙级
	6	水利水电工程类专业承包	甲、乙级
	7	通用专业承包	不分等级
	8	地基基础工程专业承包	甲、乙级
	9	起重设备安装工程专业承包	甲、乙级
	10	预拌混凝土专业承包	不分等级
	11	模板脚手架专业承包	不分等级
	12	防水防腐保温工程专业承包	甲、乙级
	13	桥梁工程专业承包	甲、乙级
	14	隧道工程专业承包	甲、乙级
	15	消防设施工程专业承包	甲、乙级
	16	古建筑工程专业承包	甲、乙级

续上表

资质类别	序号	施工资质类型	等级
专业承包资质	17	输变电工程专业承包	甲、乙级
	18	核工程专业承包	甲、乙级
专业作业资质	1	专业作业资质	不分等级

注:《建设工程企业资质管理制度改革方案》将10类施工总承包企业特级资质调整为施工综合资质,可承担各行业、各等级施工总承包业务;保留12类施工总承包资质,将民航工程的专业承包资质整合为施工总承包资质;将36类专业承包资质整合为18类;将施工劳务企业资质改为专业作业资质,由审批制改为备案制。综合资质和专业作业资质不分等级;施工总承包资质、专业承包资质等级原则上压减为甲、乙两级(部分专业承包资质不分等级),其中,施工总承包甲级资质在本行业内承揽业务规模不受限制。

3. 工程咨询服务机构

工程咨询服务机构是指具有一定注册资金,有一定数量的工程技术、经济、管理人员,取得建设咨询证书和营业执照,能为工程建设提供费用咨询、管理咨询、建设监理等智力型服务并获取相应费用的企业。工程咨询服务机构包括勘察设计单位、工程造价咨询单位、招标代理单位、工程监理单位、工程管理单位等。

山东省路桥集团施工资质

(1)工程勘察设计企业资质管理。根据《建设工程企业资质管理制度改革方案》,现行工程勘察企业、工程设计企业资质等级见表1-2、表1-3。

工程勘察企业资质等级 表1-2

资质类别	序号	勘察资质类型	等级
综合资质	1	综合资质	不分等级
专业资质	1	岩土工程	甲、乙级
	2	工程测量	甲、乙级
	3	勘探测试	甲、乙级

工程设计企业资质等级 表1-3

资质类别	序号	设计资质类型	等级
综合资质	1	综合资质	不分等级
行业资质	1	建筑行业	甲、乙级
	2	市政行业	甲、乙级
	3	公路行业	甲级
	4	铁路行业	甲、乙级
	5	港口与航道行业	甲、乙级
	6	民航行业	甲、乙级
	7	水利行业	甲、乙级
	8	电力行业	甲、乙级

续上表

资质类别	序号	设计资质类型	等级
行业资质	9	煤炭行业	甲、乙级
	10	冶金建材行业	甲、乙级
	11	化工石化医药行业	甲、乙级
	12	电子通信广电行业	甲、乙级
	13	机械军工行业	甲、乙级
	14	轻纺农林商物粮行业	甲、乙级
专业和事务所资质	1	建筑行业建筑工程专业	甲、乙级
	2	建筑行业人防工程专业	甲、乙级
	3	市政行业（燃气工程、轨道交通工程除外）	甲、乙级
	4	市政行业给水工程专业	甲、乙级
	5	市政行业排水工程专业	甲、乙级
	6	市政行业燃气工程专业	甲、乙级
	7	市政行业热力工程专业	甲、乙级
	8	市政行业道路与公共交通工程专业	甲、乙级
	9	市政行业桥梁工程专业	甲、乙级
	10	市政行业隧道工程专业	甲级
	11	市政行业轨道交通工程专业	甲级
	12	公路行业公路专业	甲、乙级
	13	公路行业特大桥梁专业	甲级
	14	公路行业特长隧道专业	甲级
	15	公路行业交通工程专业	甲、乙级
	16	铁路行业桥梁专业	甲级
	17	铁路行业隧道专业	甲级
	18	铁路行业轨道专业	甲级
	19	铁路行业电气化专业	甲级
	20	铁路行业通信信号专业	甲级

（2）自2017年起对可由市场自主选择、行业自律进行调节的企业资质类别予以取消，目前已陆续取消园林绿化、工程咨询、招标代理、工程造价咨询资质。根据《建设工程企业资质管理制度改革方案》，现行工程监理企业资质等级见表1-4。

工程监理企业资质等级　　　　　　　　表 1-4

资质类别	序号	监理资质类型	等级
综合资质	1	综合资质	不分等级
专业资质	1	建筑工程专业	甲、乙级
	2	铁路工程专业	甲、乙级
	3	市政公用工程专业	甲、乙级
	4	电力工程专业	甲、乙级
	5	矿山工程专业	甲、乙级
	6	冶金工程专业	甲、乙级
	7	石油化工工程专业	甲、乙级
	8	通信工程专业	甲、乙级
	9	机电工程专业	甲、乙级
	10	民航工程专业	甲、乙级

注：1. 保留综合资质；取消专业资质中的水利水电工程、公路工程、港口与航道工程、农林工程资质，保留其余 10 类专业资质；取消事务所资质。

　　2. 综合资质不分等级，专业资质等级压减为甲、乙两级。

应用案例 1-2

【案例概况】

2021 年，交通运输部在开展相关工作时发现 28 家公路建设从业企业涉嫌弄虚作假，经向相关省级交通运输主管部门和企业核实，上述 28 家企业弄虚作假失信行为属实。根据有关规定，交通运输部作出"交办公路函〔2021〕1637 号"处理意见，同时将上述 28 家企业的失信行为发布在全国公路建设市场信用信息管理系统"不良行为记录"栏目中，期限为自该通知发布之日起 2 年。对上述 28 家企业中已具备公路相关资质的 6 家设计企业和 14 家施工企业，企业所在省级交通运输主管部门在年度公路建设市场综合信用评价中作出信用扣分处理。部分扣分情况见下表。

部分申报资质弄虚作假施工企业表

序号	企业名称	具体情形	违规行为	信用扣分处理
1	××工程有限公司	虚构××公路工程	虚构业绩申报资质	按照公路施工企业信用行为评定标准，每条扣 3 分，均在年度信用评价总分中扣除
		虚构××段公路工程	虚构业绩申报资质	
2	××有限公司	超资质承揽××工程	超资质承揽工程	按照公路施工企业信用行为评定标准，直接定为 D 级
		冒用××工程	冒用业绩申报资质	按照公路施工企业信用行为评定标准，每条扣 3 分，在年度信用评价总分中扣除

【知识拓展】

专业技术人员管理

目前,我国对建设行业专业技术人员的评价采用职称制度和职业资格制度。专业技术职称分为员级、助理级、中级、副高级和正高级,职称名称依次为技术员、助理工程师、工程师、高级工程师和正高级工程师。根据2021年人力资源和社会保障部公布的《国家职业资格目录(2021年版)》专业技术人员职业资格共计59项[其中,准入类33项(包括注册建筑师、注册结构工程师、监理工程师、造价工程师、建造师等)]、水平评价类26项(包括公路水运工程试验检测专业技术人员等)、技能人员职业资格13项。

国家职业资格
目录(2021年版)

二级造价工程师
职业资格报考条件

"1+X"工程造价数字化应用
职业技能等级证书考评大纲

应用案例1-3

【案例概况】

济南至潍坊高速公路工程施工1标段,简要技术指标为:K0+544.884~K14+950,长度15.495km,全路段六车道,挖方306.1万 m^3,填方420.4万 m^3;路面167万 m^2;特大桥5055.5m/3座,大桥1244m/2座,涵洞6道;互通立交3处,分离立交128m/1座,通道4座。施工投标企业的资格要求见下表。

施工投标企业的资格要求

资格要求	说明
资质资格要求	(1)具有独立法人资格,持有效营业执照; (2)具有公路工程施工总承包一级及以上资质; (3)持有合法有效的安全生产许可证
业绩要求	投标人近5年独立承担的施工业绩要求:新建或改扩建高速公路路基、路面工程累计均不少于15km(如单个标段内同时包含路基、路面工程,则分别计算路基、路面里程长度)
财务要求	—
信誉要求	投标人不得存在下列不良状况或不良信用记录: (1)被省级及以上交通运输主管部门取消招标项目所在地的投标资格且处于有效期内; (2)被责令停业,暂扣或吊销执照,或吊销资质证书; (3)进入清算程序,或被宣告破产,或其他丧失履约能力的情形; (4)在国家企业信用信息公示系统(http://www.gsxt.gov.cn/)中被列入严重违法失信企业名单; (5)在"信用中国"网站(http://www.creditchina.gov.cn/)中被列入失信被执行人名单; (6)投标人单位、法定代表人和在投标文件中拟委任的项目经理、项目总工、安全生产负责人在近3年有行贿犯罪行为的; (7)法律法规规定的其他情形

续上表

资格要求	说明
人员要求	(1)项目经理(1人):具有公路工程相关专业中级及以上技术职称,持有注册在本单位的公路工程专业一级建造师证书,持有省级及以上交通运输主管部门颁发的安全生产考核合格证书B证;近10年至少具有1个新建或改扩建高速公路工程施工项目经理或副经理或项目总工任职经历。 (2)项目总工(1人):具有公路工程相关专业高级及以上技术职称,持有省级及以上交通运输主管部门颁发的安全生产考核合格证书B证;近10年至少具有1个新建或改扩建高速公路工程施工项目总工或副总工或项目经理或项目副经理任职经历。 (3)安全生产负责人(1人):具有中级及以上技术职称,持有省级及以上交通运输主管部门颁发的安全生产考核合格证书C证或C2证
主要机械设备(含试验检测)要求	无
分包要求	允许。投标人拟在中标后将中标项目的部分适合专业化队伍施工的专业工程进行分包的,应符合交通运输部颁布的《关于印发公路工程施工分包管理办法的通知》等文件关于分包管理的规定,且必须经发包人同意
联合体要求	接受联合体申请,联合体成员数量不超过2家,且均须具有公路工程施工总承包一级及以上资质

二 公路建设市场客体

公路建设市场客体,一般称作建筑产品,是建筑市场的交易对象。公路建筑产品包括有形的建筑产品(建筑物、构筑物)和无形的建筑产品(咨询、监理等智力型服务)。

公路建筑产品的特点见表1-5。

公路建筑产品的特点 表1-5

特点	说明
产品固定性生产过程流动性	公路工程与土地相连,不可移动,要求施工人员和施工机械随公路项目不断流动,带来施工管理的多变性和复杂性
单件性	建设方对公路工程产品的用途、性能要求不同;建设地点地理、环境的差异,决定了每条公路都不同
产品整体性分部分项工程相对独立	决定了总包和分包相结合的承包形式
不可逆转性	公路产品进入生产阶段,其产品不可能退换,也难以重新建造,否则,双方都将承受极大的损失。只有规划、设计、施工均按照规范和标准进行,才能保证生产优质的公路产品

公路建筑产品的质量不仅关系承、发包双方的利益,也关系到国家和社会的公共利益,正是由于公路建筑产品的这种特殊性,其质量标准以国家标准、国家规范等形式颁布实施。

任务 1.3
公共资源交易中心

公共资源交易中心是负责公共资源交易和提供咨询、服务的机构，是公共资源统一进场交易的服务平台，是维护社会公共利益和市场参与各方利益，实现公开、公平、公正和诚实守信的阳光交易平台。公共资源交易中心的服务内容包括工程建设招投标、土地和矿业权交易、政府采购等所有公共资源交易项目。

一 组成和管理范围

各省(自治区、直辖市)根据当地具体情况确定中心的组织形式、管理方式和工作范围。以山东省公共资源交易中心为例，其机构设置如图1-2所示。

图 1-2　山东省公共资源交易中心机构设置

二 主要职责

山东省公共资源交易中心的主要职责包括：

(1)承担工程建设项目、土地指标等进场交易工作。

(2)组织开展政府采购项目，为社会代理机构进场交易提供服务保障。

(3)承担省级公共资源交易电子服务系统、交易系统、管理系统的建设、管理和运行维护等工作，制定平台交易规则、服务流程和服务标准。

(4)发布交易信息，承担交易过程中交易主体行为现场管理，开展专家抽取等相关工作。

(5)建立交易信用档案，记录全省公共资源交易平台不良行为信息，整理、保存交易过程中的相关资料。

三 招投标运行流程

进入公共资源交易中心公开交易的工程项目,一般按规定程序开展招投标工作。山东省公共资源交易中心建设工程项目招投标工作流程如图1-3所示。

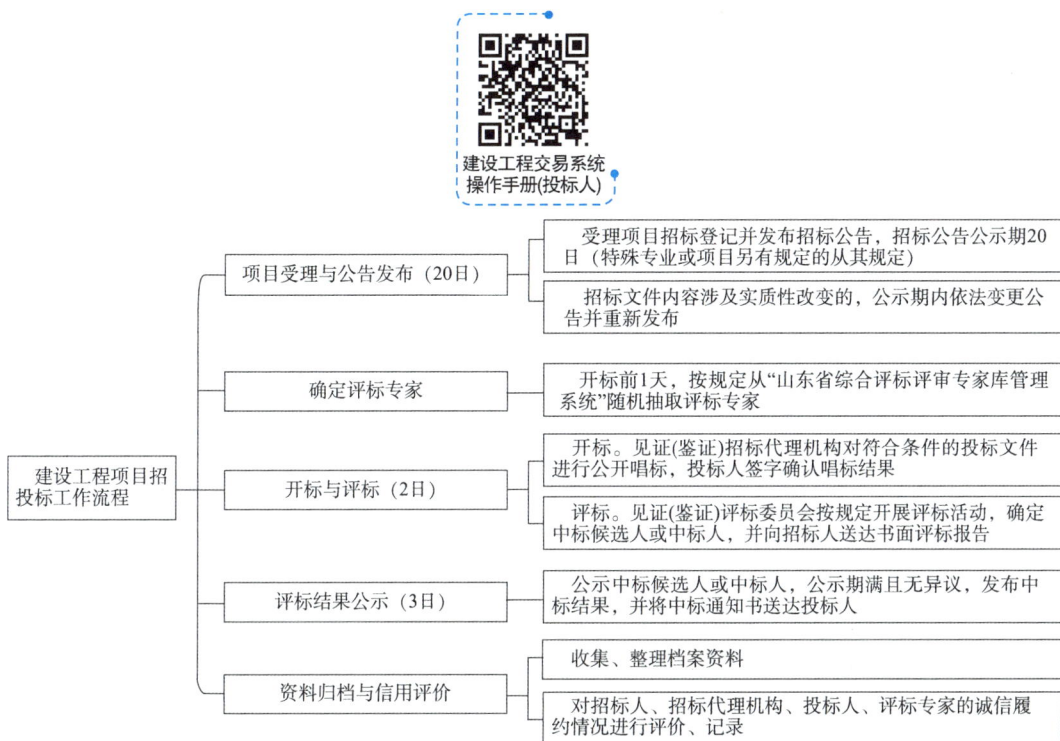

建设工程交易系统
操作手册(投标人)

建设工程项目招投标工作流程	项目受理与公告发布(20日)	受理项目招标登记并发布招标公告,招标公告公示期20日(特殊专业或项目另有规定的从其规定)
		招标文件内容涉及实质性改变的,公示期内依法变更公告并重新发布
	确定评标专家	开标前1天,按规定从"山东省综合评标评审专家库管理系统"随机抽取评标专家
	开标与评标(2日)	开标。见证(鉴证)招标代理机构对符合条件的投标文件进行公开唱标,投标人签字确认唱标结果
		评标。见证(鉴证)评标委员会按规定开展评标活动,确定中标候选人或中标人,并向招标人送达书面评标报告
	评标结果公示(3日)	公示中标候选人或中标人,公示期满且无异议,发布中标结果,并将中标通知书送达投标人
	资料归档与信用评价	收集、整理档案资料
		对招标人、招标代理机构、投标人、评标专家的诚信履约情况进行评价、记录

图1-3 山东省公共资源交易中心建设工程项目招投标工作流程

应用案例1-4

【案例概况】

截至2022年6月,潍坊市公共资源交易项目远程异地评标评审已实现常态化、全覆盖。

(1)部门协同高效推进远程异地评标试点。加快推行政府采购远程异地评审工作,积极探索开展远程异地评审有效路径,通过项目试点积累远程异地评审经验。在试点推进过程中,各方就项目确定、场地安排、系统联调、专家抽取、人员保障等方面进行了充分沟通与协调,确保了项目试点工作顺利进行,不断丰富了政府采购全流程电子化的内涵。

(2)积极探索建立远程异地常态化合作机制。作为全省远程异地评标试点单位,潍坊市公共资源交易中心成立了远程异地评标推进工作专班,与湖北宜昌、辽宁大连、河南新郑以及山东滨州、聊城、淄博等省内外城市签署远程异地合作协议,共同推进远程异地评标。

任务1.4
公路工程招标投标法律法规

招标投标法实施条例（2019年修订版）

现行公路建设法律法规制度体系包括法律、行政法规、部门规章、地方性法规、自治条例和单行条例、地方规章、国际条约和国际惯例、公路建设技术标准、规范和规程等。

一 主要法律

《招标投标法》，自2000年1月1日起施行，2017年12月修订施行。为了规范招标投标活动，保护国家利益、社会公共利益和招标投标活动当事人的合法权益，提高经济效益，保证项目质量，制定该法。这是我国社会主义市场经济法律体系中一部非常重要的法律，是招投标领域的基本法律。《招标投标法》由总则、招标、投标、开标、评标和中标、法律责任、附则等6章68条组成。

《招标投标法实施条例》，自2012年2月1日起施行，2019年3月修订施行。作为《招标投标法》的配套行政法规，该条例总结了《招标投标法》施行多年来的实践经验，充实和完善了有关制度，增强了法律规定的可操作性。该条例分为总则，招标，投标，开标、评标和中标，投诉与处理，法律责任，附则等7章85条。

二 现行法律法规制度体系

（1）与公路建设相关的现行法律、法规见表1-6。

公路建设相关法律、法规　　　　表1-6

序号	名称	发布文号和施行/修订时间
1	《中华人民共和国民法典》	中华人民共和国主席令〔2020〕第45号；2021年1月1日起施行
2	《中华人民共和国建筑法》	中华人民共和国主席令〔1997〕第91号；2019年4月第二次修订施行
3	《中华人民共和国招标投标法》	中华人民共和国主席令〔1999〕第21号；2017年12月修订施行
4	《中华人民共和国招标投标法实施条例》	国务院令〔2011〕第613号；2019年3月修订施行
5	《中华人民共和国政府采购法》	中华人民共和国主席令〔2002〕第68号；2014年8月修订施行
6	《中华人民共和国行政许可法》	中华人民共和国主席令〔2003〕第7号；2019年4月修订施行
7	《中华人民共和国公路法》	中华人民共和国主席令〔2004〕第19号；2017年11月修订施行

续上表

序号	名称	发布文号和施行/修订时间
8	《建设项目环境保护管理条例》	国务院令〔1998〕第 253 号;2017 年 10 月修订施行
9	《建设工程质量管理条例》	国务院令〔2000〕第 279 号;2019 年 4 月修订施行
10	《建设工程勘察设计管理条例》	国务院令〔2000〕第 293 号;2017 年 10 月修订施行

（2）与公路建设相关的部门规章及规范性文件（部分）见表1-7。

与公路建设相关的部门规章及规范性文件（部分）　　　　　表 1-7

序号	名称	发布文号和施行/修订时间
1	《公路工程建设项目评标工作细则》	交公路规〔2022〕8 号,2022 年 10 月 1 日起施行
2	《关于完善建设工程价款结算有关办法的通知》	财建〔2022〕183 号;2022 年 8 月 1 日起施行
3	《必须招标的工程项目规定》	国家发改委令〔2018〕第 16 号,2018 年 6 月 1 日起实施
4	《招标公告和公示信息发布管理办法》	国家发改委令〔2017〕第 10 号;2018 年 1 月 1 日起施行
5	《公路工程建设项目招标投标管理办法》	交通运输部令〔2015〕第 24 号
6	《关于修改〈经营性公路建设项目投资人招标投标管理规定〉的决定》	交通运输部令〔2015〕第 13 号
7	《关于修改〈公路建设市场管理办法〉的决定》	交通运输部令〔2015〕第 11 号
8	《公路工程设计施工总承包管理办法》	交通运输部令〔2015〕第 10 号
9	《工程建设项目施工招标投标办法》	七部委 30 号令,2013 年 5 月起施行
10	《工程建设项目勘察设计招标投标办法》	八部委 2 号令,2013 年 8 月 1 日起施行
11	《公路工程竣（交）工验收办法实施细则》	交公路发〔2010〕65 号
12	《公路工程基本建设项目设计文件编制办法》	交公路发〔2007〕358 号
13	《公路水运工程质量监督管理规定》	交通运输部令〔2017〕第 28 号
14	《农村公路建设管理办法》	交通运输部令〔2018〕第 4 号
15	《公路工程设计变更管理办法》	交通部令〔2005〕第 5 号
16	《建设工程价款结算暂行办法》	财政部财建〔2004〕369 号,2022 年 8 月 1 日起施行
17	《政府采购货物和服务招标投标管理办法》	财政部令〔2017〕第 87 号,2017 年 10 月 1 日起施行
18	《建筑工程施工许可管理办法》	住房和城乡建设部令〔2014〕第 18 号;2018 年 9 月修订
19	《公路建设项目法人资格标准（试行）》	交公路发〔2001〕583 号
20	《公路建设四项制度实施办法》	交通部令〔2000〕第 7 号
21	《公路建设市场准入规定》	交通部令〔2000〕第 6 号
22	《电子招标投标办法》	八部委〔2013〕第 20 号,2013 年 5 月 1 日实施

应用案例1-5

【案例概况】

某国家重点工程项目,在项目开始招投标之前,投标人通过其他途径认识了负责该项目预算编制的工作人员,双方逐渐建立起良好的沟通关系。投标人通过该工作人员获得了该工程项目正在编制过程中的招标控制价清单(招标控制价即最高投标限价,是招标人在招投标资料中公布的该工程项目投标的最高限价;招标控制价清单是组成该招标控制价的各项具体价格信息),该招标控制价清单在招标人公开招标信息时没有对外公布,仅公布了招标控制价的总价。预算编制单位的工作人员在将招标控制价清单的过程稿私下拷贝给投标人时,告诉投标人千万不要直接使用,要改一下再用,并且收受了投标人给予的财物。投标人通过获得的招标控制价清单,利用控制价清单中各分项、子项的单价信息,有效地提高了自己标书的制作质量,在评标过程中取得了明显的优势,顺利中标该项目。

【案例评析】

对预算编制单位的工作人员而言,有对招标人相关招标信息保密的义务,将这些信息透露给投标人的行为,属于"违反保密义务或者违反权利人有关保守商业秘密的要求,透露、使用或者允许他人使用其所掌握的商业秘密";就投标人而言,通过这种非公开渠道获取招标人资料并直接用于标书制作的行为,属于"以盗窃、贿赂、欺诈、胁迫、电子侵入或者其他不正当手段获取权利人的商业秘密"。一、二审人民法院认定,预算编制单位的工作人员和投标人均构成侵犯商业秘密罪。

职业素养提升

任务1 为有效保障见证质量,防范廉政风险,避免各类违规违纪行为发生,全面提升现场风险防控水平,各地公共资源交易中心基本形成了"数字化"见证资料。请讨论工程招投标过程中的数字化措施。

任务2 党的二十大报告提出"加快建设交通强国"。这是统筹推进交通强国建设的战略升级,更为今后我国交通运输事业的发展提供了根本遵循。请查询并总结公路建设数字化发展的趋势,字数不少于800字。

模块小结

(1)公路建设市场经历了市场化起步、市场化完善、健全完善招标投标制度、持续优化招标投标领域体制机制4个发展阶段。

(2)公路建设市场由主体和客体组成。主体包括业主、承包人、工程咨询服务机构等。客体包括有形的建筑产品和无形的建筑产品。

(3)公共资源交易中心是负责公共资源交易和提供咨询、服务的机构,是公共资源统一进场交易的服务平台。

(4)我国已经形成了相对完善的公路工程招投标法律体系。

任务训练

一、单选题

1.(　　)年国务院开始推行招标投标制度,代替行政分配任务制度,建立工程承包制度,开始引进市场竞争机制。

  A.1984　　　　　B.1978　　　　　C.1987　　　　　D.1990

2.建设市场交易是业主给付(　　),承包人交付工程的交易过程。

  A.任务　　　　　B.建设费　　　　　C.材料　　　　　D.人员

3.相对于承包人,业主作为市场主体具有(　　)。

  A.长期性　　　　　B.持续性　　　　　C.稳定性　　　　　D.不确定性

4.全部使用国有资金投资,依法必须进行施工招标的工程项目,应当(　　)。

  A.进入有形建筑市场进行招标投标活动

  B.进入无形建筑市场进行招标投标活动

  C.进入有形建筑市场进行直接发包活动

  D.进入无形建筑市场进行直接发包活动

5.公路产品一旦进入生产阶段,其产品不能退换,也难以重新建造。否则,双方都将承受极大的损失,体现出公路建设生产的(　　)。

  A.流动性　　　　　B.单件性　　　　　C.不可逆转性　　　　　D.社会性

6.我国最早采用招投标方式进行国际招标的工程是(　　)。

  A.云南的鲁布革水电工程　　　　　B.沈大高速

  C.沪嘉高速　　　　　D.西三高速

7.2013年11月12日,中国共产党十八届三中全会提出:"经济体制改革是全面深化改革的重点,核心问题是处理好政府和市场的关系,使(　　)在资源配置中起决定性作用。"

  A.业主　　　　　B.政府　　　　　C.市场　　　　　D.承包人

8.按照《建造师执业资格制度暂行规定》,二级建造师可担任(　　)。

  A.二级及以下资质的建筑企业承包范围的建设工程施工的项目经理

  B.二级及以上资质的建筑企业承包范围的建设工程施工的项目经理

  C.建设工程项目的项目经理

  D.建设工程项目施工的项目经理

9.《中华人民共和国建筑法》规定,从事建筑活动的专业技术人员,应当依法取得相应的(　　)证书,并在其许可的范围内从事建筑活动。

  A.技术职称　　　　　B.执业资格　　　　　C.注册　　　　　D.岗位

10.下面对施工总承包企业资质等级划分正确的是(　　)。

  A.一级、二级、三级　　　　　B.一级、二级、三级、四级

  C.甲级、乙级　　　　　D.特级、一级、二级

11. 获得(　　)资质的企业,可以承接施工总承包企业分包的专业工程或者建设单位按照规定发包的专业工程。

  A. 劳务分包   B. 技术承包

  C. 专业承包   D. 技术分包

12. 下列关于建筑业企业资质管理制度的说法中,正确的是(　　)。

  A. 建筑业企业资质分为施工总承包和专业承包两类

  B. 建筑业企业资质取决于企业的建设业绩、人员素质、管理水平、资金数量、技术装备等

  C. 建筑业企业资质年检合格,可晋升上一个资质等级

  D. 建筑业企业允许超出所核定的承包工程范围承揽工程

13. 《中华人民共和国招标投标法》于(　　)起开始实施。

  A. 2000 年 7 月 1 日   B. 1999 年 8 月 30 日

  C. 2000 年 1 月 1 日   D. 1999 年 10 月 1 日

14. 建筑市场的进入是指各类项目的(　　)进入建设工程交易市场,并展开建设工程交易活动的过程。

  A. 业主、承包人、供应商   B. 业主、承包人、咨询机构

  C. 承包人、供应商、交易机构   D. 承包人、供应商、咨询机构

15. 下列与工程建设有关的法律、法规、部门规章中,(　　)属于行政法规范畴。

  A. 《建筑法》   B. 《建设工程安全生产管理条例》

  C. 《建造师执业资格制度暂行规定》 D. 《建筑业企业资质等级标准》

二、多选题

1. 从事建筑活动的建筑施工企业应当具备的条件,下列说法正确的有(　　)。

  A. 有符合国家规定的注册资本

  B. 有与其从事的建筑活动相适应的具有法定执业资格的专业技术人员

  C. 有向发证机关申请的资格证书

  D. 有从事相关建筑活动应有的技术装备

  E. 法律、行政法规规定的其他条件

2. 我国的建筑业企业分为(　　)。

  A. 工程监理企业   B. 施工总承包企业

  C. 专业承包企业   D. 劳务分包企业

  E. 工程招标代理机构

3. 获得专业承包资质的企业,可以(　　)。

  A. 对所承接的工程全部自行施工

  B. 对主体工程实行施工承包

  C. 承接施工总承包企业分包的专业工程

  D. 承接建设单位按照规定发包的专业工程

  E. 将劳务作业分包给具有劳务分包资质的其他企业

4.公路建设市场的客体中,无形的建筑产品主要包括( )。

    A.建筑物   B.构筑物   C.咨询   D.监理

5.承包人的实力主要包括( )。

    A.技术方面   B.经济方面   C.管理方面   D.信誉方面

6.从事建筑活动的建筑业企业按照其拥有的( )等资质条件,划分为不同的资质等级,经资质审查合格,取得相应等级的资质证书后,方可在其资质等级许可的范围内从事建筑活动。

    A.技术装备   B.注册资本

    C.专业技术人员   D.已完成的建筑工程的优良率

7.我国法律的形式主要有( )。

    A.宪法   B.法律   C.行政法规   D.部门规章

8.公共资源交易中心的基本功能有( )。

    A.场所服务功能   B.信息服务功能   C.集中办公功能   D.监督管理功能

9.通常所说的工程咨询服务企业主要包括( )。

    A.勘察设计单位   B.工程造价咨询单位

    C.工程监理单位   D.工程管理单位

    E.业主

10.为了规范招标投标活动,保护( ),提高经济效益,保证项目质量,制定《中华人民共和国招标投标法》。

    A.国家利益   B.社会公共利益

    C.招标投标活动当事人的合法权益   D.招标投标活动当事人的利益

三、简答题

1.我国项目法人产生的方式有哪几种?

2.公路建筑产品的特点有哪些?

3.简述公路建设市场的主体和客体。

4.简述公共资源交易中心的基本功能。

5.简述建设工程项目招投标工作流程?

专项实训

公共资源交易中心建设工程交易服务过程模拟

【实训目标】

以小组为单位,结合当地实际情况,了解或模拟当地公共资源交易中心建设工程交易平台的运行流程。学生毕业后能在施工企业、工程咨询公司、招标代理公司等从事招标投标相关工作并掌握相关技能,具备一定的组织协调能力、团队合作能力。

【实训过程】

(1)岗位分配。

①根据班级学生情况分组,如分为公共交易中心、工程招标、招标代理、工程投标、工程

评标5大类。

②明确各自工作任务,团队协作完成实训任务。

(2)建设工程项目进场登记。

(3)交易场地安排。

(4)建设工程项目招标文件见证。

(5)建设工程项目信息发布,如招标公告、澄清答疑、变更公告、终止公告等。

(6)建设工程项目招标文件获取。

(7)建设工程项目发布中标候选人公示。

(8)建设工程项目发布中标结果公告。

(9)保证金收取与退还服务。

(10)建设工程项目合同公示。

(11)建设工程项目资料整理归档。

【实训成果】

1.请写出学校所在省(区、市)各级公共资源交易中心的网址。

_____

_____

_____

2.简述学校所在省(区、市)各级公共资源交易中心建设工程项目招投标工作流程。

_____

_____

_____

(可自行加页)

在线测评

模块1
在线测评

课程思政学习资源

模块1 课程思政
学习资源

学习导航

公路工程施工招标

- 施工招标准备
  - ·工程招标范围
  - ·工程招标方式
  - ·工程招标组织形式
  - ·工程施工招标程序

- 施工招标资格审查
  - ·资格审查的方式
  - ·资格审查的办法
  - ·资格审查的程序
  - ·资格预审文件的内容
  - ·资格预审公告的编制

- 施工招标文件编制
  - ·施工招标文件的主要内容
  - ·"招标公告/投标邀请书"的编制
  - ·"投标人须知"的编制
  - ·"评标办法"的编制
  - ·"合同条款及格式"的编制
  - ·"工程量清单"的编制
  - ·"技术规范"的编制
  - ·"投标文件格式"的编制

- 施工招标控制价编制
  - ·招标控制价的作用
  - ·招标控制价应用中的注意事项
  - ·招标控制价编制依据

- 实际工程施工招标文件示例

知识目标

1. 掌握公路工程项目招标的范围和方式；
2. 熟悉公路工程施工招标的主要工作流程和主要工作内容；
3. 熟悉公路工程施工招标文件的组成和使用范围；
4. 掌握公路工程施工招标文件的主要内容和编制方法。

能力目标

1. 能够根据项目情况，选择合适的招标方式；
2. 能够判断项目是否可以进行施工招标；
3. 能够组织资格预审，编制资格预审文件；
4. 能够根据现行《公路工程标准施工招标文件》（本书提到的均为 2018 年版）和项目实际情况编制项目招标文件。

素质目标

1. 理解并实践招投标行业的职业精神和职业规范，增强职业责任感；
2. 培养知法守法、诚实守信的意识。

工作任务

某公路工程建设项目估算总投资 2200 万元人民币，其中施工估算价 1000 万元人民币，设备采购估算价 1000 万元人民币，勘察估算价 43 万元，设计估算价 100 万元，监理估算价 57 万元人民币。在施工招标过程中，业主委托××项目管理有限公司进行招标代理，按照法律程序，确定以公开招标方式分阶段招标。

假设你是该招标代理公司的一名工作人员，请思考并做好工程项目招标前和招标过程中的具体工作：

1. 按照《必须招标的工程项目规定》的相关规定，必须进行招标的工程项目是什么？
2. 公路工程项目的勘察、设计、设备采购、监理必须进行招标的标准是什么？
3. 公路工程项目招标前需要做哪些工作？
4. 根据工程项目招标的工作流程做好每一步的具体工作。招标流程怎样？
5. 招标文件应规范、严谨，有哪些可以参考的范本？
6. 请根据实际高速公路工程完成招标文件中主要部分的编制工作。

任务 2.1
施工招标准备

一 工程招标范围

（一）必须招标的范围和规模标准

《招标投标法》第三条规定,在中华人民共和国境内进行下列工程建设项目包括项目的勘察、设计、施工、监理以及与工程建设有关的重要设备、材料等的采购,必须进行招标:

（1）大型基础设施、公用事业等关系社会公共利益、公众安全的项目;

（2）全部或部分使用国有资金投资或者国家融资的项目;

（3）使用国际组织或者外国政府贷款、援助资金的项目。

国家发改委会发布的《必须招标的工程项目规定》,2018 年 6 月实施。具体内容见表 2-1。

招标投标法
（2017年修正）

必须招标的工程项目规定   表 2-1

序号	范围	具体内容
1	全部或者部分使用国有资金投资或国家融资的项目	①使用预算资金 200 万元人民币以上,并且该资金占投资额 10% 以上的项目。 ②使用国有企业事业单位资金,并且该资金占控股或者主导地位的项目
2	使用国际组织或者外国政府贷款、援助资金的项目	①使用世界银行、亚洲开发银行等国际组织贷款、援助资金的项目。 ②使用外国政府及其机构贷款、援助资金的项目
3	不属于上述两条规定情形的大型基础设施、公用事业等关系社会公共利益、公众安全的项目	必须招标的具体范围由国务院发改委会同有关部门按照确有必要、严格限定的原则制订,报国务院批准

表 2-1 中规定范围内的项目,其勘察、设计、施工、监理以及与工程建设有关的重要设备、材料等的采购达到下列标准之一的,必须招标:

①施工单项合同估算价在 400 万元人民币以上。

②重要设备、材料等货物的采购,单项合同估算价在 200 万元人民币以上。

③勘察、设计、监理等服务的采购,单项合同估算价在 100 万元人民币以上。

必须招标的
工程项目规定

同一项目中可以合并进行的勘察、设计、施工、监理以及与工程建设有关的重要设备、材料等的采购，合同估算价合计达到前款规定标准的，必须招标。

（二）可以不进行招标的项目范围

《招标投标法》第六十六条规定："涉及国家安全、国家秘密、抢险救灾或者属于利用扶贫资金实行以工代赈、需要使用农民工等特殊情况，不适宜进行招标的项目，按照国家有关规定可以不进行招标。"

《招标投标法实施条例》第九条规定，除《招标投标法》第六十六条规定的可以不进行招标特殊情况外，有下列情形之一的，可以不进行招标：

①需要采用不可代替的专利或者专有技术。

②采购人依法能够自行建设、生产或者提供。

③已经通过招标方式选定的特许经营项目投资人依法能自行建设、生产或者提供。

④需要向原中标人采购工程、货物或者服务，否则将影响施工或者功能配套要求。

⑤国家规定的其他特殊情形。

《工程建设项目施工招标投标办法》第十二条规定，需要审批的工程建设项目，有下列情形之一的，可以不进行施工招标。

①涉及国家安全、国家秘密或者抢险救灾而不适宜招标的。

②属于利用扶贫资金实行以工代赈需要使用农民工的。

③施工主要技术采用特定的专利或专有技术的。

④施工企业自建自用的工程，且该施工企业资质等级符合工程要求的。

⑤在建工程追加的附属小型工程或者主体加层工程，原中标人仍具备承包能力，且未发生改变的。

⑥法律，法规、规章规定的其他情形。

二　工程招标方式

招标分为公开招标和邀请招标。

公开招标，是指招标人以招标公告的方式邀请不特定的法人或者其他组织投标。

邀请招标，是指招标人以投标邀请书的方式邀请特定的法人或者其他组织投标。

《招标投标法实施条例》规定，国有资金占控股或者主导地位的依法必须进行招标的项

目,应当公开招标;但有下列情形之一的,可以邀请招标:

(1)技术复杂、有特殊要求或者受自然环境限制,只有少量潜在投标人可供选择;

(2)采用公开招标方式的费用占项目合同金额的比例过大。

公开招标与邀请招标的对比见表2-2。

公开招标与邀请招标的对比   表2-2

比较因素	招标方式	
	公开招标	邀请招标
适用条件	适用范围广,大多数招标项目可以采用,项目规模较大、技术复杂且潜在投标人不清楚的项目尤为适用	适用于受项目需求、条件和市场供应限制,只有少量潜在投标人可供选择的招标项目,或者拟采用公开招标的费用占合同金额比例过大的项目
竞争程度	属无限竞争性招标方式,投标人之间相互竞争比较充分	属有限竞争性招标方式,投标人之间的竞争受到一定限制
招标成本	招标时间、成本费用和社会资源消耗相对较大	招标时间、成本费用和社会资源消耗相对较少
信息发布	招标人在指定媒介发布招标公告向非特定的对象发出投标邀请	招标人以投标邀请书的方式向特定的对象发出投标邀请
优点	信息公开、投标人较多、竞争开放充分,不容易串标、围标,有利于招标人从广泛的竞争者中确定合适的中标人	投标人资格能力和价值目标相近且相对比较重视,竞争力量均衡,可通过科学的评标标准和方法实现需求目标,招标工作量和招标费用相对较小
缺点	投标人数量相对较多,但投标人可能资格、能力和价值目标参差不齐,影响评标的客观合理性,招标工作量和成本费用相对较大、时间较长	投标人数量相对较少,竞争开放度相对较弱;受招标人在选择邀请对象前所掌握信息的局限性影响,有可能中标的并不是最合适的投标人,投标竞争不足

应用案例2-1

【案例概况】

某一级公路建设工程项目为公用事业的大型基础设施项目,建设单位决定利用社会资金作为该项目建设资金的补充部分,经招标后确定E工程总公司(以下简称E公司)作为出资方。E公司具有施工总承包特级资质,建设单位没有进行施工招标就确定E公司作为施工单位。E公司与建设单位达成口头协议后即进场施工,此时,双方尚未签订书面施工合同,也没有批复的工程量清单。监理单位中标并签约进场后,Y总监理工程师多次提醒建设单位应按法定程序与E公司签订书面施工合同,但未果。3个月后,E公司提出工程量计量和费用支付申请,总监理工程师拒绝了E公司的申请。

【问题】

1.建设单位确定施工单位的方式是否合法?请说明理由。

2.考虑到本项目建设资金的特殊性,可否采用邀请招标方式进行施工招标?为什么?

【案例评析】

1. 不合法。按照《招标投标法》的规定，属于公用事业的大型基础设施项目，应采用公开招标的方式确定施工单位。

2. 不可以。

邀请招标项目的条件：

(1)技术复杂、有特殊要求或者受自然环境限制，只有少量潜在投标人可供选择。

(2)采用公开招标方式的费用占项目合同金额的比例过大。

三 工程招标组织形式

公路工程招标的组织形式，包括招标人自行招标和委托招标机构代理招标两种。

(一)自行招标

招标人自行办理招标事宜，应当具有编制招标文件和组织评标的能力，具体包括：

(1)具有项目法人资格或者法人资格。

(2)具有与招标项目规模和复杂程度相适应的工程技术、概预算、财务和工程管理等方面专业技术力量。

(3)有从事同类工程建设项目招标的经验。

(4)设有专门的招标机构或者拥有3名以上专职招标业务人员。

(5)熟悉和掌握《招标投标法》及有关法规规章。

招标人具有编制招标文件和组织评标能力，是指招标人具有与招标项目规模和复杂程度相适应的技术、经济等方面的专业人员。

(二)委托招标

招标人有权自行选择招标代理机构，委托其办理招标事宜。任何单位和个人不得以任何方式为招标人指定招标代理机构。

招标代理机构是依法设立、从事招标代理业务并提供相关服务的社会中介组织，应当在招标人委托的范围内办理招标事宜。

《招标投标法》要求招标代理机构应当具备下列条件：

(1)有从事招标代理业务的营业场所和相应资金。

(2)有能够编制招标文件和组织评标的相应专业力量。

招标代理机构代理事宜范围包括：

(1)拟订招标方案，编制和出售招标文件、资格预审文件。

(2)审查投标人资格。

(3)编制标底。

（4）组织投标人踏勘现场。

（5）组织开标、评标，协助招标人定标。

（6）草拟合同。

（7）招标人委托的其他事宜。

必须注意的是，招标代理机构不得接受同一招标项目的投标代理和投标咨询业务。未经招标人同意，不得转让招标代理业务。

四　工程施工招标程序

招标程序主要包括招标准备，发布资格预审公告，资格预审，踏勘现场和召开投标预备会，以及开标、评标、定标和签订合同等阶段。公路工程施工招标的基本程序如图 2-1 所示。

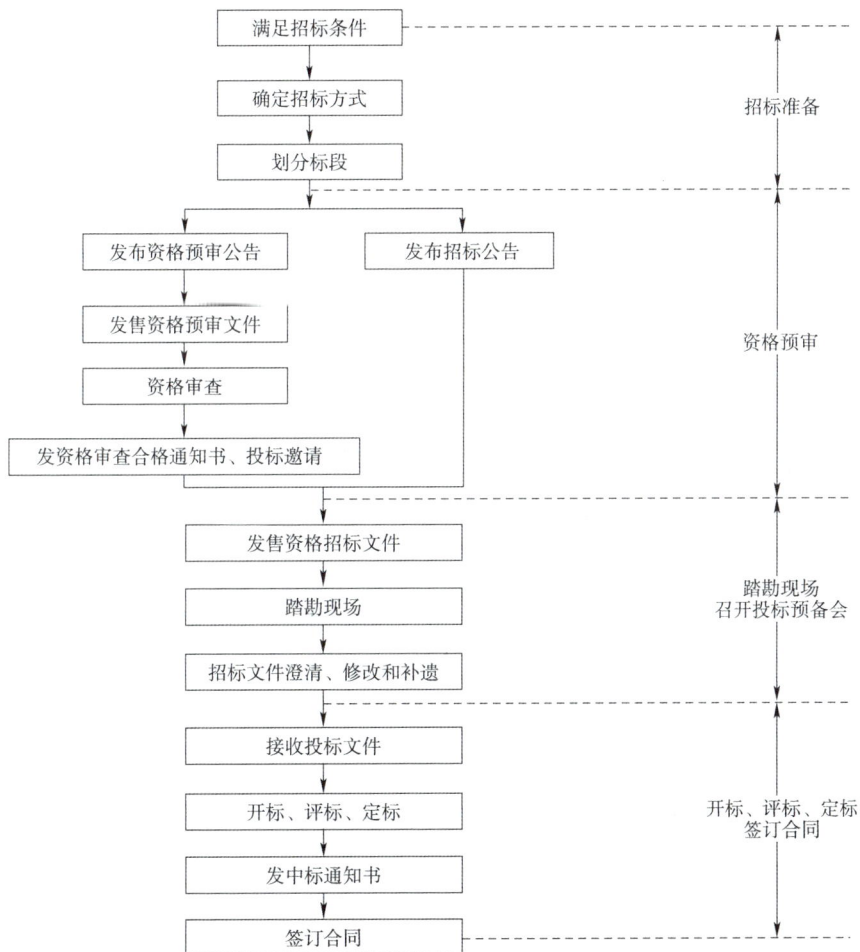

图 2-1　公路工程施工招标的基本程序

（一）工程项目招标条件

1.招标人具备的条件

《招标投标法》规定："招标人是提出招标项目，进行招标的法人或者其他组织。招标人应当有进行招标项目的相应资金或者资金来源已经落实，并应当在招标文件中如实载明。"

2.招标项目应满足的基本条件

公路工程项目在进行施工招标前，应具备以下条件：

(1)初步设计和概算文件已经审批。

(2)工程已正式列入国家或地方公路建设计划。

(3)项目法人已经确定，并符合项目法人资格标准要求。

(4)建设资金已经落实。

(5)征地拆迁工作已基本完成或落实，能保证连续施工。

(6)施工图设计已完成或能满足招标（编制招标文件）的需要，并能满足工程开工后连续施工的要求。

(7)施工招标文件已经编制并通过审查。

招标代理企业
平台注册

项目登记——电子
招投标交易平台

招标备案——电子
招投标交易平台

应用案例2-2

【案例概况】

某市拟修建一条一级公路，项目法人已经成立。该项目资金由自筹资金和银行贷款两部分组成。自筹资金已经到位，银行贷款正在协商谈判中。2023年3月18日，设计单位完成了初步设计文件。施工图设计文件预计2023年5月10日完成。该市考虑到项目工期急迫，于是决定于2023年3月19日进行施工招标。该项目的施工招标，经主管部门审批后采用邀请招标方式。招标人于2023年3月20日向其合作过的3家施工单位发出了投标邀请书。

【问题】

本项目在上述条件下是否可以进行施工招标？为什么？

【案例评析】

该项目在上述条件下还不能进行施工招标。因为项目资金还未落实、初步设计还未通过审批。

(二)公路施工招标程序

1. 招标文件编制与备案

按要求编制资格预审文件和招标文件,文件必须在招标管理机构备案后方可刊登资格预审公告、招标公告。

2. 发布招标公告

通过报刊、广播、电视等或者在信息网上发布资格预审公告和招标公告。

3. 资格预审

由招标人对申请参加投标的潜在投标人进行资质条件、业绩、信誉、技术、资金等情况进行资格审查。只有在资格预审中被认定为合格的潜在投标人(或者投标人)才可以参加投标。

4. 发售招标文件

招标人应当按招标公告规定的时间、地点出售招标文件或资格预审文件。自招标文件或资格预审文件开始出售之日起到停止出售之日止,最短不得少于5个工作日。

5. 踏勘现场

招标人组织投标人踏勘现场的目的在于让投标人了解工程场地和周围环境状况,以获取投标人认为有必要的信息。投标人在踏勘现场中如有疑问,应在投标预备会前以书面形式向招标人提出,但应给招标人留有解答时间。为便于投标人提出问题并得到解答,踏勘现场一般安排在投标预备会前的1~2天。

应用案例2-3

【案例概况】

山西大运高速公路施工合同采用《公路工程标准施工招标文件》合同条款。该高速公路某隧道工程在煤矿附近。施工中承包人提出,因发包人提供的参考资料有误,瓦斯提前出现。为了确保施工安全,承包人已暂停施工。对此,承包人通过监理人向发包人提出索赔,要求发包人赔偿因停工造成的损失。

【问题】

承包人提出的索赔是否成立?为什么?

【案例评析】

承包人提出的索赔不成立。因为《公路工程标准施工招标文件》规定,招标人提供的本合同工程的水文、地质、气象和料场分布、取土场、弃土场位置等参考资料,并不构成合同文件的组成部分,投标人应对上述资料的解释、推论和应用负责,招标人不对投标人据此作出的判断和决策承担任何责任。

6. 投标预备会

投标预备会的目的在于澄清招标文件中的疑问,解答投标人对招标文件和勘查现场所提出的疑问和问题。召开投标预备会和对招标文件的澄清、修改应符合图2-2所示的时间要求。

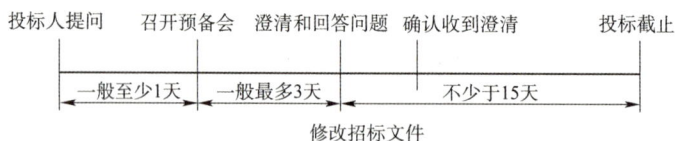

图2-2　投标预备会、招标文件的澄清、修改时间流程图

7. 投标文件的提交

依法必须招标的项目，自招标文件开始发售之日起至投标人提交投标文件截止之日止，最短不得少于20日。招标人接收投标文件时必须将其密封保存。投标人在提交投标截止时间之前可以撤回、补充或者修改已提交的投标文件。

8. 开标

投标截止日期即开标日期，按规定地点，在投标人和授权人均在场的情况下举行开标会议，按规定的议程进行开标。

9. 评标

招标人按有关规定成立评标委员会，在招标管理机构的监督下，依据评标原则、评标方法，对投标人的各主要投标要素进行综合评价，提出书面评标报告，推荐中标候选人。

10. 中标

评标委员会提出书面评标报告后，招标人在15～30日内务必确定中标人，并报招标管理机构核准，获准后招标人发出中标通知书。

11. 签订承发包合同

招标人与中标的投标单位在规定的时间之内，即发出中标通知书以后30日内签订承包合同。

12. 标后备案

依法必须招标的项目，招标人应当在中标通知书发出之日起15日内，向当地有关建设行政监督部门提交招标投标情况的书面报告。书面报告包括以下内容：招标范围，招标方式和发布招标公告的媒介，招标文件中投标人须知、技术条款、评标标准和方法，合同主要条款等，评标委员会的组成和评标报告，中标结果。

13. 重新招标和不再招标

如果本次招标经过评审比较，投标人的投标书均不能满足招标文件的规定而未能选出中标人，后续处理的原则如下。

（1）重新招标

有下列情形之一的招标人在分析招标失败的原因并采取相应措施后，应当依法重新招标：

①投标截止时间止，投标人少于3个的；

②经评标委员会评审后否决所有投标的。

（2）不再招标

重新招标后投标人仍少于3个或者所有投标被否决的，属于必须审批或核准的工程建设项目，经原审批或核准部门批准后不再进行招标。

应用案例2-4

【案例概况】

某工程项目经过有关部门批准后，决定由业主自行组织施工公开招标。该工程项目由政府投资，已经列入地方的年度固定资产投资计划，概算已经主管部门批准，但征地工作尚未完成，施工图及有关技术资料齐全。

预计除本市施工企业参加投标外，可能还有外省市施工企业参加投标，因此业主委托咨询公司编制了两个标底，准备分别用于对本市和外省市施工企业投标的评定。

A承包人在投标截止日期的前1天将投标文件报送业主，当天下午，该承包人又递交了一份补充材料，声明将原报价降低5%，但是业主的有关人员认为，一个承包人不得递交2份投标文件，因而拒收承包人的补充材料。

招标工作主要内容如下：

（1）发布投标邀请函。

（2）发放招标文件。

（3）进行资格后审。

（4）召开投标质疑会议。

（5）组织现场勘察。

（6）接收投标文件。

（7）开标。

（8）确定中标单位。

（9）评标。

（10）发出中标通知书。

（11）签订施工合同。

【问题】

1. 该项目招标中有哪些不妥之处？请逐一列举。

2. 招标工作的内容是否正确？如不正确请改正，并排出正确顺序。

【案例评析】

1. 招标中的不当之处体现为以下四点：

（1）因征地工作尚未完成，因此不能进行施工招标。

（2）一个工程只能编制一个标底。

（3）在招标中，业主违反了《招标投标法》的规定，以不合理的条件排斥了潜在的投标人。

（4）在投标截止日期之前的任何一天，承包人都可以递交投标文件，也可以对投标文件作出补充与修正，业主不得拒收。

2. 招标工作内容中的不正确之处如下：

(1)不应发布投标邀请函,因为是公开招标,应发布招标公告。

(2)应进行资格预审,而不能进行资格后审,施工招标工作内容的正确排序为(1)(3)(2)(5)(4)(6)(7)(9)(8)(10)(11)。

任务 2.2
施工招标资格审查

一　资格审查的方式

资格审查应主要审查潜在投标人或者投标人是否符合下列条件：

(1)具有独立订立合同的权力；

(2)具有履行合同的能力,包括专业、技术资格和能力,资金、设备和其他物资设施状况,管理能力,经验,信誉和相应的从业人员；

(3)没有处于被责令停业,投标资格被取消,财产被接管、冻结和破产等状态；

(4)在最近3年内没有骗取中标和严重违约及重大工程质量问题；

(5)法律、行政法规规定的其他资格条件。

资格审查可分为资格预审和资格后审。

1. 资格预审

资格预审是指招标人通过发布招标资格预审公告,向不特定的潜在投标人发出投标邀请,并按照招标资格预审公告和资格预审文件规定进行评审,确定合格的潜在投标人。

2. 资格后审

资格后审是指评标委员会根据招标文件规定的投标资格条件对投标人资格进行评审,投标资格评审合格的投标文件进入详细评审阶段。资格后审是开标后的初步评审阶段。

资格预审与资格后审的区别见表2-3。

资格预审与资格后审的区别　　　　　　　　　　　表2-3

对比项目	资格审查	
	资格预审	资格后审
审查时间	发布招标文件前	开标后的初步评审阶段
评审人	招标人或资格审查委员会	评标委员会

续上表

对比项目	资格审查	
	资格预审	资格后审
评审对象	申请人的资格预审申请文件	投标人的投标文件
审查方法	合格制或有限数量制	合格制
发布公告	需要发布资格预审公告	无须发布单独的审查公告
提交文件	资格预审申请文件	投标文件
审查依据	资格预审文件中的标准和方法	招标文件中的标准
审查结果	通过审查取得投标资格,未通过审查不具备投标资格	通过审查进入详细评审,未通过审查否决投标资格
通知文件	资格预审结果通知书	不发出单独的审查结果通知文件
是否发布招标公告或投标邀请书	无须发出招标公告或投标邀请书,向通过的资格预审申请人发出资格预审结果通知书,代替招标公告和投标邀请书	需要发出招标公告或投标邀请书
适用范围	适用于技术难度较大,投标文件编制费用较高,且潜在投标人数量较多的项目	适用于通用性、标准化,潜在投标人数量较少的招标项目
优点	(1)避免不合格的申请人进入投标阶段,节约社会成本; (2)提高投标人投标的针对性、积极性; (3)减少评标阶段工作量,缩短评标时间,提高评标效率	(1)减少资格预审环节,缩短招标时间; (2)投标人数量相对较多,竞争性更强,增加围标、串标难度
缺点	(1)延长招标投标时间,增加招标人组织资格预审和申请人参加资格预审的费用; (2)通过资格预审的相对较少,容易串标	(1)投标方案差异大,会增加评标工作难度; (2)投标人相对较多,会增加评标费用和评标工作量,增加社会成本

二 资格审查的办法

资格审查办法主要有合格制审查办法和有限数量制审查办法两种,具体如图 2-3 所示。

无论是初步审查,还是详细审查,其中有一项因素不符合审查标准的,均不能通过资格预审。上述两种方法中,如通过详细评审的申请人不足 3 个的,重新组织资格预审或不再组织资格预审而直接招标。

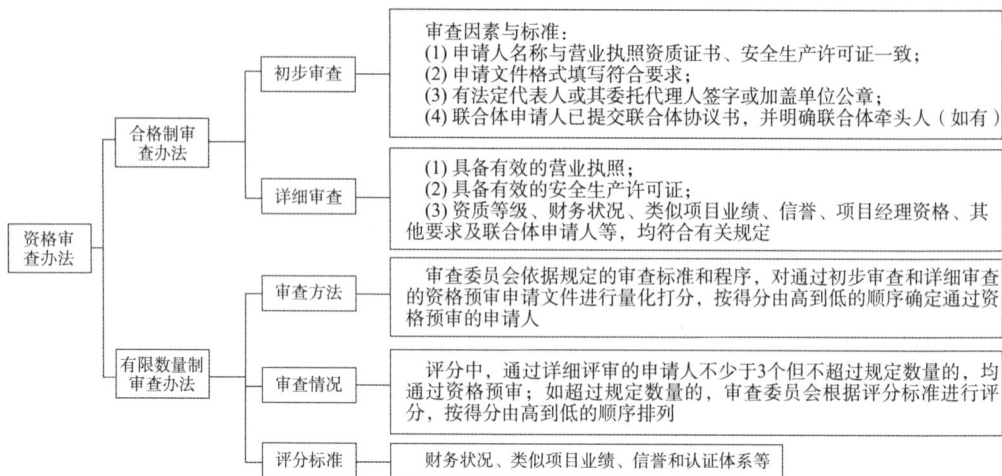

图 2-3　资格审查办法

三　资格审查的程序

资格审查的程序如下：

（1）发布资格预审公告。依法必须进行招标的项目的资格预审公告，应当在国家发改委依法指定的媒介发布。在不同媒介发布的同一招标项目的资格预审公告的内容应当一致。指定媒介发布依法必须进行招标的项目的境内资格预审公告，不得收取费用。

（2）出售资格预审文件。资格预审文件的发售期不得少于5日。

（3）资格预审文件的澄清、修改。潜在投标人或者其他利害关系人对资格预审文件有异议的，应当在提交资格预审申请文件截止时间2日前提出；招标人应当自收到异议之日起3日内做出答复；做出答复前，应当暂停招标投标活动。澄清或者修改的内容可能影响资格预审申请文件编制的，招标人应当在提交资格预审申请文件截止时间至少3日前，以书面形式通知所有获取资格预审文件的潜在投标人；不足3日的，招标人应当顺延提交资格预审申请文件的截止时间。

（4）潜在投标人编制并递交资格预审申请文件。依法必须进行招标的项目提交资格预审申请文件的时间，自资格预审文件停止发售之日起不得少于5日。

（5）组建资格审查委员会。

（6）资格审查委员会评审预审申请文件，并编写资格评审报告。

（7）发出资格预审合格通知书。资格预审结束后，招标人应当及时向通过资格预审的申请人发出资格预审合格通知书，告知获取招标文件的时间、地点和方法，并同时向未通过资格预审的申请人书面告知其资格预审结果。未通过资格预审的申请人不具有投标资格。通过资格预审的申请人少于3个的，应当重新招标。

其中，编制资格预审文件和组织评审资格预审申请文件是资格预审程序中的两项重要内容。

四 资格预审文件的内容

《公路工程标准施工招标资格预审文件(2018 年版)》主要包括五部分内容：

第一章 资格预审公告

第二章 申请人须知

第三章 资格审查办法(合格制、有限数量制)

第四章 资格预审申请文件格式

第五章 项目建设概况

申请人须知　　资格审查办法　　资格预审申请文件格式　　公路工程标准施工招标资格预审文件(2018年版)

五 资格预审公告的编制

资格预审公告是《公路工程标准施工招标资格预审文件(2018 年版)》的第一章,主要包括以下内容：

(1)招标条件。明确拟招标项目已符合前述的招标条件。

(2)项目概况与招标范围。说明本次招标项目的建设地点、规模、计划工期、招标范围、标段划分等。

(3)申请人的资格要求。包括对于申请资质、业绩、人员、设备、资金等方面的要求,以及是否接受联合体资格预审申请的要求。

(4)资格预审的方法。明确采用合格制或有限数量制。

(5)资格预审文件的获取。资格预审文件的获取,是指获取资格预审文件的时间、地点和费用。

资格预审公告

(6)资格预审申请文件的递交。说明递交资格预审申请文件的截止时间。

(7)发布公告的媒介。

(8)联系方式。

资格预审公告的编制的具体格式和内容,如图 2-4 所示。

_____(项目名称)_____标段施工招标

资格预审公告

1.招标条件

　　本招标项目_____(项目名称)已由_____(项目审批、核准或备案机关名称)以 _____(批文名称及编号)批准建设,初步设计已由_____(批准机关名称)以_____(批文名称及编号)批准,项目业主为_____,建设资金来自_____(资金来源),出资比例为_____,招标人为_____。项目已具备招标条件,现进行公开招标,特邀请有兴趣的潜在投标人(以下简称申请人)提出资格预审申请。

图 2-4

2. 项目概况与招标范围

_____（说明本次招标项目的建设地点、规模、计划工期、招标范围、标段划分等）。

3. 投标人资格要求

3.1 本次资格预审要求申请人具备_____资质，_____业绩，并在人员、设备、资金等方面具有相应的施工能力。申请人应进入交通运输部"全国公路建设市场信用信息管理系统（http://glxy.mot.gov.cn）"中的公路工程施工资质企业名录，且申请人名称和资质与该名录中的相应企业名称和资质完全一致。

3.2 本次资格预审_____（接受或不接受）联合体资格预审申请。联合体申请资格预审的，应满足下列要求：_____。

3.3 每个申请人最多可对_____（具体数量）个标段提出资格预审申请；被招标项目所在地省级交通运输主管部门评为_____信用等级的申请人，最多可对_____（具体数量）个标段提出资格预审申请。每个申请人允许中_____个标。对申请人信用等级的认定条件为：_____。

3.4 与招标人存在利害关系可能影响招标公正性的单位，不得提出资格预审申请。单位负责人为同一人或存在控股、管理关系的不同单位，对同一标段提出资格预审申请的，最多只能有一家单位通过资格预审。

3.5 在"信用中国"网站（http://www.creditchina.gov.cn/）中被列入失信被执行人名单的申请人，不能通过资格预审。

4. 资格预审方法

本次资格预审采用_____（合格制/有限数量制）。

5. 资格预审文件的获取

5.1 请申请人于_____年___月___日至_____年___月___日，每日上午___时___分至___时___分，下午___时___分至___时___分（北京时间，下同），在_____（详细地址）持单位介绍信和经办人身份证购买资格预审文件。参加多个标段资格预审的申请人必须分别购买相应标段的资格预审文件，并对每个标段单独递交资格预审申请文件。

5.2 资格预审文件每套售价_____元，售后不退。

6. 资格预审申请文件的递交

6.1 递交资格预审申请文件截止时间（申请截止时间，下同）为_____年___月___日___时___分，申请人应于当日___时___分至___时___分将资格预审申请文件递交至_____（详细地址）。

6.2 逾期送达的、未送达指定地点的或不按照资格预审文件要求密封的资格预审申请文件，招标人将予以拒收。

7. 发布公告的媒介

本次资格预审公告同时在_____（发布公告的媒介名称）上发布。

8. 联系方式

招 标 人：_____	招标代理机构：_____
地 址：_____	地 址：_____
邮政编码：_____	邮 编：_____
联 系 人：_____	联 系 人：_____
电 话：_____	电 话：_____
传 真：_____	传 真：_____
电子邮件：_____	电 子 邮 件：_____
网 址：_____	网 址：_____
开户银行：_____	开 户 银 行：_____
账 号：_____	账 号：_____

_____年_____月_____日

图 2-4　资格预审公告的编制

应用案例2-5

创新东路新建工程施工资格预审公告

一、招标条件

本招标项目创新东路新建工程施工,招标申请已经由相关部门批准,招标人为威海市环翠区张村镇人民政府,项目资金财政投资,项目出资比例为100%。项目已具备招标条件,现进行公开招标,特邀请有兴趣的潜在申请人(以下简称申请人)提出资格预审申请。

二、工程招标范围

本工程施工及保修全过程。

三、项目基本情况

1. 工程概况:该项目为创新东路新建工程,位于魏桥铝精深加工产业园内,长约1000m,宽约21m,新建沥青路面道路,硬化面积约21000m²,铺设雨水管网约2500m;工程造价约为1840万元。

2. 建设地点:位于魏桥铝精深加工产业园内。

3. 工程质量要求:国家验收规范合格标准。

4. 计划工期:2022年11月底前完工(开工时间具体见开工令)。

标段名称	规模	标段内容
不分标段	21000m²	不分标段

四、申请人资格要求

1. 申请人持有合法独立法人营业执照。

2. 申请人须具有市政公用工程施工总承包三级(及以上)企业资质。

3. 申请人须具有有效安全生产许可证。

4. 申请人及其法定代表人、拟委任的项目负责人近3年内无行贿犯罪行为记录。

5. 申请人及参与本次投标的相关人员不得为失信被执行人。

6. 申请人不得在国家企业信用信息公示系统中被列入严重违法失信企业名单。

7. 申请人未被威海市各职能部门列为严重失信主体。

8. 投标人不得和招标人存在利害关系,单位负责人为同一人或者存在控股、管理关系的不同单位,不得同时参加该项目的投标。

9. 申请人信用等级为B级及以上:申请人应提供经中国人民银行省会城市中心支行以上分支机构备案的从事企业征信和信用评级等业务的社会信用服务机构出具的信用等级为B级及以上信用报告,并附出具信用报告征信机构的《中华人民共和国企业征信业务经营备案证》或《信用评级机构备案证》等证明材料。

五、项目负责人(项目经理)资格要求

项目经理须具有市政公用工程专业二级(及以上)注册建造师资格及安全考核合格证(B证),且未担任其他在建、排名第一的中标候选人或中标工程项目的项目经理。

六、联合体资格预审申请

本次资格预审不接受联合体资格预审申请。

七、资格预审文件的获取

ztb 格式文件下载开始时间：2022-08-08 12：00：00；下载截止时间：2022-08-15 13：00：00；下载地址：威海市建设工程电子交易系统

1. 申请人查看资格预审文件澄清与修改的时间和方式：请申请人在申请截止时间前随时关注本项目资格预审公告页面下方的澄清与修改信息。澄清与修改一经发布，视为申请人已收到，招标人不再另行通知。

2. 申请人对资格预审文件提出异议的时间和方式：请在资格预审文件规定的期限内，使用数字证书（CA）在资格预审公告下方的"提出疑问"按钮对本项目提出问题。

3. 电子资格预审文件不收取费用。

八、资格预审办法

本次资格预审采用有限数量制，通过资格预审的申请人不超过9家。

九、其他

无。

十、资格预审申请文件的递交

递交地点：威海市公共资源交易中心

递交资格预审申请文件截止时间：2022-08-19　14：00

十一、发布公告的媒介

本次资格预审公告同时在山东省公共资源交易网、威海市公共资源交易网发布。

十二、联系方式

略。

2022 年 8 月 8 日

课内实训2-1

资格预审公告的编制

【实训目标】

熟悉资格审查的主要内容及程序，掌握施工招标资格预审文件的格式和编写方法，完成资格预审公告的编制。

【实训过程】

1. 听取授课教师介绍项目概况。

项目概况：G309 青兰线坊子流戈庄至潍城潘里段改建工程（K0+000～K46+042.91），路线全长 45.840km，一级公路标准，设计速度 80km/h；全线设大桥 2 座、中桥 4 座、小桥 11 座、涵洞 79 道；分离立交 3 处，新建养护工区 2 处。

招标范围:本次招标共设一个施工标段,标段长度:8.936km;工程内容包括 K22 + 184 ~ K31 + 119.7 段路基、路面、桥梁、涵洞、绿化及环境保护设施等的施工及缺陷责任期修复的全部内容。

项目编号	370700493816154201702F021748	项目名称	G309 青兰线坊子流戈庄至潍城潘里段改建工程
项目所在地	潍坊市	招标方式	公开招标
项目立项单位	山东省发展和改革委员会	项目立项文号	鲁发改交通〔2017〕596 号
项目法人单位	山东省潍坊市公路管理局	招标人	山东省潍坊市公路管理局
招标代理机构	山东正信招标有限责任公司	资格审查方法	合格制
计划工期（设计周期）	550 天	资金来源及出资比例	省财政补助和地方自筹,100%
资质资格要求	1.具有公路工程施工总承包二级（含）以上施工资质; 2.具有有效的建筑施工企业安全生产许可证	业绩要求	近 3 年完成过至少 1 项一级及一级以上公路新建、改扩建、养护大修工程路面施工业绩,且同时具有 1 座中桥及以上桥梁施工业绩
资格预审文件获取时间	2018-04-02 至 2018-04-09（法定公休日、法定节假日不休）,每日上午 9 时 00 分至 11 时 30 分,下午 14 时 00 分至 16 时 30 分(北京时间)	资格预审文件获取地点	潍坊市公路管理局 2 楼 2002 室
资格预审文件的递交时间	2018-04-16 上午 9 时 00 分	资格预审文件的递交地点	潍坊市公路管理局 2 楼大会议室
发布公告的媒介	1.中国采购与招标网(http://www.chinabidding.com.cn/) 2.中国招标投标公共服务平台(http://www.cebpubservice.com/interact/index.shtml) 3.山东省交通运输厅网站(http://www.sdjt.gov.cn/) 4.山东经济信息网(http://www.sd.cei.gov.cn/)		

2.听取并讨论授课教师针对项目概况提出的资格预审公告编制要点及注意事项。

【实训成果】

G309 青兰线坊子流戈庄至潍城潘里段改建工程施工招标资格预审公告。

_____

_____

_____

_____

_____

_____

（可自行加页）

任务 2.3
施工招标文件编制

一　施工招标文件的主要内容

《公路工程标准施工招标文件》由四卷九章组成，如图 2-5 所示。

第一卷

第一章　招标公告/投标邀请书

第二章　投标人须知

第三章　评标办法(合理低价法/综合评估法/经评审的最低投标价法)

第四章　合同条款及格式

第五章　工程量清单

第二卷

第六章　图纸

第三卷

第七章　技术规范(另册)

第八章　工程量清单计量规则(另册)

第四卷

第九章　投标文件格式

图 2-5　《公路工程标准施工招标文件》内容

公路工程标准施工
招标文件(2018年版)

标准设计施工总承包
招标文件(2012年版)

简明标准施工招标
文件(2012年版)

二　"第一章　招标公告/投标邀请书"的编制

招标人采用公开招标方式的，应当发布招标公告。当项目采用资格预审程序时，可用资格预审公告代替招标公告；待资格审查后，向每一位通过资格审查的投标人发出投标邀请书。另外，当项目采用邀请招标时，招标人也向被邀请的投标人发出投标邀请书。但二者在内容和要求上是不同的。

(一)招标公告的编制

《公路工程标准施工招标文件》中规定，招标公告包括招标条件、项目概况与招标范围、投标人资格要求、招标文件的获取、投标文件的递交、发布公告的媒介和联系方式 7 个方面的内容。招标公告的编制的具体格式与要求,如图 2-6 所示。

第一章　招标公告(未进行资格预审)

_____(项目名称)_____标段施工招标公告

1.招标条件

本招标项目_____(项目名称)已由_____(项目审批、核准或备案机关名称)以_____(批文名称及编号)批准建设,施工图设计已由_____(批准机关名称)以_____(批文名称及编号)批准,项目业主为_____,建设资金来自_____(资金来源),出资比例为_____,招标人为_____。项目已具备招标条件,现对该项目的施工进行公开招标。

2.项目概况与招标范围

_____(说明本次招标项目的建设地点、规模、计划工期、招标范围、标段划分等)。

3.投标人资格要求

3.1 本次招标要求投标人须具备_____资质、_____业绩,并在人员、设备、资金等方面具有相应的施工能力。投标人应进入交通运输部"全国公路建设市场信用信息管理系统(http://glxy.mot.gov.cn)"中的公路工程施工资质企业名录,且投标人名称和资质与该名录中的相应企业名称和资质完全一致。

3.2 本次招标_____(接受或不接受)联合体投标。联合体投标的,应满足下列要求:_____。

3.3 每个投标人最多可对_____(具体数量)个标段投标;被招标项目所在地省级交通运输主管部门评为_____信用等级的投标人,最多可对_____(具体数量)个标段投标。每个投标人允许中_____个标。对投标人信用等级的认定条件:_____。

3.4 与招标人存在利害关系可能影响招标公正性的单位,不得参加投标。单位负责人为同一人或存在控股、管理关系的不同单位,不得参加同一标段投标,否则,相关投标均无效。

3.5 在"信用中国"网站(http://www.creditchina.gov.cn/)中被列入失信被执行人名单的投标人,不得参加投标。

4.招标文件的获取

4.1 凡有意参加投标者,请于_____年____月___日至_____年____月___日,每日上午____时___分至____时___分,下午___时___分至___时___分(北京时间,下同),在_____(详细地址)持单位介绍信和经办人身份证购买招标文件。参加多个标段投标的投标人必须分别购买相应标段的招标文件,并对每个标段单独递交投标文件。

4.2 招标文件每套售价_____元,图纸每套售价_____元,招标人根据对本合同工程勘察所取得的水文、地质、气象和料场分布、取土场、弃土场位置等资料编制的参考资料每套售价_____元,售后不退。

5.投标文件的递交及相关事宜

5.1 招标人将于下列时间和地点组织进行工程现场踏勘并召开投标预备会。

踏勘现场时间:_____年_____月_____日_____时_____分,集中地点:_____;

投标预备会时间:_____年_____月_____日_____时_____分,地点:_____。

5.2 投标文件递交的截止时间(投标截止时间,下同)为___年___月___日___时___分,投标人应于当日___时___分至___时___分将投标文件递交至_____(详细地址)。

5.3 逾期送达的、未送达指定地点的或不按照招标文件要求密封的投标文件,招标人将予以拒收。

6.发布公告的媒介

本次招标公告同时在_____(发布公告的媒介名称)上发布。

7.联系方式

招　标　人:_____　　　招标代理机构:_____

地　　　址:_____　　　地　　　　址:_____

邮政编码:_____　　　邮　政　编　码:_____

图　2-6

联系人：_____	联系人：_____
电话：_____	电话：_____
传真：_____	传真：_____
	_____年_____月_____日

图2-6 招标公告

需要注意的是，在《公路工程标准施工招标文件》中，对招标公告的若干细节规定如下：

（1）招标文件（未进行资格预审）的发售时间不得少于5个工作日。

（2）招标文件中所有复印件均指彩色扫描件或彩色复印件。

（3）每套招标文件售价只计工本费，最高不超过1000元（不含图纸部分）；图纸每套售价最高不超过3000元；参考资料也应只计工本费，最高不超过1000元。

（4）投标预备会与发售招标文件的时间应有一定的间隔，一般不得少于3天，以便投标人阅读招标文件和准备提出问题。

（5）自招标文件发售之日起至投标人递交投标文件截止时间止，高速公路、一级公路、技术复杂的特大桥梁、特长隧道不得少于28天，其他公路工程不得少于20天。

招标公告和公示
信息发布管理办法

招标公告

招标公告管理——
电子招投标交易平台

应用案例2-6

山东济南至潍坊高速公路工程施工（1标段）招标公告

【案例概况】

1. 招标条件

项目编号	370000MA3C8ETE4202102F021882	项目名称	济南至潍坊高速公路工程施工（1标段）
项目所在地	山东省直	建设性质	新建
招标备案号	SG202102006—AWJBA	招标方式	公开招标
招标编号	SG202102006	招标类别	施工
项目立项单位	山东省交通运输厅	项目立项文号	鲁交公路〔2020〕98号
项目法人单位	山东高速集团有限公司	招标人	山东高速集团有限公司建设管理分公司
招标组织形式	委托招标	招标代理机构	海逸恒安项目管理有限公司
资格审查方式	资格后审	评标方法	综合评估法
资格审查方法	合格制	投标形式	双信封
计划工期（设计周期）	944天	资金来源及出资比例	30%企业自筹，70%国内银行贷款
评标细则	查看评标办法		

2.项目概况与招标范围

2.1	项目概况与招标范围	项目概况:济南至潍坊高速公路,是山东省"九纵五横一环七射多连"高速公路网中"射三"线,西接京沪高速济南至莱芜段,东接潍日高速。项目全长162km,设计速度120km/h,双向六车道,路基宽34.5m。设特大桥14座,大桥30座,中小桥8座。互通立交19处、分离立交22处。特长隧道1座,长隧道8座,中短隧道1座,设服务区3处,养护工区4处,桥隧管养护站5处,桥隧监控通信站5处。匝道收费站14处。概算投资425.94亿元,其中建安费293.45亿元,建设工期36个月。 招标范围:K0+544.884~K14+950,长度:15.495km,全路段六车道,挖方306.1万m³,填方420.4万m³;路面167万m²;特大桥5055.5m/3座,大桥1244m/2座,涵洞6道;互通立交3处,分离立交128m/1座,通道4座

3.投标人资格要求

3.1	资质资格要求	**对投标企业要求** 1.具有独立法人资格,持有效营业执照。 2.具有公路工程施工总承包一级及以上资质。 3.持有合法有效的安全生产许可证
	业绩要求	投标人近5年独立承担的施工业绩要求:新建或改扩建高速公路路基、路面工程累计均不少于15km。 注:联合体投标的,联合体牵头人须满足上述要求
	财务要求	无
	信誉要求	投标人不得存在下列不良状况或不良信用记录: 1.被省级及以上交通运输主管部门取消招标项目所在地的投标资格且处于有效期内。 2.被责令停业,暂扣或吊销执照,或吊销资质证书。 3.进入清算程序,或被宣告破产,或其他丧失履约能力的情形。 4.在国家企业信用信息公示系统(http://www.gsxt.gov.cn/)中被列入严重违法失信企业名单。 5.在"信用中国"网站(http://www.creditchina.gov.cn/)中被列入失信被执行人名单。 6.投标人单位、法定代表人和在投标文件中拟委任的项目经理、项目总工、安全生产负责人在近3年有行贿犯罪行为的。 7.法律法规规定的其他情形
	人员要求	1.项目经理(1人):具有公路工程相关专业中级及以上技术职称,持有注册在本单位的公路工程专业一级建造师证书,持有省级及以上交通运输主管部门颁发的安全生产考核合格证书B证,近10年至少具有1个新建或改扩建高速公路工程施工项目经理或副经理或项目总工任职经历。 2.项目总工(1人):具有公路工程相关专业高级及以上技术职称,持有省级及以上交通运输主管部门颁发的安全生产考核合格证书B证,至少具有1个新建或改扩建高速公路工程施工项目总工或副总工或项目经理或项目副经理任职经历。 3.安全生产负责人(1人):具有中级及以上技术职称,持有省级及以上交通运输主管部门颁发的安全生产考核合格证书C证或C2证。注:联合体投标的,以上人员须由联合体牵头人提供

续上表

3.1	主要机械设备(含试验检测)要求	无
	分包要求	允许。投标人拟在中标后将中标项目的部分适合专业化队伍施工的专业工程进行分包的,应符合交通运输部《关于印发公路工程施工分包管理办法的通知》等文件关于分包管理的规定,且必须经发包人同意
	联合体要求	接受联合体申请,联合体成员数量不超过2家,且均须具有公路工程施工总承包一级及以上资质
	其他要求	无
3.2		每个申请人最多可对2个标段投标,且允许中1个标。被招标项目所在地省级交通运输主管部门评为最高信用等级的申请人,最多可对2个标段投标,且允许中1个标
3.3		凡有意参加投标者须于招标文件提供期限内,登录山东省公共资源电子交易平台（http://117.73.253.249:8221/ztbSub/logon.jsp）进行注册;注册完毕后,凭企业数字证书(CA)身份认证密钥进行项目确认
3.4		与招标人存在利害关系可能影响招标公正性的法人、其他组织或者个人,不得参加投标;单位负责人为同一人或者存在控股、管理关系的不同单位,不得参加同一标段投标或者未划分标段的同一招标项目投标
3.5		投标文件中已列明但开标前未记录在"全国公路建设市场信用信息管理系统"或"全国水运建设市场信用信息管理系统"或"山东省交通建设市场监管公共服务平台"中的交通主管部门职责范围内的从业单位、业绩和主要工程技术人员,在招标评审时不予认定
3.6		本项目招标人、招标代理机构以及评标专家将对投标人提供的资格预审申请文件或投标文件中人员、业绩等资料进行核查,并面向社会进行公示。在评标期间发现投标人提供了虚假材料,其投标将被否决;在签订合同前发现作为中标候选人的投标人提供了虚假材料,招标人有权取消其中标资格。招标人将对投标人上述弄虚作假行为上报省级和国家交通运输主管部门,作为不良记录列入交通建设市场信用信息管理系统

4. 招标文件的获取

4.1	招标文件获取时间	2021-02-04 至 2021-02-10(法定公休日、法定节假日除外),每日上午9时00分至11时30分,下午14时00分至16时30分(北京时间)
4.2	招标文件获取地点	济南市高新区汉峪金谷A2-3-18,疫情防控期间,采用快递形式发布招标文件和图纸
4.3	办理时携带材料及要求	潜在投标人需在获取文件时间内将山东省交通建设市场信用信息管理系统公开截图、单位介绍信、经办人身份证及信息登记表(包括项目名称、标段、联系人、电话、邮箱、邮寄地址)加盖公章扫描件(要求图片清晰可辨,制作为PDF文档)发送至邮箱p××@sdhyha.com,并电话通知招标代理(联系人:潘××,电话:186××××××××)购买招标文件。参加多个标段投标的投标人必须分别购买相应标段的招标文件,并对每个标段单独递交投标文件

5.投标文件的递交

5.1	投标文件递交时间	纸质标截止时间(申请截止时间,下同)为 2021-03-10 09:30,申请人应于当日 08 时 30 分至 09 时 30 分将投标文件递交
5.2	投标文件递交地点	山东省济南市历下区山大路 226 号山东省公共资源交易中心 3 楼开标室
5.3	递交要求及注意事项	逾期送达、未送达指定地点或未在规定的开标时间内进行解密的投标文件,招标人不予受理

6.补充信息

6.1	本项目招标人不统一组织工程现场踏勘,不召开投标预备会
6.2	本项目招标公告同时在阳光采购服务平台、山东高速集团有限公司、中国招标投标公共服务平台、齐鲁采购与招标网发布
6.3	投标人在购买招标文件前,应按照国家和省有关规定,在山东省交通建设市场信用信息管理系统中填报、完善、公开本单位信用信息,根据本单位实际情况及时完成相关信息的申报、录入和动态更新,并对相关信息的真实性、完整性和准确性负责
6.4	投标人在获取招标文件时,签署、澄清、递交、撤回、修改投标文件和处理有关事宜的经办人须与山东省交通建设市场信用信息管理系统中的授权委托人一致
6.5	每个申请人最多可对 2 个标段投标,且允许中 1 个标

7.联系方式(略)

2021 年 2 月 3 日

(二)投标邀请书编制

1.投标邀请书(代资格预审通过通知书)

适用于公开招标方式下招标人向通过资格预审的投标人发出的通知书,如图 2-7 所示。

投标邀请书(代资格预审通过通知书)

_____(项目名称)_____标段施工招标公告

_____(被邀请单位名称):

你单位已通过资格预审,现邀请你单位按招标文件规定的内容,参加_____(项目名称)_____标段施工投标。

请你单位于_____年___月___日至_____年___月___日,每日上午___时___分至___时___分,下午___时___分至___时___分(北京时间,下同),在_____(详细地址)持本邀请书、单位介绍信及经办人身份证购买招标文件。

招标文件每套售价_____元,图纸每套售价_____元,招标人根据对本合同工程勘察所取得的水文、地质、气象和料场分布、取土场、弃土场位置等资料编制的参考资料每套售价_____元,售后不退。

招标人将于下列时间和地点组织进行工程现场踏勘并召开投标预备会。

踏勘现场时间:_____年___月___日___时___分,集中地点:_____。

图 2-7

投标预备会时间：_____年___月___日___时___分，地点：_____。

递交投标文件的截止时间(投标截止时间，下同)为_____年___月___日___时___分，投标人应于当日___时___分至___时___分将投标文件递交至_____。

逾期送达的、未送达指定地点的或不按照招标文件要求密封的投标文件，招标人将予以拒收。

你单位收到本邀请书后，请于_____年___月___日___时___分前，以书面形式确认是否参加投标。在本邀请书规定的时间内未表示是否参加投标或明确表示不参加投标的，不得再参加投标。

招　标　人：_____　　招标代理机构：_____

地　　　址：_____　　地　　　　址：_____

邮 政 编 码：_____　　邮 政 编 码：_____

联　系　人：_____　　联　系　　人：_____

电　　　话：_____　　电　　　　话：_____

传　　　真：_____　　传　　　　真：_____

电 子 邮 件：_____　　电 子 邮 件：_____

网　　　址：_____　　网　　　　址：_____

开 户 银 行：_____　　开 户 银 行：_____

账　　　号：_____　　账　　　　号：_____

_____年_____月_____日

图 2-7　投标邀请书(代资格预审通过通知书)

投标邀请书中关于招标文件、图纸和参考资料的售价、投标预备会召开时间、投标文件投递时间等方面的细节规定同招标公告中的细节规定。

2. 投标邀请书(适用于邀请招标)

适用于邀请招标方式下招标人向投标人发出的投标邀请书，如图2-8所示。

投标邀请书(适用于邀请招标)

_____(项目名称)_____标段施工投标邀请书

_____(被邀请单位名称)：

1. 招标条件

本招标项目 _____(项目名称)已由_____(项目审批、核准或备案机关名称)以_____(批文名称及编号)批准建设，施工图设计已由_____(批准机关名称)以_____(批文名称及编号)批准，项目业主为_____，建设资金来自_____(资金来源)，项目出资比例为_____，招标人为_____。项目已具备招标条件，现邀请你单位参加_____(项目名称)_____标段施工投标。

2. 项目概况与招标范围

(说明本次招标项目的建设地点、规模、计划工期、招标范围、标段划分等)。

3. 投标人资格要求

3.1 本次招标要求投标人须具备_____资质，_____业绩，并在人员、设备、资金等方面具有相应的施工能力。

3.2 你单位_____(可以或不可以)组成联合体投标。联合体投标的，应满足下列要求：_____。

4. 招标文件的获取

4.1 请于_____年___月___日至___年___月___日(法定公休日、法定节假日除外)，每日上午___时___分至___时___分，下午___时___分至___时___分(北京时间，下同)，在_____(详细地址)持本邀请书和单位介绍信、经办人身份证购买招标文件。

图　2-8

4.2 招标文件每套售价_____元,图纸每套售价_____元,招标人根据对本合同工程勘察所取得的水文、地质、气象和料场分布、取土场、弃土场位置等资料编制的参考资料每套售价_____元,售后不退。

5. 投标文件的递交及相关事宜

5.1 招标人将于下列时间和地点组织进行工程现场踏勘并召开投标预备会。

踏勘现场时间:_____年____月____日____时____分,集中地点:_____。

投标预备会时间:_____年____月____日____时____分,地点:_____。

5.2 投标文件递交的截止时间(投标截止时间,下同)为_____年____月____日____时____分,投标人应于当日____时____分至____时____分将投标文件递交至_____。

5.3 逾期送达的或者未送达指定地点的投标文件,招标人不予受理。

6. 确认

你单位收到本投标邀请书后,请于_____(具体时间)前以传真或快递方式予以确认,并明确是否准备参加投标。

7. 联系方式

招 标 人:_____	招标代理机构:_____
地 址:_____	地 址:_____
邮政编码:_____	邮 政 编 码:_____
联 系 人:_____	联 系 人:_____
电 话:_____	电 话:_____
传 真:_____	传 真:_____
电子邮件:_____	电 子 邮 件:_____
网 址:_____	网 址:_____
开户银行:_____	开 户 银 行:_____
账 号:_____	账 号:_____

_____年_____月_____日

图 2-8 投标邀请书(适用于邀请招标)

投标邀请书中关于招标文件、图纸和参考资料的售价、投标预备会召开时间、投标文件投递时间等方面的细节规定同招标公告中的细节规定。

投标邀请书

课内实训2-2

投标邀请书的编制

【实训目标】

熟悉投标邀请书与招标公告的区别,了解投标邀请书的格式,掌握投标邀请书的编写方法。

【实训过程】

1. 教师介绍项目案例

山东明村至董家口公路周戈庄互通连接线（平度段）施工招标公告

（1）招标条件

项目编号	370782MA948YW74202102F023112	项目名称	明村至董家口公路
项目所在地	山东省直	建设性质	新建
招标备案号	SG202210268-AWJBA	招标方式	公开招标
招标编号	SG202210268	招标类别	施工
项目立项单位	山东省交通运输厅	项目立项文号	鲁交公路〔2020〕139号
项目法人单位	山东高速明董公路有限公司	招标人	山东高速明董公路有限公司
招标组织形式	委托招标	招标代理机构	山东齐鲁电子招标采购服务有限公司
资格审查方式	资格后审	评标方法	综合评估法
资格审查方法	合格制	投标形式	双信封
计划工期（设计周期）	365天	资金来源及出资比例	其他
评标细则	查看评标办法		

（2）项目概况与招标范围

2.1	项目概况与招标范围	项目概况：周戈庄互通连接线起点接S221，终点连接S309设置平面交叉，路线全长17.42km。其中，周戈庄互通连接线平度段长度4.891km，设大桥1座、中桥1座。采用双向两车道二级公路标准，设计速度80km/h，路基宽度12m。设计洪水频率为大、中桥1/100，桥涵设计汽车荷载等级为公路—I级。计划工期12个月，缺陷责任期24个月。 招标范围：周戈庄互通连接线（平度段）所含路基工程、路面工程、桥涵工程、交叉工程、排水工程、防护工程、交安及附属工程、绿化环保工程、临时工程、三改工程等工程的施工准备阶段、施工阶段、交工验收阶段与缺陷责任期阶段的施工
2.2	标段划分	1. 标段名称：施工一标段；标段号：ZGZSG-1；起始桩号：××，结束桩号：××，标段长度：4.891km

（3）投标人资格要求

3.1		对投标企业要求
	资质资格要求	1. 具有独立法人资格，持有有效的企业法人营业执照。 2. 具有公路工程施工总承包二级及以上资质。 3. 具有有效的建筑施工企业安全生产许可证
	业绩要求	近5年承担的业绩要求：独立完成过至少1条新建（改建）高速公路连接线（高速公路）公路工程（须涵盖路基工程、路面工程、桥梁工程）施工业绩。 注：上述业绩不包含分包业绩
	财务要求	投标人近3年流动资产与流动负债的比率均不小于1
	信誉要求	同应用案例2-5

续上表

	对投标企业要求	
3.1	人员要求	1. 项目经理(1人):具备公路工程相关专业中级及以上技术职称;持有注册在本单位的公路工程专业一级建造师证书;持有交通运输主管部门颁发的有效的安全生产考核合格证书B证;近10年至少具有1个新建(改建)高速公路连接线(高速公路)公路工程(须涵盖路基工程、路面工程、桥梁工程)施工项目经理或副经理或项目总工任职经历。 2. 项目总工(1人):具备公路工程相关专业高级及以上技术职称;持有交通运输主管部门颁发的有效的安全生产考核合格证书B证;近10年至少具有1个新建(改建)高速公路连接线(高速公路)公路工程(须涵盖路基工程、路面工程、桥梁工程)施工项目总工(副总工、项目经理)任职经历。 3. 安全生产负责人(1人):具备工程相关专业中级及以上职称;持有交通运输主管部门颁发的有效的安全生产考核合格证书C证或C2证
	主要机械设备(含试验检测)要求	无
	分包要求	允许。投标人拟在中标后将中标项目的部分适合专业化队伍施工的专业工程进行分包的,如涉铁工程,并应符合交通运输部《关于印发公路工程施工分包管理办法的通知》等文件关于分包管理的规定,且必须经发包人同意
	联合体要求	本项目不接受联合体投标
	其他要求	无
3.2	每个申请人最多可对1个标段投标,且允许中1个标段。被招标项目所在地省级交通运输主管部门评为最高信用等级的申请人,最多可对1个标段投标,且允许中1个标段	
3.3	凡有意参加投标者须于招标文件获取有效期内,登录山东省公共资源电子交易平台(http://117.73.253.249:8221/ztbSub/logon.jsp)进行注册(已注册成功的无须重复注册),凭企业数字证书(CA)身份认证密钥进行拟投标项目登记确认	
3.4	与招标人存在利害关系可能影响招标公正性的法人、其他组织或者个人,不得参加投标;单位负责人为同一人或者存在控股、管理关系的不同单位,不得参加同一标段投标或者未划分标段的同一招标项目投标	
3.5	投标文件中已列明但开标前未记录在"全国公路建设市场信用信息管理系统"或"全国水运建设市场信用信息管理系统"或"山东省交通建设市场监管公共服务平台"中的交通运输主管部门职责范围内的从业单位、业绩和主要工程技术人员,在招标评审时不予认定	
3.6	本项目招标人、招标代理机构以及评标专家将对投标人提供的资格预审申请文件或投标文件中人员、业绩等资料进行核查,并面向社会进行公示。在评标期间发现投标人提供了虚假材料,其投标将被否决;在签订合同前发现作为中标候选人的投标人提供了虚假材料,招标人有权取消其中标资格。招标人将对投标人上述弄虚作假行为上报省级和国家交通运输主管部门,作为不良记录列入交通建设市场信用信息管理系统	

(4)招标文件的获取

4.1	招标文件获取时间	2022-10-11 至 2022-10-15
4.2	招标文件获取地点	投标人登录山东省公共资源中心交通工程招投标交易系统(http://117.73.253.249:8221/ztbSub/logon.jsp)进行项目投标登记,确认成功后下载招标文件

续上表

4.3	招标文件获取方式	第一步：在交易办事大厅中"公告查看及投标登记"菜单中进行项目登记信息，并保留确认参加投标成功的截图。 第二步：在"已登记信息查看"菜单中选择对应项目，点击"下载招标文件"。 参加多个标段投标的投标人必须对每个标段单独递交投标文件

（5）投标文件的递交

5.1	投标文件递交时间	投标截止时间：2022-11-01 09：30（北京时间），投标截止时间前均可自行上传投标文件；投标人应在开标时间开始20分钟之内进行第一信封解密开标及电子签章确认。通过第一信封评审的投标人在收到第二信封开标时间通知后，于约定开标时间开始20分钟内进行第二信封解密开标及电子签章确认
5.2	投标文件递交地点	由投标人凭企业数字证书（CA）加密上传至山东省公共资源中心交通工程招投标交易系统开标大厅（无须到达开标现场）
5.3	递交要求及注意事项	出现以下情况的投标文件，招标人将不予受理： （1）未在投标文件递交截止时间前递交电子投标文件的； （2）未在规定的开标时间内进行解密或因投标人自身原因导致解密失败的； （3）投标人未在规定时间内对第一信封或第二信封开标记录进行电子签章确认的

（6）补充信息

6.1	本项目为电子标。
6.2	投标文件递交方式：由投标人凭企业数字证书（CA）加密上传至山东省公共资源中心交通工程招投标交易系统开标大厅（无须到达开标现场）。
6.3	本项目招标人不统一组织工程现场踏勘，不召开投标预备会。
6.4	本项目采用网上注册，凡有意参加投标者须于招标文件获取期限内登录山东省公共资源电子交易平台（http://117.73.253.249：8221/ztbSub/logon. jsp）进行注册。未办理企业数字证书（CA）的单位登录山东省公共资源电子交易平台（http://117.73.253.249：8221/ztbSub/logon. jsp），在登录页面点击右下方CA办理指南，下载说明进行办理企业数字证书（CA）。
6.5	获取纸质招标文件、图纸及其他资料时需提供的材料及要求：潜在投标人请于2022年10月11日至2022年10月15日，每日9：00—17：00（北京时间），将在山东省公共资源电子交易平台关于本项目确认成功截图、单位介绍信、经办人身份证及信息登记表（包括项目名称、标段、联系人、电话、邮箱、邮寄地址）加盖公章扫描件（要求图片清晰可辨，制作为PDF文档）发送至邮箱（q×·×8@163.com），并电话通知（联系人：吕老师，电话：0531-68××××）获取招标文件、图纸等资料。参加多个标段投标的投标人必须分别获取相应标段的招标文件，并对每个标段单独递交投标文件。未按规定获取相应招标文件（含图纸等）参加投标的，按否决处理。
6.6	纸质招标文件、图纸及其他资料获取时间及方式：获取时间：同本公告"4.1招标文件获取时间"；获取方式：鉴于目前疫情防控要求，纸质资料不在现场领取。
6.7	发布公告的媒介：中国招标投标公共服务平台、山东省公共资源交易网

（7）联系方式

相关信息	招标人	招标代理机构
单位或机构名称	山东高速明董公路有限公司	山东齐鲁电子招标采购服务有限公司
地址	潍坊市诸城市繁荣东路31号	济南高新区天辰路2177号联合财富广场2号楼
邮政编码	262200	250101
联系人	吴××	吕××
电话	134××××××××	156××××××××
传真	—	—
账户名称		
银行账号		
银行编码		
分支行名称		
分支行所在地		

2.授课教师针对项目概况提出投标邀请书编制要点及注意事项

【实训成果】

山东明村至董家口公路周戈庄互通连接线(平度段)施工投标邀请书

_____

_____

_____

_____

（可自行加页）

三 "第二章　投标人须知"的编制

投标人须知是招标单位为了说明招标性质、范围,向投标单位提供的必要的信息资料以及对投标人的合格条件、编制投标书的规定、投标书的送交、开标与评标直至签订合同的有关要求。投标人须知包括投标人须知前附表、附录和正文三部分。

投标人须知

（一）投标人须知前附表

投标人须知前附表用于进一步明确正文中的未尽事宜,由招标人根据招标项目具体特点和实际需要编制与填写,但必须与招标文件中其他章节的衔接,并不得与正文内容相抵触。编制过程中应根据实际招标情形,对应条款逐项认真细致填写,做到不错不漏。投标人须知前附表具体内容与格式要求见表2-4。

投标人须知前附表   表 2-4

条款号	条款名称	编列内容
1.1.2	招标人	名　　称： 地　　址： 电　　话： 联系人：
1.1.3	招标代理机构	名　　称： 地　　址： 联系人： 电　　话：
1.1.4	招标项目名称	
1.1.5	标段建设地点	
1.2.1	资金来源比例	
1.2.2	资金落实比例	
1.3.1	招标范围	
1.3.2	计划工期	计划工期：_____日历天 计划开工工期：_____年_____月_____日 计划交工工期：_____年_____月_____日
1.3.3	质量要求	标段工程交工验收的质量评定：_____ 竣工验收的质量评定：_____
1.3.4	安全目标	
1.4.1	投标人资质条件、能力和信誉（注：本项适用于未进行资格预审的情况）	资质条件：见附录1 财务条件：见附录2 业绩条件：见附录3 信誉条件：见附录4 项目经理和项目总工资格：见附录5 其他要求：对于特别复杂的特大桥梁和特长隧道项目主体工程以及其他有特殊要求的工程，招标人还可增加附录6、附录7对投标人的其他管理和技术人员(如项目副经理、专业工程师等)以及主要机械设备和试验检测设备提出要求
1.4.2	是否接受联合体投标（注：本项适用于未进行资格预审的情况）	□不接受 □接受，应满足下列要求： (1)联合体所有成员数量不得超过_____家 (2)联合体牵头人应具有资质：_____
1.4.3	投标人不得存在的其他关联情形	
1.4.4	投标人不得存在的其他不良状况或不良信用记录	
1.10.2	投标人在投标预备会前提出问题	时间：_____ 形式：_____

续上表

条款号	条款名称	编列内容
1.11.1	分包	□不允许 □允许 允许分包的专项工程(或不允许分包的专项工程):_____对分包人的资格要求:_____
2.1	构成招标文件的其他资料	
2.2.1	投标人要求澄清招标文件	时间:_____年____月____日____时____分 形式:_____
2.2.2	招标文件澄清发出的形式	
2.2.3	投标人确认收到招标文件澄清	时间:收到澄清后_____小时内(以发出时间为准) 形式:_____
2.3.2	投标人确认收到招标文件修改	时间:收到修改后_____小时内(以发出时间为准) 形式:_____
3.1.1	投标文件密封形式	□双信封 □单信封
3.2.1	增值税税金的计算方法	
3.2.2	工程量清单的填写方式	□投标人按照招标人提供的工程量固化清单电子文件填写工程量清单,下载网站:_____ □投标人按照招标人提供的书面工程量清单填写工程量清单
3.2.3	报价方式	□单价 □总价
3.2.6	是否接受调价函 (注:一般情况下建议招标人不接受调价函)	□是 □否
3.3.1	投标有效期	自投标人提交投标文件截止之日起计算_____天
3.4.1	投标保证金	投标保证金的金额:_____ 投标保证金的形式:_____ 投标保证金的递交截止时间: _____年_____月_____日_____时之前 招标代理人的开户银行及账号如下: 招标代理人:_____ 开户银行:_____ 账　　号:_____
3.5.2	近年财务状况的年份要求	_____年至_____年
3.5.3	近年完成的类似项目的年份要求	_____年至_____年
3.5.5	近年发生的诉讼及仲裁情况的年份要求	_____年至_____年

条款号	条款名称	编列内容
3.6	是否允许递交备选投标方案	□不允许 □允许
3.7.3	签字或盖章要求	
3.7.4	投标文件副本份数	_____份,另加1份投标文件电子文件(光盘或U盘,如需要)
3.7.5	装订要求	
4.1.2	封套上写明 (注:本项适用于采用双信封形式的投标文件)	内层封套:_____ 投标人邮政编码:_____ 投标人地址:_____ 投标人名称:_____ 投标人联系人:_____ 投标人联系电话:_____ 招标人地址及名称:_____(寄) 外层封套:_____ 招标人地址:_____ 招标人名称:_____ _____(项目名称)_____标段施工招标投标文件 在_____年___月___日___时___分前不得开启
		投标文件第一个信封(商务及技术文件) 内层封套:_____ 投标人邮政编码:_____ 投标人地址:_____ 投标人名称:_____ 投标人联系人:_____ 投标人联系电话:_____ 招标人地址及名称:_____(寄) 投标文件第一个信封(商务及技术文件) 外层封套:_____ 招标人地址:_____ 招标人名称:_____ _____(项目名称)_____标段施工招标投标文件 投标文件第一个信封(商务及技术文件)投标文件 在___年___月___日___时___分前不得开启
		投标文件第二个信封(投标报价和工程量清单) 内层封套:_____ 投标人邮政编码:_____ 投标人地址:_____ 投标人名称:_____ 投标人联系人:_____ 投标人联系电话:_____ 招标人地址及名称:_____(寄) 投标文件第二个信封(投标报价和工程量清单) 外层封套:_____ 招标人地址:_____ 招标人名称:_____ _____(项目名称)_____标段施工招标投标文件 投标文件第二个信封(投标报价和工程量清单)投标文件 在___年___月___日___时___分前不得开启

条款号	条款名称	编列内容
4.2.2	递交投标文件地点	
4.2.3	是否退还投标文件	□是 □否
4.2.6	招标人通知延后投标截止时间的时间	原定投标截止时间_____天前
5.1	开标时间和地点	开标时间:同投标截止时间 开标地点:_____
5.1	开标时间和地点 (注:本项适用于采用双信封形式的投标文件)	投标文件第一个信封(商务及技术文件) 开标时间:同投标截止时间 投标文件第一个信封(商务及技术文件) 开标地点:_____ 投标文件第二个信封(投标报价和工程量清单) 开标时间:同投标截止时间 投标文件第二个信封(投标报价和工程量清单) 开标地点:_____
5.2.1	开标程序	密封情况检查:(注:由监标人或投标人代表检查);开标顺序:_____
6.1.1	评标委员会的组建 (注:由招标人代表和有关方面的专家组成,人数为5人以上单数,其中技术、经济专家人数应不少于成员总数的2/3)	评标委员会构成:_____人,其中招标人代表_____人,专家_____人 评标专家确定方式:从_____专家库中随机抽取
7.1	是否授权评标委员会确定中标人	□是 □否,推荐的中标候选人的人数为_____名
7.3.1	履约担保	履约担保金额:_____%签约合同价(注:一般为10%) 被招标项目所在地省级交通运输主管部门评为最高信用等级的中标人,履约担保金额为_____%签约合同价(适用于采用合理低价法或综合评估法确定的中标人)(注:被招标项目所在地省级交通运输主管部门评为最高信用等级的中标人,招标人可在履约担保方面给予一定的奖励。例如,给予中标人1%~5%签约合同价履约担保金的优惠,具体优惠幅度由招标人自行确定) □银行保函 □银行保函+现金(电汇或银行汇票形式)(注:履约担保的现金比例一般不超过签约合同价的5%) 采用银行保函时,出具履约担保的银行级别:_____

条款号	条款名称	编列内容
9.5	监督部门	监督部门：_____ 地　　址：_____ 电　　话：_____ 传　　真：_____ 邮　　编：_____
需要补充的其他内容		

应用案例 2-7

【案例概况】

G309 青兰线坊子流戈庄至潍城潘里段改建工程投标人须知前附表

条款号	条款名称	编列内容
1.1.2	招标人	名　　称：山东省潍坊市公路管理局 地　　址：潍坊市东风东街 6167 号 联系人：李×× 电　　话：0536-8×××××××
1.1.3	招标代理机构	名　　称：山东正信招标有限责任公司 地　　址：山东省聊城市开发区东昌路 159 号 联系人：庄×× 电　　话：166××××××× 传　　真：0635-21××××× 邮　　箱：15××@163.com
1.1.4	招标项目名称	G309 青兰线坊子流戈庄至潍城潘里段改建工程施工
1.1.5	标段建设地点	潍坊市昌乐县
1.2.1	资金来源及比例	省财政投资和地方政府自筹,100%
1.2.2	资金落实情况	已落实
1.3.1	招标范围	详见招标公告
1.3.2	计划工期	计划工期:550 日历天 计划开工日期:2018 年 5 月 30 日 计划交工日期:2019 年 11 月 30 日

条款号	条款名称	编列内容
1.3.3	质量要求	标段工程交工验收的质量评定:合格(其中质量评分不低于95分);竣工验收的质量评定:优良,且竣工验收质量评分在90分以上
1.3.4	安全目标	项目实施中无安全责任事故发生
1.4.1	投标人资质条件、能力和信誉	资质条件:见附录1 财务要求:见附录2 业绩要求:见附录3 信誉要求:见附录4 主要人员资格:见附录5 其他要求:投标人已在山东省交通建设市场信用信息管理系统填报、完善本单位信息
1.4.2	是否接受联合体投标	☑ 不接受 □ 接受
1.4.3	投标人不得存在的其他关联情形	无
1.4.4	投标人不得存在的其他不良状况或不良信用	补充:信用交通、信用山东被列入失信被执行人名单
1.10.2	投标人在投标预备会前提出问题	不适用
1.11.1	分包	☑ 不允许 □ 允许
2.1	构成招标文件的其他材料	施工图设计、工程量清单、投标控制价上限、招标文件补遗书、答疑和澄清(如有) 招标文件的澄清和修改内容将以编号的补遗书形式通过山东省交通运输厅交通工程电子招标投标系统进行发布,各投标人需通过山东省交通运输工程电子招投标管理系统回执并确认收到,如因确认不及时造成的一切后果,投标人自负。招标人发布补遗书作为招标文件的组成部分,对所有投标人均具有约束力
2.2.1	投标人要求澄清招标文件	时间:递交投标文件截止之日16天前 形式:使用数字证书(CA)登录"山东省交通运输工程电子招投标管理系统"要求招标人对招标文件予以澄清
2.2.2	招标文件澄清发出的形式	通过山东省交通运输工程电子招投标管理系统发出澄清
2.2.3	投标人确认收到招标文件澄清	招标人将编号的补遗书发布在山东省交通运输厅交通工程电子招投标管理系统,所有已购买招标文件的投标人应及时上网查看、下载,并在24h内系统回复。非招标人原因造成投标人未收到此类补遗书,招标人不承担任何责任
2.3.1	招标文件修改发出的形式	通过山东省交通运输工程电子招投标管理系统发出招标文件修改
2.3.2	投标人确认收到招标文件修改	收到修改后24h内(以发出时间为准),投标人须登录《山东省交通运输厅交通工程电子招投标管理系统》查询、下载并网上确认收悉

续上表

条款号	条款名称	编列内容
3.1.1	投标文件密封形式	☑ 双信封 □ 单信封
3.1.1	构成投标文件的其他材料	投标人的书面澄清、说明和补正（如有）等
3.2.1	增值税税金的计算方法	依据国家规定按一般计税方法计算
3.2.1	工程量清单的填写方式	☑ 投标人按照招标人提供的工程量固化清单电子文件填写工程量清单，下载网址：https://pan.baidu.com/s/1r2N_OSdrEyUpaUsohKxK-PA（密码：yja7） □ 投标人按照招标人提供的书面工程量清单填写工程量清单
3.2.3	报价方式	□ 单价 ☑ 总价
3.2.6	是否接受调价函	☑ 否 □ 是
3.2.8	最高投标限价	□ 无 ☑ 有最高投标限价。 施工二标段：共191772348元（含0%暂定金），路基、路面、小桥涵、绿化分项150811637元（含0%暂定金），白浪河大桥分项40960711元（含0%暂定金）
3.2.9	投标报价的其他要求	无
3.3.1	投标有效期	自投标人提交投标文件截止之日起计算90天
3.4.1	投标保证金	投标保证金的金额：人民币50万元 投标保证金的形式：现金或支票或银行保函 投标保证金的递交截止时间为：2018年4月23日10时00分（北京时间）之前。 本次招标的投标担保需交纳到招标人指定账户： 账户名称：山东省潍坊市公路管理局 开户银行：潍坊银行阳光大厦支行 账　　号：8××××××××××××× 财务联系电话：0536-8××××× 因银行结算、不可抗力等非招标人/招标代理原因造成的保证金不能及时到账，后果由投标人自行承担。 投标保证金的有效期与投标有效期一致。 若采用银行保函形式，应于2018年4月23日10：00前将银行保函扫描件（银行保函原件单独与投标文件一并提交）送至招标人处，潍坊市公路管理局7014房间，联系人：李主任，联系电话：0536-8×××××××；采用银行保函时，出具保函的银行级别：具有相应担保能力的国有或股份制商业银行的支行及其以上银行

续上表

条款号	条款名称	编列内容
3.4.3	投标保证金的利息计算原则	（1）计算利息的起始日期为投标截至当日，终止日期为招标人退还投标保证金日期的前1日； （2）投标保证金的利息按照第（1）款所述计息时间段内招标人指定汇入银行公告的活期存款利率计付，并扣除招标人汇款手续费； （3）利息金额计算至分位，分以下尾数四舍五入
3.4.4	其他可以不予退还投标保证金的情形	（5）经查实投标人有串通投标、弄虚作假、行贿等违法行为； （6）在订立合同同时向招标人提出附加条件
3.5	资格审查资料的特殊要求	□无 ☑有，具体要求：投标文件应当使用数字证书（CA）登录"山东省交通建设市场信用信息管理系统"，点击进入"投标大厅"功能模块生成、封装（定稿）、提交、打印投标文件（商务部分、技术部分）
3.5.2	近年财务状况的年份要求	2014—2016年或2015—2017年。投标人的成立时间少于规定年份的，应提供成立以来的财务状况表
3.5.3	近年完成的类似项目情况的时间要求	2013年1月1日至投标截止时间
3.6.1	是否允许递交备选投标方案	☑不允许 □允许
3.7.4	投标文件副本份数及其他要求	投标文件副本份数：2份 是否要求提交电子版文件：是；另外，提交投标电子文件U盘1份（表面注明单位名称、项目名称，内容为：商务及技术文件、报价表格）与第二个信封密封在一起。 其他要求：中标后再提供4份副本，（1）第一信封电子文件为pdf格式的投标文件（签字盖章后正本的pdf格式）；（2）第二信封电子文件为电子报价清单Excel文件格式。 正本和副本的封面上应清楚地标记"正本"或"副本"的字样。 当电子文件与书面文件不一致时，以书面文件为准，当副本与正本不一致时，以正本为准
3.7.5	装订要求	补充： 1.投标文件第一个信封由"投标大厅"生成，正本与副本应分别装订成册（A4型纸），页码以系统生成为准，纸质标书与评标大厅电子标书页码应当保持一致。投标文件中要求附的相关原件资料可以自行添加页码，并保证页码连续。其他要求见投标人须知正文。 2.第二个信封的正本与副本应分别装订成册（A4型纸），且逐页标注连续页码。 3.社保证明原件、无行贿犯罪记录查询函原件（或人民检察院行贿犯罪查询系统带二维码的打印件）装订在投标文件第一个信封正本中

续上表

条款号	条款名称	编列内容
4.1.2	封套上写明	投标文件第一个信封(商务及技术文件)封套： 招标人名称：_____ 招标人地址：_____ _____(项目名称)_____标段施工招标第一个信封(商务及技术文件)投标文件 招标项目编号：_____ 在_____年_____月_____日_____时_____分前不得开启 投标人名称：_____ 投标文件第二个信封(报价文件)封套： 招标人名称：_____ 招标人地址：_____ _____(项目名称)_____标段施工招标第二个信封(报价文件)投标文件 招标项目编号：_____ 在投标文件第二个信封(报价文件)开标前不得开启 投标人名称：_____ 银行保函封套： 招标人名称：_____ 招标人地址：_____ _____(项目名称)_____标段施工招标投标保证金(银行保函原件) 招标项目编号：_____ 投标人名称：_____
4.2.3	是否退还投标文件	第一个信封的投标文件一经开标将不予退还,未通过第一个信封(商务文件和技术文件)评审的,第二个信封将退还给投标人
5.1	开标时间和地点	投标文件第一个信封(商务及技术文件)开标时间:同投标截止时间 投标文件第一个信封(商务及技术文件)开标地点:同递交投标文件递交地点 投标文件第二个信封(报价文件)开标时间和地点:由招标人在第二个信封(报价文件)开标时间6h前通知
5.2.1	第一个信封(商务及技术文件)开标程序	(4)密封情况检查:检查商务及技术文件是否存在提前开启情况 (5)开标顺序:随机
5.2.3	第二个信封(报价文件)开标程序	(4)密封情况检查:检查报价文件是否存在提前开启情况 (5)开标顺序:随机

续上表

条款号	条款名称	编列内容
6.1.1	评标委员会的组建	评标委员会构成:<u>7</u>人,其中专家<u>5</u>人,招标人代表<u>2</u>人; 评标专家确定方式:依法从<u>山东省交通运输建设项目综合评标专家库</u>中随机抽取
6.3.2	评标委员会推荐 中标候选人的人数	<u>3</u>名(不足3名时则只取相应数量)
7.1	中标候选人公示媒介及期限	公示媒介:同招标公告发布媒介 公示期限:3个工作日 公示的其他内容:无
7.4	是否授权评标委员会确定中标人	□ 是 ☑ 否
7.6	中标结果公示媒介及期限	公告媒介:同招标公告发布媒介 公告期限:3个工作日 公示的其他内容:无
7.7.1	履约保证金	是否要求中标人提供履约保证金: ☑ 要求,履约保证金的形式:银行保函或现金、支票形式; 履约保证金金额:<u>5%</u>签约合同价 出具履约担保的银行级别:具有相应担保能力的国有或股份制商业银行的支行及其以上银行 □ 不要求
8.5.1	监督部门	投标人和其他利害关系人认为招标活动违反法律、法规和规章规定的,应通过山东省交通运输工程建设项目招标投标管理信息网质疑投诉。 监督部门:山东省交通运输厅 地　　址:济南市舜耕路19号 电　　话:0531-8××××× 邮政编码:250002
9	是否采用电子招标投标	是,投标人应当使用数字证书(CA)登录"山东省交通建设市场信用信息管理系统",点击进入"投标大厅"功能模块生成、封装(定稿)、提交、打印投标文件(商务部分、技术部分),否则不予通过招标评审。除招标文件或者投标文件目录约定的内容以外,在"投标大厅"生成的投标文件(商务部分、技术部分)"其他材料"中上传的任何证明或者补充说明材料在招标评审(或者资格审查)时均不予认定
	需要补充的其他内容	
6.4	履约能力审查	补充6.6款　履约能力审查(如有): 若中标候选人的经营、财务状况发生较大变化或者存在违法行为,招标人认为可能影响其履约能力的,将在发出中标通知书前由原评标委员会按照招标文件规定的标准和办法审查确认

续上表

条款号	条款名称	编列内容
7.5	中标通知	原文后增加：中标人在收到中标通知书后，签订合同之前，须按照"专用合同条款"中合同附件4、附件5、附件6规定的最低要求，向招标人填报本标段的其他主要管理人员和技术人员、主要机械设备、主要试验检测设备
8.5	投诉	原文后增加：应满足《工程建设项目招标投标活动投诉处理办法》的有关规定
10.2		(1)投标文件中提供的主要工程技术人员(包括附录5要求的所有人员)要求无在岗项目(指目前未在其他项目上任职，或虽然在其他项目上任职但本项目中标后能够从该项目撤离)。如投标文件中提供的主要工程技术人员仍在其他项目上任职，则投标人应提供由该项目发包人出具的、承诺上述人员能够从该项目撤离的书面证明材料原件。本条所称其他项目，是指未登记(记录)在山东省交通建设市场信用信息管理系统中的在建(履约)项目。同时，投标文件中提供的主要工程技术人员(包括附录5要求的所有人员)应满足山东省交通建设市场信用信息管理系统中的相关要求。 (2)投标人须提供投标人所属社保机构出具的主要工程技术人员(包括附录5要求的所有人员)的社保缴费证明。 (3)投标单位拟投入本项目的以上人员(具备中级及以上职称的)在山东省交通建设市场信用信息管理系统中的职称信息必须全部完善，否则视为不满足人员最低要求，其资格审查不予通过。 (4)山东省交通建设市场信用信息管理系统内，自填无关联的个人业绩不予认定。 (5)对于招标人的所有澄清、补遗等文件及投标人回复的确认函，投标人须装订在投标文件中，作为投标文件的一部分
10.3		同一套项目班子只能在一个标段中标
10.4		终止招标 除不可抗力原因外，招标人不得在出售招标文件后擅自终止招标。因不可抗力原因造成招标终止的，投标人有权要求退回招标文件并收回购买招标文件的费用
10.5		如果投标报价出现较严重的不平衡或不合理报价时招标人有权要求预期中标单位在总价不变的情况下调整部分单价直至相对平衡并经双方确认调整后的单价作为后期计量支付的依据
10.6		招标人委托了专业的招标代理机构实施本次招标工作，招标代理费按照招标代理机构与业主签订的招标代理合同中规定的费率(国家计委计价格〔2002〕1980号文件标准的50%)收取。本次招标代理服务费由中标单位支付，请投标人将该费用摊入各标段各细目报价中或投标总价中，招标人不再另行支付
10.7		(1)本项目各合同段以地方政府财政部门认可的评审结果作为最终结算依据，各投标人在报价时应将此因素考虑在内，并自担风险。 (2)承包人应严格执行国家、地方各级政府及行业主管部门、发包人关于"平安工地""标准化施工""智慧工地""质量管理年""品质工程""'五化'管理""环境保护""水土保持""农民工工资保障"等方面的规定，除工程量清单明列出外，以上发生的费用均包含在相关子目的投标报价中，不单独计量支付

(二)附录

资格审查条件见表2-5～表2-9。

资格审查条件(资质最低条件)　　　　　　　　　　　　　表2-5

标段	资质以及安全要求
施工二标段 (SG02)	1. 具有独立法人资格和有效的营业执照; 2. 具有公路工程施工总承包二级(含)以上施工资质; 3. 具有有效的建筑施工企业安全生产许可证

资格审查条件(财务最低要求)　　　　　　　　　　　　　表2-6

标段	财务要求
施工二标段 (SG02)	投标人最近3年的流动比率(流动比率＝流动资产÷流动负债)大于1。投标人的成立时间少于规定年份的,应提供成立以来的财务状况表

资格审查条件(业绩最低要求)　　　　　　　　　　　　　表2-7

标段	业绩要求
施工二标段 (SG02)	近3年,完成过至少1项一级及一级以上公路新建、改扩建、养护大修工程路面施工业绩,且同时具有1座中桥及以上桥梁施工业绩

资格审查条件(信誉最低要求)　　　　　　　　　　　　　表2-8

标段	信誉要求
施工二标段 (SG2)	1. 申请人未处于被责令停业或投标资格被取消或财产被接管(冻结)超过其注册资本的10%或破产状态; 2. 申请人在最近3年内未发生过骗取中标或严重违约问题; 3. 未因工程质量问题或施工安全责任事故或其他原因被国家有关部委、山东省交通运输厅、山东省住房和城乡建设厅或本项目法人禁止参与投标,且在处罚期内的; 4. 无因拖欠农民工工资或转包、非法分包等引起诉讼且经查实的; 5. 查询行贿犯罪档案结果告知函要求:近3年无行贿查询结果[含投标单位、法定代表人和拟在投标文件中提供的主要人员原件或人民检察院行贿犯罪查询系统的打印件附在投标文件第一信封(正本)中]。投标文件未提供《查询行贿犯罪档案结果告知函》或者经查询申请人单位和上述个人存在行贿犯罪记录,不予通过招标评审; 6. 信用查询满足招标公告3.8项要求; 7. 未被其他法律法规、规章限制投标的单位

资格审查条件(人员最低要求)　　　　　　　　　　　　　表2-9

标段	人员	数量	资格要求
二	项目经理	1	具备工程系列中级(含)以上技术职务任职资格,持有注册在本单位的公路工程专业一级建造师注册证书、交通行业主管部门颁发的有效的安全生产考核合格证书B证;近5年内独立完成过1个一级(及以上)公路路面工程项目经理或者桥梁工程(大中桥及以上)项目经理任职经历

标段	人员	数量	资格要求
二	项目总工	1	具备工程系列中级（含）以上技术职务任职资格，持有交通行业主管部门颁发的有效的安全生产考核合格证书 B 证；近 5 年内独立完成过 1 个一级（及以上）公路路面工程项目总工或者桥梁工程（大中桥及以上）项目总工任职经历
	安全生产负责人	1	具备初级及以上职称，持有交通行业主管部门颁发的有效的安全生产考核合格证书 C 证，3 年及以上施工经验

（三）正文

正文主要内容包括：

（1）总则。该部分主要说明项目概况、资金来源和落实情况、招标范围、计划工期和质量要求、投标人资格要求、费用承担、保密、语言文字、计量单位、踏勘现场、投标预备会、分包、偏离。

（2）招标文件。该部分主要说明招标文件的组成、澄清和修改。

（3）投标文件。该部分主要说明投标文件的组成、报价、投标有效期、保证金、资格审查资料、备选方案投标和投标文件的编制。

（4）投标。该部分主要说明投标文件的密封和标识、投标文件的递交，以及投标文件的修改与撤回。

（5）开标。该部分主要说明开标时间和地点、开标程序。

（6）评标。该部分主要说明评标委员会、评标原则、评标。

（7）合同授予。该部分主要说明定标方式、中标通知、履约担保、签订合同。

（8）重新招标和不再招标。该部分主要说明重新招标和不再招标的情形。

（9）纪律和监督。该部分主要说明对招标人、投标人、评标委员会成员、与评标活动有关的工作人员的纪律要求；投诉。

（10）需要补充的其他内容。该部分主要说明需要补充的其他内容。

四 "第三章　评标办法"的编制

《公路工程标准施工招标文件》给出了四种评标办法，即合理低价法、综合评分法和经评审的最低投标价法和技术评分最低标价法。具体内容见本书模块 4。

五 "第四章　合同条款及格式"的编制

《公路工程标准施工招标文件》的合同条款由通用合同条款、公路工程专用合同条款和项目专用合同条款三部分构成，而且附有合同协议书、履约担保和预付款担保三个格式文件。具体内容见本书模块 6。

六 "第五章 工程量清单"的编制

(一)工程量清单的组成

工程量清单由说明、工程量清单表、计日工明细表、暂估价表、暂列金额、投标报价汇总表、工程量清单单价分析表等表格组成。

(1)说明。工程量清单包括工程量清单说明、投标报价说明、计日工说明和其他说明等内容,对工程量清单的性质、承包人填报工程量清单的单价和合同价格的要求等做了明确规定。因此,说明在招投标期间对图和进行工程报价有实质影响,并且对工程实施期间工程是否进行计量与支付以及如何进行计量与支付有直接影响。

(2)工程量清单表。《公路工程标准施工招标文件》工程量清单共分为7章:100章总则;200章路基;300章路面;400章桥梁、涵洞;500章隧道;600章安全设施及预埋管线;700章绿化及环境保护设施。表2-10为路基工程工程量清单(节选1)。

路基工程工程量清单(节选)　　　　　　　　　　表2-10

\multicolumn{6}{c}{清单　第200章　路基}					
子目号	子目名称	单位	数量	单价	合价
202-1	清理与掘除				
-a	清理现场	m²			
-b	砍伐树木	棵			
-c	挖除树根	棵			
202-2	挖除旧路面				
-a	水泥混凝土路面	m²			
-b	沥青混凝土路面	m²			
-c	碎石路面	m²			
202-3	拆除结构物				
-a	钢筋混凝土结构	m³			
-b	混凝土结构	m³			
-c	砖、石及其他砌体结构	m³			
203-1	路基挖方				
-a	挖土方	m³			
-b	挖石方	m³			
-c	挖除非适用材料	m³			
-d	挖淤泥	m³			
203-2	改河、改渠、改路挖方				
-a	挖土方	m³			

子目号	子目名称	单位	数量	单价	合价
-b	挖石方	m³			
-c	…	…			
204-1	路基填筑（包括填前压实）				
-b	利用土方	m³			
-c	利用石方	m³			
-d	利用土石混填	m³			
-e	借土填方	m³			
-f	粉煤灰路堤	m³			
-g	结构物台背回填	m³			
-h	锥坡及台前溜坡填土	m³			
204-2	改河、改渠、改路填筑				
-a	利用土方	m³			
-b	利用石方	m³			
-c	借土填筑	m³			
205-1	软土地基处理				
…	…	…			

清单200章合计　人民币＿＿＿＿＿＿＿＿＿

（3）计日工明细表。计日工，也称散点工或点工，是指在工程施工过程中，发包人可能有一些临时性的或新增加的项目，而且这种临时性新增项目的工程量在招投标阶段很难估计，希望通过招投标阶段事先定价，避免开工后可能出现的争端，因此需要以计日工明细表的方法在工程量清单中予以明确。计日工明细表包括计日工劳务（表2-11）、计日工材料（表2-12）、计日工施工机械（表2-13）和计日工汇总表（表2-14）。

计日工劳务　　　　　　　　　　　　　　　　　表2-11

编号	子目名称	单位	暂定数量	单价	合价
101	班长	h			
102	普通工	h			
103	焊工	h			
104	电工	h			
105	混凝土工	h			
106	木工	h			

续上表

编号	子目名称	单位	暂定数量	单价	合价
107	钢筋工	h			
…	…	…			

劳务小计金额：_____

（计入"计日工汇总表"）

计日工材料　　　　　　　　　　　　　　　　　表 2-12

编号	子目名称	单位	暂定数量	单价	合价
201	水泥	t			
202	钢筋	t			
203	钢绞线	t			
204	沥青	t			
205	木材	m^3			
206	砂	m^3			
207	碎石	m^3			
208	片石	m^3			
…	…	…			

材料小计金额：_____

（计入"计日工汇总表"）

计日工施工机械　　　　　　　　　　　　　　　表 2-13

编号	子目名称	单位	暂定数量	单价	合价
301	装载机				
301-1	$1.5m^3$ 以下	h			
301-2	$1.5 \sim 2.5m^3$	h			
301-3	$2.5m^3$ 以上	h			
302	推土机				
302-1	90kW 以下	h			
302-2	$90 \sim 180$kW	h			
302-3	180kW 以上	h			
…	…	…			

施工机械小计金额：_____

（计入"计日工汇总表"）

计日工汇总表　　　　　　　　　　　　　　　　　表 2-14

名称	金额	备注
劳务		
材料		
施工机械		

计日工总计：_____

（计入"投标报价汇总表"）

（4）暂估价表。暂估价是指在工程招标阶段已经确定的材料、工程设备或工程项目，但又无法在投标时确定准确价格，而可能影响招标效果时，发包人在工程量清单中给定一个暂估价。在工程实施阶段，根据不同类型的材料与专业工程再重新定价。暂估价表包括材料暂估价表（表 2-15）、工程设备暂估价表（表 2-16）和专业工程暂估价表（表 2-17）。

材料暂估价表　　　　　　　　　　　　　　　　表 2-15

序号	名称	单位	数量	单价	合价	备注

工程设备暂估价表　　　　　　　　　　　　　　表 2-16

序号	名称	单位	数量	单价	合价	备注

专业工程暂估价表　　　　　　　　　　　　　　表 2-17

序号	专业工程名称	工程内容	金额
小计			

（5）投标报价汇总表。

投标报价汇总表是将各章的工程细目及计日工明细表进行汇总，加上暂列金额而得出该项目的总报价。投标报价汇总表见表2-18。

投标报价汇总表   表2-18

_____（项目名称）_____标段

序号	章次	科目名称	金额(元)
1	100	总则	
2	200	路基	
3	300	路面	
4	400	桥梁、涵洞	
5	500	隧道	
6	600	安全设施及预埋管线	
7	700	绿化及环境保护设施	
8		第100章至第700章清单合计	
9		已包含在清单合计中的材料、工程设备、专业工程暂估价合计	
10		清单合计减去材料、工程设备、专业工程暂估价合计（即8 – 9 =10）	
11		计日工合计	
12		暂列金额（不含计日工总额）	
13		投标报价（8 + 11 + 12）=13	

注：材料、工程设备、专业工程暂估价已包括在清单合计中，不应重复计入投标报价。

（二）工程量清单的编制

1. 招标工程量清单的编制依据

（1）现行的经济法规、政策。

（2）建设工程设计文件及相关资料。

（3）施工现场情况、地勘水文资料、施工组织设计文件等。

（4）拟定的招标文件。

（5）其他资料。

2. 招标工程量清单的编制

工程量清单编制包括工程量清单说明、清单子目划分和工程数量整理三项工作。

（1）工程量清单说明

工程量清单说明主要强调工程量清单与招标文件的关系、工程量清单中工程量的性质与作用、工程量计算规则、承包人填报工程量清单价格时的要求等方面的内容。

（2）清单子目划分

工程量清单是由招标单位参照《公路工程标准施工招标文件》第五章的章、节、目层次将发包工程进行合理的分解，以明确工程内容与范围并确定工程数量的一套项目划分表。工程子目是由招标人根据招标文件、招标项目具体特点和实际需要编制,并与"投标人须知""通用合同条款""专用合同条款""技术规范""图纸"相衔接。

按内容不同工程子目可分为以下两部分:

①工程量清单的"总则"部分。该部分说明合同需要发生的各种开办项目,其计价特点主要是采用总额包干,因此,其计量单位大部分为"总额"。工程量清单表见表2-19。

工程量清单表　　　　　　　　　表2-19

子目号	子目名称	单位	数量	单价	合价
	第100章　总则				
100	总则				
101-1	保险费				
101-1-a	按合同条款规定,提供建筑工程一切险	总额			
101-1-b	按合同条款规定,提供第三方责任险	总额			
102-1	竣工文件	总额			
102-2	施工环保费	总额			
102-3	安全生产费	总额			
102-4	信息化系统	总额			
103-1	临时道路修建、养护与拆除(包括原道路的养护费)				
103-2	临时占地	总额			
103-3	临时供电设施架设、维修与拆除	总额			
103-4	电信设施的提供、维修与拆除	总额			
103-5	供水与排污设施	总额			
104-1	承包人驻地建设	总额			
105-1	施工驻地	总额			
…	…	…			
	第100章　合计　人民币 _____				

②根据图纸需要发生的工程子目部分。该部分说明了施工项目中各工程子目将要发生的工程量,计价特点是单价不变,实际工程量由计量确定。

应用案例2-8

【案例概况】

拟修建一条二级公路,路线全长1km,路基宽12m,其中行车道宽7m,硬路肩宽1.75m,土路肩宽0.75m。底基层采用厚220mm水泥稳定碎石(水泥剂量3.5%),共12200m²;基层采用厚200mm水泥稳定(水泥剂量5%),共11500m²;面层采用厚100mm沥青混凝土,共计10700m²;其中,上面层用40mm厚细粒式沥青混凝土,下面层用60mm厚粗粒式沥青混凝土;土路肩土方为85800 m³;面层间设黏层,基层顶面设透层。

【问题】

试编制该路面工程的工程量清单。

【案例评析】

对照《公路工程标准施工招标文件》第五章的工程量清单表格划分模板，本路段主要是针对第300章路面工程，工程量清单见下表。

某二级公路工程量清单（路面部分）

子目号	子目名称	单位	数量	单价	合价
304-1	水泥稳定碎石底基层（水泥剂量3.5%）				
-a	厚220mm	m²	12200		
304-2	水泥稳定碎石基层（水泥剂量5%）				
-a	厚200mm	m²	11500		
308-1	透层	m²	10700		
308-2	黏层	m²	10700		
309-1	细粒式沥青混凝土				
-a	厚40mm	m²	10700		
309-3	粗粒式沥青混凝土				
-a	厚60mm	m²	10700		
313-1	土路肩	m³	85800		

第300章 合计　人民币＿＿＿＿＿＿＿＿

七 "第七章　技术规范"的编制

技术规范是招标文件和合同文件中非常重要的组成部分。该部分详细具体地说明了承包人履行合同时的质量要求、验收标准、材料的品级和规格，为满足质量要求投标人应遵守的施工技术规范，以及计量与支付的规定等。

八 "第九章　投标文件格式"的编制

投标文件格式为投标人提供了投标文件的固定格式和编排顺序，以规范投标文件的编制，同时便于评标委员会评标。（具体内容见本书模块3）。

任务2.4
施工招标控制价编制

招标控制价是招标人根据国家或省级、行业建设主管部门颁发的有关计价依据和办法，按设计施工图纸计算,对招标工程限定的最高工程造价,也称为拦标价、预算控制价、最高报价等。

一 招标控制价的作用

招标控制价的作用包括如下:

(1)招标控制价作为招标人能够接受的最高交易价,可以使招标人有效控制项目投资,防止恶性投标带来的投资风险。

(2)由于招标控制价与招标文件同步编制并作为招标文件的一部分,并与招标文件一同公布,有利于引导投标方投标报价,避免了投标方无标底情况下的无序竞争。

(3)招标人在编制招标控制价时通常按照政府规定的标准,即招标控制价反映的是社会平均水平。

(4)招标控制价可以为工程变更新增项目确定单价提供计算依据。招标人可在招标文件中规定:当工程变更项目合同价中没有相同或类似项目时,可参照招标时招标控制价编制原则编制综合单价,再按原招标时中标价与招标控制价相比下浮相同比例确定工程变更新增项目的单价。

二 招标控制价应用中的注意事项

招标控制价应用中的注意事项包括如下:

(1)国有资金投资的工程建设项目应实行工程量清单招标,并应编制招标控制价。

(2)招标控制价超过批准的概算时,招标人应将其报原概算审批部门审核。

(3)投资人的投标报价高于招标控制价的,其投标应予以拒绝。

(4)招标控制价应由具有编制能力的招标人或受其委托,具有相应资质的工程造价咨询人员编制和复核。工程造价咨询人不得同时接受招标人和投标人对同一工程的招标控制价和投标报价的编制。

(5)招标控制价应在招标文件中公布,不应上调或下浮,招标人应将招标控制价及有关资料报送工程所在地工程造价管理机构备查。招标人在招标文件中公布招标控制价时,应公布招标控制价各组成部分的详细内容,不得只公布招标控制价总价。

(6)投标人经复核认为招标人公布的招标控制价未按《建设工程工程量清单计价规范》(GB 50500—2013)的规定进行编制的,应在开标前5日向招投标监督机构或(和)工程造价管理机构投诉。招标监督机构应会同工程造价管理机构对投诉进行处理,发现确有错误的,应责成招标人修改。

三 招标控制价编制依据

招标控制价的编制依据包括如下:

（1）公路工程工程量清单计价规范。

（2）国家或省级、行业建设主管部门颁发的计价定额和计价办法。

（3）建设工程设计文件及相关资料。

（4）招标文件中的工程量清单及有关要求。

（5）与建设项目相关的标准规范、技术资料。

（6）工程造价管理机构发布的工程造价信息；工程造价信息没有发布的参照市场价。

（7）其他相关资料。

招标文件管理、最高投标限价

应用案例2-9

【案例概况】

某项目主线为双向四车道高速公路，路基宽度为26m，采用沥青混凝土路面结构形式，具体工程数量如下：

路面工程部分数量表

起讫桩号	结构类型			
	4cm 厚 SMA-13 上面层	8cm 厚粗粒式沥青混凝土下面层	20cm 厚 5% 水稳碎石基层	SBS 改性乳化沥青黏层
	体积（100m³）	体积（100m³）	面积（1000m²）	面积（1000m²）
第1合同段合计	98.9	98.9	106.902	98.9

纵向排水管工程数量表

起讫桩号	长度（m）	现浇 C25 沟身（m³）	预制 C30 盖板（m³）	沥青麻絮伸缩缝（m²）	盖板钢筋（kg）	砂砾垫层（m³）
第1合同段合计	4612	553.43	221.37	84.55	51192.2	507.31

施工组织拟采用集中拌和，摊铺机铺筑，混合料综合平均运距为5km，混合料均采用15t自卸汽车运输，基层稳定土混合料采用300t/h稳定土拌和站拌和，沥青混凝土采用240t/h沥青混合料拌和站拌和。

【问题】

1.编制路面工程工程量清单。

2.在路面工程的上面层、稳定基层、黏层的清单子目下套取定额。

【案例评析】

分析要点：

（1）本案例主要考核工程量清单的编制和清单控制价的编制。

（2）首先参照给定的《公路工程标准施工招标文件》编制工程量清单，然后在相应清单中套取定额，并计算定额用量。

（3）需注意工程数量表单位与清单单位的换算，定额中取用数量单位的调整，以及纵向排水管的清单计量规则。

【参考答案】

1. 工程量清单。

子目号	子目名称	单位	数量
304-3	水泥稳定碎石基层		
-a	20cm 水泥稳定碎石基层	m²	106902.00
308-2	黏层	m²	
-a	SBS 改性乳化沥青黏层	m²	98900.00
309-1	细粒式沥青混凝土上面层		
-a	厚 40mm SMA-13	m²	98900.00
309-3	粗粒式沥青混凝土下面层		
-a	厚 80mm	m²	98900.00
314-2	纵向雨水沟（管）		
-a	纵向排水沟	m	4612.00

2. 清单子目定额套取。

304-3-a 20cm 水泥稳定碎石基层：

工程细目	定额代号	费率	单位	数量	定额调整或系数
厂拌水泥碎石稳定土（5%）压实厚度20cm	2-7-1-5	其他路面	1000m²	106.902	—
15t 以内自卸汽车运稳定土第一个1km	2-1-8-21	汽车运输	1000m³	21.38	运距调整为5km
12.5m 以内摊铺机铺筑基层混凝土	2-1-9-11	其他路面	1000m²	106.902	人工、压实机械调整

308-2-a SBS 改性乳化沥青黏层：

工程细目	定额代号	费率	单位	数量	定额调整或系数
乳化沥青层黏层	2-2-16-6	其他路面	1000m²	98.9	乳化沥青改为SBS改性乳化沥青

309-1-a 40mmSMA-13：

工程细目	定额代号	费率	单位	数量	定额调整或系数
沥青玛琋脂碎石混合料拌和（240t/h 以内）	2-2-12-3	高级路面	1000m³	3.956	—
15t 以内自卸汽车运沥青混合料第一个1km	2-1-13-21	汽车运输	1000m³	3.956	运距调整为5km
机械摊铺沥青玛琋脂碎石混合料（240t/h 以内）	2-2-14-56	高级路面	1000m³	3.956	—

309-3-a 80mm 粗粒式沥青混凝土：

工程细目	定额代号	费率	单位	数量	定额调整或系数
粗粒式沥青混凝土拌和	2-2-12-5	高级路面	1000m³	7.912	—
15t 以内自卸汽车运沥青混合料第一个 1km	2-1-13-21	汽车运输	1000m³	7.912	运距调整为 5km
机械摊铺粗粒式沥青混凝土	2-2-14-46	高级路面	1000m³	7.912	—

314-2-a 纵向排水管：

工程细目	定额代号	费率	单位	数量	定额调整或系数
现浇 C25 沟身混凝土	1-2-4-5	构造物 I	10m³	55.343	C20 调整为 C25
C30 盖板预制	1-2-4-8	构造物 I	10m³	22.137	C20 调整为 C30，定额 ×1.01
盖板安装	1-2-4-11	构造物 I	10m³	22.137	—
盖板钢筋	1-2-4-10	钢材及钢结构	1t	51.192	—
砂砾垫层	4-11-5-1	构造物 I	10m³	50.731	—

任务 2.5
实际工程施工招标文件示例

下面以 G309 青兰线坊子流戈庄至潍城潘里段改建工程施工为背景，给出其部分招标文件，以供学习和参考。

G309 青兰线坊子流戈庄至潍城潘里段
改建工程施工招标

招标文件

山东省潍坊市公路管理局
山东正信招标有限责任公司
二〇一八年三月

目　　录

第一章　招标公告 ……………………………………………………………… 1

第二章　投标人须知 …………………………………………………………… 5

第三章　评标办法（合理低价法）…………………………………………… 10

第四章　合同条款及格式 …………………………………………………… 10

第五章　工程量清单（节取路基部分）…………………………………… 10

第六章　图纸 ………………………………………………………………… 13

第七章　技术规范 …………………………………………………………… 13

第八章　工程量清单计量规则 ……………………………………………… 13

第九章　投标文件格式 ……………………………………………………… 13

第一章　招标公告

G309青兰线坊子流戈庄至潍城潘里段改建工程施工招标公告

1. 招标条件

项目编号	370700493816154201702F021748	项目名称	G309青兰线坊子流戈庄至潍城潘里段改建工程
项目所在地	潍坊市	建设性质	改建
招标备案号	SG＿＿＿-AWJBA	招标方式	公开招标
招标编号	SG＿＿＿	招标类别	施工
项目立项单位	山东省发展和改革委员会	项目立项文号	鲁发改交通〔2017〕596号
项目法人单位	山东省潍坊市公路管理局	招标人	山东省潍坊市公路管理局
招标组织形式	委托招标	招标代理机构	山东正信招标有限责任公司
资格审查方式	资格后审	评标方法	合理低价法
资格审查方法	合格制	投标形式	双信封
计划工期（设计周期）	550天	资金来源及出资比例	省财政补助和地方自筹,100％
评标细则	详见评标办法		

2. 项目概况与招标范围

2.1	项目概况与招标范围	（1）项目概况:G309青兰线坊子流戈庄至潍城潘里段改建工程（K0＋000～K46＋042.91）,路线全长45.840km,实际建设里程44.068km（K1＋988.218～K46＋042.91）,一级公路标准,设计速度:80km/h。全线设大桥2座、中桥4座、小桥11座、涵洞79道;分离立交3处,新建养护工区2处。 （2）招标范围:本次招标共设一个施工标段,工程内容包括K22＋184～K31＋119.7段路基、路面、桥梁、涵洞、绿化及环境保护设施等的施工及缺陷责任期修复的全部内容
2.2	标段划分	施工二标段,标段号:SG2;起始桩号:K22＋184;结束桩号:K31＋119.7,标段长度:8.936km

3. 投标人资格要求

		标段名称（标段号）	简要技术指标	对投标企业要求	
3.1	各标段的资格要求	施工二标段（SG2）	起讫桩号K22＋184～K31＋119.7,实际建设里程8.936km,包括路基、路面、桥梁、涵洞、绿化及环境保护设施等;含大桥1座（K23＋174.1）,跨径17×30m预应力混凝土小箱梁	资质资格要求	（1）具有独立法人资格和有效的营业执照; （2）具有公路工程施工总承包二级(含)以上施工资质; （3）具有有效的建筑施工企业安全生产许可证
				业绩要求	近3年完成过至少1项一级及一级以上公路新建、改扩建、养护大修工程路面施工业绩,且同时具有1座中桥及以上桥梁施工业绩

－ 1 －

续上表

3.1	各标段的资格要求	施工二标段（SG2）	起讫桩号 K22 +184 ～ K31 + 119.7，实际建设里程 8.936km，包括路基、路面、桥梁、涵洞、绿化及环境保护设施等；含大桥 1 座（K23 + 174.1），跨径 17×30m 预应力混凝土小箱梁	财务要求	投标人近 3 年的流动比率（流动比率＝流动资产÷流动负债）大于 1。投标人的成立时间少于规定年份的，应提供成立以来的财务状况表
				信誉要求	（1）投标人未处于被责令停业，投标资格被取消，财产被接管、冻结，破产状态。 （2）投标人在近 3 年未发生过骗取中标、严重违约情形。 （3）投标人未因工程质量问题、施工安全事故或其他原因被国务院，有关部委及山东省交通、建设行业主管部门通报禁止参与投标，且在处罚期内的。 （4）未具有其他行政法规、规章限制投标情形的。 （5）未在国家企业信用信息公示系统（http://www.gsxt.gov.cn/）中被列入严重违法失信企业名单。 （6）投标人、法定代表人、拟在投标文件中提供的主要人员在近 3 年内行贿犯罪行为的（行贿犯罪行为的认定以检察机关职务犯罪预防部门出具的查询结果为准）
				人员要求	（1）项目经理（1 人）：①具备工程系列中级（含）以上技术职务任职资格，持有注册在本单位的公路工程专业一级建造师注册证书、交通行业主管部门颁发的有效的安全生产考核合格证书 B 证；②近 5 年内独立完成过 1 个一级（及以上）公路路面工程项目经理或者桥梁工程（大中桥及以上）项目经理任职经历。 （2）项目总工（1 人）：①具备工程系列中级（含）以上技术职务任职资格，持有交通行业主管部门颁发的有效的安全生产考核合格证书 B 证；②近 5 年内独立完成过 1 个一级（及以上）公路路面工程项目总工或者桥梁工程（大中桥及以上）项目总工任职经历。 （3）安全生产负责人（1 人）：①具备初级及以上职称，持有交通行业主管部门颁发的有效的安全生产考核合格证书 C 证；②具有 3 年及以上施工经验
				主要机械设备（含试验检测）要求	—
				分包要求	严禁转包或分包
				联合体要求	不接受
				其他要求	无

－2－

3.2	每个申请人最多可对 1 个标段投标,且允许中 1 个标段。被招标项目所在地省级交通运输主管部门评为最高信用等级的申请人,最多可对 1 个标段投标,且允许中 1 个标
3.3	与招标人存在利害关系可能影响招标公正性的法人、其他组织或者个人,不得参加投标。单位负责人为同一人或者存在控股、管理关系的不同单位,不得参加同一标段投标或者未划分标段的同一招标项目投标。否则相关投标均无效
3.4	申请人在购买招标文件前,应按照《山东省交通建设市场信用信息管理实施细则(试行)》《山东省交通建设市场从业单位和人员信用评价实施细则(试行)》和《关于运行山东省交通建设市场信用信息管理系统的通知》等有关规定,在山东省交通建设市场信用信息管理系统中填报、完善、公开本单位信用信息,以备招标评审核查;申请人信用信息公开后,应在山东省交通运输工程建设项目招标投标管理信息网中提交网上报名申请,否则不予发售招标文件。投标文件中已列明但未记录在信用信息系统中的从业单位、业绩和主要工程技术人员,在招标评审时不予认定
3.5	在山东省交通运输工程电子招标投标系统中报名,购买招标文件或资格预审文件,签署、澄清、递交、撤回、修改投标(资格预审申请)文件和处理有关事宜的经办人须与山东省交通建设市场信用信息管理系统中的授权委托人一致
3.6	根据《最高人民检察院关于行贿犯罪档案查询工作的规定》《关于在招标投标活动中全面开展行贿犯罪档案查询的通知》《关于在工程建设领域开展行贿犯罪档案查询工作的通知》,申请人对申请人单位、法定代表人和拟在投标文件或者资格预审申请文件中提供的主要人员应当向人民检察院进行行贿犯罪档案查询,提供由人民检察院出具的《查询行贿犯罪档案结果告知函》(原件、扫描件)。投标文件(资格预审申请文件)未提供《查询行贿犯罪档案结果告知函》或者经查询申请人单位和上述个人存在行贿犯罪记录,不予通过招标评审或者资格预审审查
3.7	申请人应当使用数字证书(CA)登录"山东省交通建设市场信用信息管理系统",点击进入"投标大厅"功能模块生成、封装(定稿)、提交、打印投标文件(商务部分、技术部分)或者资格预审申请文件,否则不予通过招标评审或者资格预审审查。除招标文件或者投标文件目录约定的内容以外,在"投标大厅"生成的投标文件(商务部分、技术部分)或者资格预审申请文件"其他材料"中上传的任何证明、补充说明等材料在招标评审或者资格审查时均不予认定
3.8	根据国家发改委、交通运输部及其他部(委、局、会、司)联合签署的《关于对重大税收违法案件当事人实施联合惩戒措施的合作备忘录》《失信企业协同监管和联合惩戒合作备忘录》等多部联合惩戒备忘录,依法限制相关失信主体参与交通建设市场招标投标活动。 本项目招标人、招标代理机构将分别在投标(资格预审)报名、评标(资格审查)、中标通知书发出和合同签订等重点环节通过"信用中国"网站(www.creditchina.gov.cn)、"信用交通"(www.mot.gov.cn/credit)、"信用山东"(www.creditsd.gov.cn)等多种渠道查询相关主体信用记录,采取有效方式保全信用信息查询记录和证据并存档备查。 申请人在投标(资格预审)报名环节经查询存在不良信用记录的,招标人或者招标代理机构将拒绝其投标报名(资格预审)申请;投标人(资格预审申请人)在评标(资格审查)环节经查询存在不良信用记录的,评标委员会(资格审查委员会)将否决其投标(资格预审申请);中标人在中标通知书发出或者合同签订环节经查询存在不良信用记录的,招标人将取消其中标资格。以联合体方式参加招标投标活动的,对联合体各成员进行信用记录查询,联合体成员存在不良信用记录的,视同联合体存在不良信用记录

4.招标文件的获取

4.1	招标文件获取时间	2018-04-02 至 2018-04-09（法定公休日、法定节假日不休），每日上午9时00分至11时30分,下午14时00分至16时30分（北京时间）
4.2	招标文件获取地点	潍坊市公路管理局2楼2002室
4.3	办理时携带材料及要求	持单位介绍信、经办人身份证购买招标文件
4.4	招标文件售价及要求	招标文件每套售价1000元,图纸每套售价1000元,售后不退

5.投标文件的递交

5.1	投标文件递交时间	截止时间（申请截止时间,下同）为2018-04-24 09:00,申请人应于当日8时00分至9时00分将投标文件递交
5.2	投标文件递交地点	潍坊市公路管理局2楼大会议室
5.3	递交要求及注意事项	逾期送达的、未送达指定地点的或不按照招标文件要求密封的投标文件,招标人将予以拒收

6.发布公告的媒介

6.1	中国采购与招标网（http://www.chinabidding.com.cn/）
6.2	中国招标投标公共服务平台（http://www.cebpubservice.com/interact/index.shtml）
6.3	山东省交通运输厅网站（http://www.sdjt.gov.cn/）
6.4	山东经济信息网（http://www.sd.cei.gov.cn/）

7.补充信息

招标人不统一组织工程现场踏勘,不召开投标预备会

8.联系方式

单位或机构名称	招标人	招标代理机构
	山东省潍坊市公路管理局	山东正信招标有限责任公司
地址	潍坊市东风东街6167号	山东省聊城市开发区东昌路159号
邮政编码	261061	252000
联系人	李××	耿××
电话	0536-8××××××	18063×××××
传真	0536-8××××××	0635-2×××××

2018-03-30

第二章　投标人须知

投标人须知前附表及附录见应用案例2-6。

"投标人须知"正文详见交通运输部发布的《公路工程标准施工招标文件》（2018年版）的"投标人须知"正文。

附表一：

G309 青兰线坊子流戈庄至潍城潘里段改建工程_标段施工招标
第一个信封（商务及技术文件）开标记录表

开标时间：_____年_____月_____日_____时_____分

序号	投标人	送达情况	密封情况	投标保证金	工期	项目经理	证书编号	项目总工	是否参加第二个信封开标	投标单位授权代表签名
……	……	……	……	……	……	……	……	……	……	……

招标人代表：_____ 　　记录人：_____

唱　标　人：_____ 　　监督人：_____

G309 青兰线坊子流戈庄至潍城潘里段改建工程_标段施工招标
第二个信封（报价文件）开标记录表

开标时间：_____年_____月_____日_____时_____分

序号	投标人	密封情况	投标报价（元）	是否超过投标控制价上限	签名
……	……	……	……	……	……
投标控制价上限（元）					
评标基准价（元）					

招标人代表：_____ 　　记录人：_____

唱　标　人：_____ 　　监督人：_____

附表二：

问题澄清通知

编号：

_____（投标人名称）：

_____（项目名称）_____标段施工招标的评标委员会,对你方的投标文件进行了仔细的审查,现需你方对下列问题以书面形式予以澄清或说明：

1.

2.

……

请将上述问题的澄清于_____年_____月_____日_____时前递交至_____（详细地址）,或传真至_____（传真号码）,或通过下载招标文件的电子招标交易平台上传。采用传真方式的,应在_____年_____月_____日_____时前将原件递交至_____（详细地址）。

评标委员会授权的招标人或招标代理机构：_____（签字或盖单位章）

_____年_____月_____日

附表三：

问题的澄清

编号：

_____（项目名称）_____标段施工招标评标委员会：

问题澄清通知(编号：_____)已收悉，现澄清、说明如下：

1.

2.

……

　　上述问题的澄清或说明，不改变我方投标文件的实质性内容，构成我方投标文件的组成部分。

投标人：_____（盖单位章）

法定代表人或其委托代理人：_____（签字）

_____年_____月_____日

附表四：

中标通知书

_____（中标人名称）：

你方于_____（投标日期）所递交的_____（项目名称）_____标段施工投标文件已被我方接受,被确定为中标人。

中标价：_____元。

工期：_____日历天。

工程质量:符合_____标准。

工程安全目标：_____。

项目经理：_____（姓名）。

项目总工：_____（姓名）。

请你方在接到本通知书后的_____日内到_____（指定地点）与我方签订施工承包合同,并按招标文件第二章"投标人须知"第7.7款规定向我方提交履约保证金。

特此通知。

招标人：_____（盖单位章）

招标代理：_____（盖单位章）

_____年_____月_____日

附表五：

中标结果通知书

_____（未中标人名称）：

我方已接受_____（中标人名称）于_____（投标日期）所递交的_____（项目名称）_____标段施工投标文件,确定_____（中标人名称）为中标人。

感谢你单位对招标项目的参与!

招标人:_____（盖单位章）

招标代理:_____（盖单位章）

_____年_____月_____日

附表六:

确认通知

_____(招标人名称):

　　我方已接到你方_____年____月____日发出的_____(项目名称)_____标段施工招标关于招标文件澄清/修改的通知(第_____号补遗书,正文_____页),我方已于_____年____月____日收到。

　　特此确认。

投标人:_____(盖单位章)

_____年____月____日

第三章　评标办法(合理低价法)(略)

第四章　合同条款及格式(略)

第五章　工程量清单(节取路基部分)

第 200 章　路基

分项名称:G309 青兰线坊子流戈庄至潍城潘里段改建工程(昌乐段路基、路面、小桥涵、绿化)　　　　货币单位:人民币元

清单　第200章　路基					
子目号	子目名称	单位	数量	单价	合价
202-1	清理与掘除				
-a	清理现场	m^2	162584.000		
-b	砍伐树木	棵	7044.000		
-c	挖除树根	棵	7044.000		
202-2	挖除旧路面				
-a	水泥混凝土路面	m^3	1912.000		
-b	铣刨沥青混凝土路面	m^3	3180.000		

子目号	子目名称	单位	数量	单价	合价
-c	基层及底基层	m³	38160.000		
202-3	拆除结构物				
-a	钢筋混凝土结构	m³	2113.000		
-b	混凝土结构	m³	4757.060		
-c	砖、石及其他砌体结构	m³	6684.240		
-g	拆除原有 K23＋688 小桥	项	1.000		
-h	拆除原有涵洞（K22＋657.8、K24＋474、K25＋905、K26＋739）	项	1.000		
203-1	路基挖方				
-a	挖土方	m³	293841.670		
-b	挖石方	m³	74099.000		
203-2	改河、改渠、改路挖方				
-a	挖土方	m³	8334.000		
204-1	路基填筑（包括填前压实）				
-a	利用土方（含利用老路基层）	m³	181086.480		
-b	利用石方	m³	55975.000		
-d	借土填方	m³	42294.000		
-h	结构物台背回填				
-h-1	10% 石灰土	m³	7580.000		
-j	水泥土				
-j-1	4% 水泥土	m³	39529.380		
-k	石灰土				
-k-1	6% 石灰土	m³	27727.900		
-k-2	8% 石灰土	m³	27297.300		
-k-3	10% 石灰土	m³	26866.700		
-l	级配碎石	m³	2848.500		
204-2	改河、改渠、改路填筑				
-a	利用土方	m³	1052.000		
205-1	软土路基处理				
-a	抛石挤淤	m³	2493.800		
-c	垫层				

子目号	子目名称	单位	数量	单价	合价
-c-2	砂砾垫层	m³	4221.450		
-c-3	碎石垫层	m³	609.200		
-c-6	石渣垫层	m³	1625.200		
-d	土工合成材料				
-d-1	反滤土工布(土路肩防水土工布)	m²	9516.096		
-d-3	土工格栅	m²	3596.000		
-n	强夯及强夯置换				
-n-1	强夯	m²	21107.300		
-o	含水率较大基底6%掺灰处理	m³	21830.000		
-p	水井回填	m³	68.910		
207-1	边沟				
-c	现浇混凝土				
-c-1	C25 混凝土	m³	850.450		
-e	预制安装混凝土盖板				
-e-1	C25 混凝土盖板	m³	4.380		
207-2	排水沟				
-a	浆砌片石	m³	601.070		
207-3	截水沟				
-c	现浇混凝土				
-c-1	C25 混凝土	m³	22.660		
207-4	跌水与急流槽				
-c	现浇混凝土				
-c-1	C25 混凝土泄水槽	m³	536.710		
207-5	盲沟(渗沟)				
-a	盲沟				
-a-1	碎石盲沟(断面尺寸40cm×40cm)	m	30.000		
207-11	油水分离池	座	4.000		
208-1	护坡垫层				
-a	碎石垫层	m³	82.050		
-b	砂砾垫层	m³	34.430		
208-4	混凝土护坡				

子目号	子目名称	单位	数量	单价	合价
-b	混凝土预制件满铺护坡				
-b-1	C25 混凝土预制六棱块	m^3	166.720		
-d	混凝土预制件骨架护坡				
-d-1	C25 混凝土	m^3	122.450		
-f	C25 现浇混凝土	m^3	245.270		

清单 200 章合计　人民币＿＿＿＿＿＿＿＿

第六章　图纸(略)

第七章　技术规范

说明

该技术规范部分是在《公路工程标准施工招标文件(2018 年版)》(下册)(技术规范)的基础上的增删、修改或具体化,《公路工程标准施工招标文件(2018 年版)》由投标人自行购买,对照同一编号的条款阅读理解。

第八章　工程量清单计量规则(略)

第九章　投标文件格式(略)

职业素养提升

任务1 请结合《招标投标法》中防范规避招标、招标代理机构泄露保密内容依法依规追责等条款，谈谈作为招投标工作人员，对遵守国家法律法规，恪守职业道德的理解？

任务2 港珠澳大桥是"一国两制"框架下，粤、港、澳三地首次合作共建的超大型跨海交通工程，全长55km，设计使用寿命120年，总投资约1200亿元人民币，大桥于2009年12月开工建设，2018年10月正式通车，是世界上最长的跨海大桥。其建设涉及跨海桥梁、海底隧道、深水人工岛填筑、交通机电、路面、房建、园林等多个领域，是集岛、隧、桥、路于一体的超级综合集群项目，其多个招标项目在国内属首次，无成熟经验可供借鉴。请结合党的二十大精神，查阅港珠澳大桥招标团队从招标策划、招标模式到合同管理，再到创新管理理念，推动行业领域产业升级的具体招标案例。

模块小结

招标是公路工程项目建设过程的重要环节。本模块结合工程实例和相关职业资格考试内容，重点阐述了公路工程施工招标的方式、招标条件、基本程序及各个步骤的工作内容、招标文件的编制等。其中，学习重点是掌握施工招标程序、招标文件编制及应注意的问题。

任务训练

一、单选题

1.《公路工程标准施工招标文件》规定，中标人应在发出中标通知书后30天内，在（　　），按合同规定向发包人提供履约担保。

  A. 签订合同协议书之前   B. 签订合同协议书之后

  C. 签订合同协议书的同时   D. 中标人选择时间

2.《中华人民共和国招标投标法》规定，采用邀请招标方式的，必须向（　　）以上潜在投标人发出邀请。

  A. 2个   B. 3个   C. 4个   D. 5个

3. 评标委员会的评标报告应由（　　）签字。

  A. 全体成员   B. 评委会主任

  C. 业主的法定代表   D. B+A 或 B+C

4. 评标委员会应由（　　）组建。

  A. 项目主管部门   B. 建筑市场管理部门

  C. 招标人   D. 工程监理单位

5. 我国的法律规定：投标人不得以低于成本的报价竞争，其中成本价是指（　　）。

  A. 社会平均成本价   B. 投标人的个别成本价

  C. 合同标底的价格   D. 本行业的行业平均成本价

6. 下面所列文件中，不是合同文件组成部分的是（　　）。

A. 投标函及投标函附录   B. 中标通知书

C. 勘察资料   D. 技术规范

7.《公路工程标准施工招标文件》中的通用合同条款,在使用时( )。

  A. 不允许增删或修改   B. 可以根据需要删改

  C. 允许局部增删或修改   D. 可以根据需要补充

8. 投标有效期是指( )。

  A. 从开始发售招标文件之日起到投标截止日止之间的一段时间

  B. 从开标之日起到签发中标通知书之日止之间的一段时间

  C. 从购买资格预审文件之日起到签发投标邀请信之日止之间的一段时间

  D. 从中标人收到中标通知书之日起到签署合同协议书之日止之间的一段时间

9. 投标人必须对本合同的全部工程报投标价,并以投标人在工程量清单中提出的"单价"或"总额价"为依据;如果只填报了其中的部分工程,则其投标将属于( )。

  A. 该投标有效,在合同实施过程中,未报价的部分,按合同出现"漏洞"的原则处理

  B. 允许只对合同中的部分工程报价,并且只授予投标人已经填有报价的那部分工程,其余的应另外选择中标人

  C. 该投标属于不符合标,予以拒绝

  D. 视为非实质性偏离,可以在评标时通过对投标文件的质疑、澄清进行补报,补报可以参加响应性审查与评标中的评标价的评比

10. 利用扶贫资金实行以工代赈需要使用农民工的工程应采用( )方式选择实施单位。

  A. 公开招标   B. 邀请招标

  C. 议标   D. 由审批部门批准后可以不进行招标

11.《公路工程标准施工招标文件》规定,招标人在投标截止期前( )可以用"补遗书"的方式修改招标文件。

  A. 15 天   B. 21 天   C. 28 天   D. 30 天

12. 当出现招标文件中的某项规定与招标人对投标人质疑问题的书面解答澄清不一致时,应以( )为准。

  A. 招标文件的规定   B. 现场考察时招标单位的口头解释

  C. 招标单位在会议上的口头解释 D. 发给每个投标人的书面澄清文件

13. 公开招标与邀请招标在招标程序上的主要差异表现为( )。

  A. 是否发布招标公告   B. 是否组织现场考察

  C. 是否解答投标单位的质疑 D. 是否公开开标

14. 招标文件中的投标人须知是为了( )。

  A. 指导投标人正确报价

  B. 避免投标人中标后拒签合同

  C. 避免泄露标底

  D. 公开招标投标的程序、评标办法、合同授予标准,并指导投标人正确编写投标文件与正确报价

15. 在招标过程中,评标委员会中的经济技术专家应当采取( )方法产生。

    A. 项目的主管部门聘请

    B. 由项目的主管部门从有资格的专家中指定

    C. 从已经建立起来的专家库中随机抽取

    D. 由业主或招标单位从已经建立起来的合法专家库中随机抽取,并根据抽取结果聘请

16. 就施工招标而言,评标委员会推荐的中标候选人限定在( )人之内,并标明排列的中标先后顺序。

    A. 10 人   B. 8 人   C. 5 人以上

    D. 3 ~ 5 人   E. 1 ~ 3 人

17. 在划分标段的过程中,一般规律是( )。

    A. 标段越大,项目的造价越低

    B. 标段越小,项目的造价越低

    C. 标段大小划分合适才能使标价最低

    D. 项目的造价与划分的标段大小无关

18. 《公路工程标准施工招标文件》规定,采用计日工计价的任何一项变更工作,应从( )中支付。

    A. 开工预付款   B. 材料设备预付款

    C. 工程进度款   D. 暂列金额

19. 在施工合同文件中,通用合同条款和专用合同条款的关系是( )。

    A. 通用合同条款为主条款,专用合同条款为从属条款,因此,通用合同条款较为全面,如有不一致应以通用条款为准

    B. 通用合同条款为主条款,专用合同条款为从属条款,如有不一致应以专用条款为准

    C. 专用合同条款是针对通用合同条款有关条款进行补充、修改或具体化,如有不一致应以专用条款为准

    D. 通用条款和专用条款是各自独立的部分

20. 《公路工程标准施工招标文件》规定,公路工程缺陷责任期一般不超过( )。

    A. 6 个月   B. 12 个月   C. 24 个月   D. 36 个月

二、多选题

1. 《公路工程标准施工招标文件》规定,当发生( )情形之一的,投标人提交的投标保证金将不予退还。

    A. 投标人提交了虚假资料

    B. 投标人在规定的投标有效期内撤销或修改其投标文件

    C. 投标人拒绝了招标人提出的关于延长投标文件有效期的要求

    D. 投标人不接受依据评标办法的规定对其投标文件中细微偏差进行的澄清和补正

    E. 投标人在收到中标通知书后,无正当理由拒签合同文件协议书或未按招标文件规定提交履约担保

2.《公路工程标准施工招标文件》规定,在特殊情况下,招标人在原定投标文件有效期内可以根据需要向投标人提出延长投标文件有效期的要求,投标人有权同意或拒绝;如果同意延长投标文件有效期,则投标人(　　)。

A. 不得在延长后的投标有效期内修改投标文件

B. 应当同意增加投标保证金

C. 应延长其投标保证金的有效期

D. 具有优先中标的权利

E. 可适当减少其投标保证金

3.《公路工程标准施工招标文件》规定,投标文件的细微偏差指(　　)。

A. 施工组织设计不够完善

B. 项目管理机构不够完善

C. 提出了与招标文件不同的工程验收、计量、支付办法

D. 在招标人给定的工程量清单中修改了某些子目的工程数量

E. 在按照招标文件的规定对其投标价进行算术性错误修正及其他错误修正后,最终报价未超过投标控制价上限

4.《公路工程标准施工招标文件》规定,招标人根据对本合同工程勘察所得的水文、地质、气象和料场分布等资料汇编而成的《参考资料》,其性质包括(　　)。

A. 是招标文件的组成部分

B. 不是招标文件的组成部分,却是合同文件的组成部分

C. 不是招标文件的组成部分,也不是合同文件组成部分,但对投标有重要的参考意义

D. 仅供投标人在投标报价时使用,对投标没有任何意义

E. 投标人应对上述资料的解释、推论和应用负责

5.《公路工程标准施工招标文件》规定,投标人对其投标报价(　　)。

A. 不能修改

B. 投标截止时间后不能修改

C. 签发中标通知时以前都可以修改

D. 开标之前可以修改,但修改的通知应不迟于投标截止时间前到达招标人

E. 在签订合同之前都可以修改

6. 公路建设项目投标人以联合体形式投标时,必须遵守的规定包括(　　)。

A. 联合体协议随投标文件一起提交

B. 联合体各成员出具授权书,授权牵头人办理投标事宜

C. 联合体成员在投标、签约和履行合同过程中负有连带的和各自的法律责任

D. 联合体牵头人所承担的工程量不低于总工程量的50%

E. 联合体牵头人必须是联合体成员中资质等级最高的

7. 凡投标人在工程量清单中增加填报的细目,其单价、总额价应按照(　　)的办法处理。

A. 对所增加细目的报价,业主将不予接受

B. 对所增加细目的报价,业主应当予以接受

C. 严重的,将视为"非符合标"而遭到拒绝

D. 投标人可以通过澄清主动改正

8. 下面哪些情形可以经过批准后进行邀请招标( )。

A. 涉及国家安全、国家机密或者抢险救灾,适宜招标但不适宜公开招标的

B. 受自然地域环境限制的

C. 项目技术复杂的或有特殊要求的

D. 只有少数几家投标人可供挑选的

E. 拟公开招标的费用与项目的价值比较,不值得的

9. 评标时,以下哪些符合对投标报价的算术修正的原则( )。

A. 当以数字表示的金额与以文字表示的金额有差异时,应以数字表示的金额为准

B. 当以数字表示的金额与以文字表示的金额有差异时,应以文字表示的金额为准

C. 各细目的"总额价"的实际累计值,若不等于投标总价时,应以各细目价累计的金额为准,修正总价

D. 当单价与工程量的乘积与总价之间不一致时,以单价为准

10. 以下哪些是招标人有权不予受理的投标文件( )。

A. 逾期送达的或者未送达指定地点的

B. 未按招标文件的规定格式填写,内容不全,字迹模糊无法辨认的

C. 开标以前递交了"降价信"的

D. 投标人的名称、组织结构与资格预审时不一致的

11. 以下哪些是招标人在开标现场应当场宣布为"废标"的投标文件( )。

A. 投标人没有提交投标担保的

B. 所递交的投标书上没有按规定签字并加盖公章的

C. 没有在投标文件上填写投标总价的

D. 投标人没有参加开标会的

12. 根据有关法律、法规的规定,公路工程施工企业要取得施工投标资格应具备( )。

A. 有法人资格　　　　　　　B. 有相应的技术资质等级

C. 属于本系统的单位　　　　D. 已办理资信等级

13. 在评标的详细评审中,如果投标文件中出现了以下哪种情形,可以认为该投标属于有重大偏离( )。

A. 投标文件中承诺的质量检验标准低于招标文件或国家强制性标准的

B. 关键工程的技术方案不可行的

C. 施工业绩及履约信誉证明材料虚假的

D. 在工程量清单中漏报了个别细目的单价的

E. 投标文件所列报的投入施工的施工机具、人力资源不足的

14. 标前会议与现场调查常常安排在同一时间进行,召开投标预备会的目的是( )。

A. 由招标人统一带领所有购买了招标文件的投标人"领看现场"

B. 进行合同谈判

C. 对设计文件进行技术交底

D. 针对投标人提出的关于招标文件的问题,进行一次集中的口头澄清

15. 在资格预审文件中,应当规定的强制性标准中必须包含(　　)。

A. 经验标准

B. 财务能力强制性标准

C. 现场管理人员强制性标准

D. 资质标准

E. 分包限制的强制性标准

F. 拟投入到本合同工程中的施工机具的强制性标准

三、简答题

1. 简述公路工程施工招标的程序。

2. 简述资格预审的方法。

3. 简述公路工程施工招标文件的组成。

四、案例分析题

1. 某公路工程全部由 A 市政府投资。该项目是 A 市建设规划的重点项目之一。该公路工程项目法人已经依法组建,初步设计文件已被批准,项目建设资金还没有落实。现决定对该项目进行施工招标。因估计除本市施工企业参加投标外,还可能有外省市施工企业参加投标,因此发包人委托咨询单位编制了两个标底,准备分别用于对本市和对外省市施工企业投标价的评定。发包人对投标单位就招标文件所提出的问题统一做出了书面答复,并在答复中说明了每一个问题提问的投标单位。在书面答复投标单位的提问后,发包人组织各投标单位进行了施工现场考察。在递交投标文件截止时间前 10 天,发包人通知各投标单位,由于某种原因,决定将收费站工程从原招标范围内删除。

问题:该项目施工招标过程在哪些方面存在问题? 请逐一说明。

2. 某市投资建设一公路项目,该公路建设项目的发包人于 2023 年 3 月 15 日发布该项目施工招标公告,其中载明投标项目的性质、规模、实施地点、获取招标文件的办法等事项,还要求参加投标的施工单位如果是本市企业,必须具有一级资质或二级资质;如果是外地企业,则必须具有一级资质,而且近 3 年内有获省、市优质工程奖的项目,同时需提供相应的资质证书和证明文件。2023 年 4 月 1 日向通过资格预审的施工单位发售招标文件,各投标单位领取招标文件的人员均按要求在一张表格上登记并签收。招标文件中明确规定:工期不长于 24 个月,工程质量目标位优良;2023 年 4 月 18 日 16 时为投标截止时间。

开标时,由各投标人推举的代表检查投标文件的密封情况,确认无误后,由招标人当众拆封,宣读投标人名称、投标价格、工期等内容,还宣布了评标标准和评标委员会名单(共 8 人,其中招标人代表 2 人、招标人上级主管部门代表 1 人、技术专家 3 人、经济专家 2 人),并授权评标委员会直接确定中标人。

问题:该项目施工招标过程在哪些方面不符合《招标投标法》和《公路工程标准施工招标文件》的有关规定? 请逐一说明。

专项实训

某公路工程施工招标文件编制

【实训目标】

将施工招投标的理论知识转化为编写施工招标文件的实际操作技能,提高实践能力,以现行《公路工程标准施工招标文件》为范本,练习编写实际工程的施工招标文件。

【实训过程】

分成小组,根据指导教师提供的资料或应用案例2-5中山东济南至潍坊高速公路工程施工(1~3标段)招标公告,编制招标文件的部分内容,如投标须知、合同条款及格式、工程量清单、图纸、投标文件格式等。

【实训成果】

由各小组分别编制的××工程施工招标文件(部分)。

_____

_____

_____

_____

(可自行加页)

在线测评

模块2
在线测评

课程思政学习资源

模块2 课程思政
学习资源

公路工程施工投标

学习导航

公路工程施工投标

- 施工投标准备
  - ·投标人应具备的条件
  - ·投标前的准备工作

- 施工投标程序与内容
  - ·施工投标程序
  - ·投标活动的主要内容

- 施工投标文件编制
  - ·投标文件的组成
  - ·投标文件的编制
  - ·投标文件的密封、标识和递交

- 投标报价策略与技巧
  - ·投标报价策略
  - ·投标报价技巧

- 实际工程施工投标文件示例

知识目标

1. 熟悉公路工程投标项目的选择以及投标流程；
2. 掌握公路工程施工投标文件的组成和内容；
3. 掌握公路工程施工主要投标文件的编制方法；
4. 熟悉公路工程施工投标报价的策略与技巧。

能力目标

1. 能够参加资格预审,并进行资格预审申请文件的编制；
2. 能够进行技术标的编制；
3. 能够进行投标价的编制；
4. 能够根据公路工程施工招标文件的要求进行投标文件的编制；
5. 能够根据公路工程施工招标文件的要求对投标文件进行包装、密封、标识和递交。

素质目标

1. 培养精益求精、团结协作、勇于创新的精神；
2. 结合投标文件编制,培养规范意识,养成实事求是、严谨认真的工作作风。

工作任务

　　某工程招标文件中标明,距离施工现场1km处存在一个天然砂场,并且该砂可以免费取用。现场实地考察后承包人没有提出疑问,承包人在投标报价中没有考虑工程买砂的费用,只计算了取砂和运输费用。

　　由于承包人在现场踏勘时没有仔细了解天然砂场中砂的具体情况,中标后,在工程施工中准备使用该砂时,监理工程师认为该砂级配不符合工程施工要求而不允许在施工中使用,于是承包人只得另行购买符合要求的砂。

　　承包人以招标文件中标明现场有砂而投标报价中没有考虑为理由,要求业主补偿现在必须购买砂的差价,监理工程师不同意承包人的补偿要求。

　　假设你是路桥施工企业的一名技术员,请思考并做好以下投标具体工作：

1. 在公共资源交易平台获取招标信息后,接下来需做哪些工作？
2. 如何选择适合本企业的投标项目进行投标？
3. 施工投标的具体程序和内容有哪些？
4. 施工投标文件有范本吗？
5. 根据模块2中的实际高速公路工程,完成主要投标文件的编制工作。
6. 监理工程师不同意承包人的补偿要求是否合法？

任务 3.1
施工投标准备

一　投标人应具备的条件

投标是指投标人根据招标公告的要求填写招标文件，实质性地响应招标人要求，并将其送交招标人的行为。投标人是响应招标并参加投标竞争的法人或者其他组织。

《公路工程标准施工招标文件》规定，投标人应具备招标文件所规定的承担本标段施工的资质条件、能力和信誉，主要包括以下条件和要求：

(1)资质条件。

(2)财务要求。

(3)业绩要求。

(4)信誉要求。

(5)项目经理资格和项目总工资格。

(6)其他要求。

投标人资格
要求

根据《招标投标法》第三十一条的规定："两个以上法人或者其他组织可以组成一个联合体，以一个投标人的身份共同投标。联合体各方均应具备承担招标项目的相应能力；国家有关规定或者招标文件对投标人资格条件有规定的，联合体各方均应当具备规定的相应资格条件。由同一专业的单位组成的联合体，按照资质等级较低的单位确定资质等级。"

应用案例 3-1

【案例概况】

某公路工程项目估算总投资 3500 万元，建设工期 16 个月，工程采用公开招标方式确定施工单位，建设单位按照有关规定进行公开招标。根据该项目施工项目的具体情况，建设单位按规定要求参加投标的施工单位的施工资质最低不得低于二级资质。拟参加此投标的 5 家单位中，A、B、D 3 家单位为二级资质，C 单位为三级资质，E 单位为一级资质。而 C 单位的法定代表人是建设单位某主要领导的亲戚，建设单位招标工作领导小组在资格预审时出现了分歧，正在犹豫不决时，C 单位提出准备组成联合体投标，经 C 单位的法定代表人的私下活动，建设单位同意让 C 单位与 A 单位联合投标，并向 A 单位暗示，如果不接受这个投标方案，则该工程的中标将授予 B 单位。A 单位为了获得该工程，同意与 C 单位联合投标。于是 A 单位和 C 单位联合投标获得成功。

【问题】

1. A 单位与 C 单位组成的投标联合体是否有效？为什么？

2. 该项目建设单位的行为是否合法？为什么？

【案例评析】

1. A 单位与 C 单位组成的投标联合体无效。因为,根据《招标投标法》《公路工程标准施工招标文件》的规定,两个以上法人可以组成一个联合体,以一个投标人的身份共同投标。联合体各方均应当具备承担招标项目的相应能力;联合体各方均应当具备规定的相应资格条件,由同一专业的单位组成的联合体,按照资质等级较低的单位确定资质等级。本案例中,A 单位与 C 单位组成的投标联合体不符合对投标单位主体资格条件的要求,所以是无效的。

2. 建设单位的行为不合法。因为作为该项目的建设单位,为了照顾个人关系,指使 A 单位和 C 单位强行联合,并最终排斥了 B、D、E 3 家单位可能中标的机会,构成了不正当竞争,违反了《招标投标法》中不得强制投标人组成联合体共同投标,不得限制投标人之间的竞争的强制性规定。

二 投标前的准备工作

投标前的准备工作主要包括如下内容。

1. 获取投标信息

及时获取准确的投标信息是投标工作的首要任务。根据我国国民经济建设的规划和投资方向、近期国家财政金融政策所确定的中央和地方重点建设项目以及企业技术改造项目计划,搜集项目信息。

2. 调查分析研究

投标人要认真研究获取的投标信息,对建设工程项目是否具备招标条件及项目业主的资信情况、偿付能力进行必要的调查研究,确认其信息的可靠性。另外,投标人还需对该项目的一些外部情况和内部情况进行调查,为投标决策做准备。

3. 投标决策

投标人通过分析工程类型、中标概率、盈利情况、本单位承担能力及条件,决定是否参与投标。

4. 组建投标小组

投标小组一般由以下三类人员组成:

(1)经营管理类人员:专门从事工程承包经营管理、制定和贯彻经营方针与规划、负责工作的全面筹划和安排、具有决策水平的人员。

(2)专业技术类人员:工程设计及施工中的各类技术人员,他们应掌握本学科最新的专业知识,具备熟练的实际操作能力,以便在投标时能从本公司的实际技术水平出发,考虑各项专业实施方案。

（3）商务金融类人员：具有预算、金融、贸易、税法、保险、采购、保函、索赔等专业知识的人才。财务人员要懂税收、保险、涉外财会、外汇管理和结算等方面的知识。

任务 3.2
施工投标程序与内容

一　施工投标程序

投标必须按照规定的程序和做法，满足招标文件的各项要求，遵守有关法律、法规的规定，在规定的时间内进行公平、公正的竞争。目前，我国工程项目的投标程序如图3-1所示。

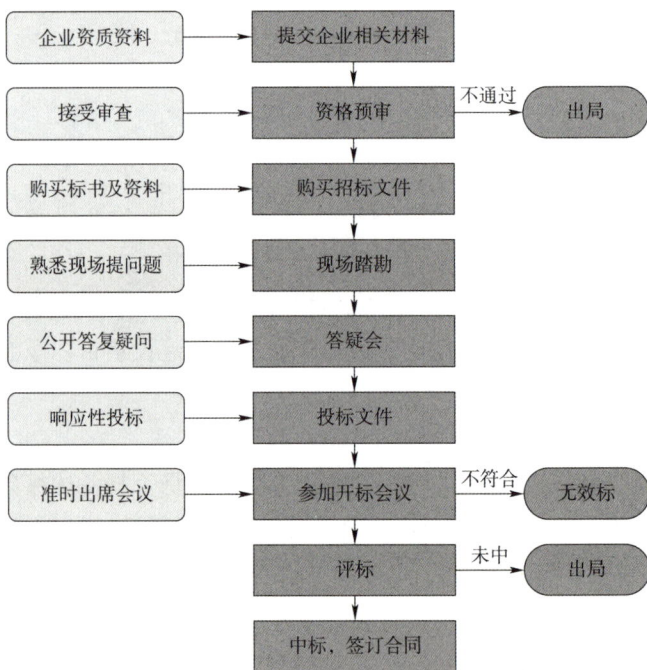

图 3-1　工程项目的投标程序

施工单位
平台注册

招标公告及投标报名
——信息平台

购买及下载招标文件
——信息平台

二 投标活动的主要内容

1.参加资格预审、购买招标书

投标人按照招标公告或投标邀请书的要求向招标人提交相关资料。资格预审通过后，购买招标文件及工程资料。

2.参加现场踏勘及投标预备会

现场踏勘是指招标人组织投标人对项目实施现场的地理、地质、气候等客观条件和环境进行现场调查。投标预备会是经过现场踏勘和熟悉技术资料后，招标人组织所有投标人对发现的问题进行解答和补充的会议，会议记录作为招标文件的一部分。

3.进行工程所在地环境调查

对自然环境和人文环境进行调查，了解拟建工程当地的风土人情、经济发展情况以及建筑材料的采购运输等情况。

4.编制施工组织设计

施工组织设计是针对投标工程具体施工进行的设想和安排，包括人员机构、施工机具、安全措施、技术措施、施工方案和节能降耗措施等。

5.编制施工预算

根据招标文件规定翔实、认真地作出施工预算，仔细核对，确保无误，注意保密。

6.投标书成稿

投标团队汇总所有投标文件，按照招标文件规定整理成稿，检查遗漏和瑕疵。

7.标书装订和密封

已经成稿的投标书要按照招标文件要求装订、密封、标识。

8.递交投标书、保证金，参加开标会

按照《招标投标法》规定，投标截止时间即开标时间。在投标截止时间前递交投标书和投标保证金，准时参加开标会。

任务3.3
施工投标文件编制

一 投标文件的组成

按照《公路工程标准施工招标文件》规定，投标文件应包括以下内容。

1.双信封形式

若采用双信封形式，投标文件应包括下列内容：

（1）第一个信封（商务及技术文件）：

①投标函及投标函附录。

②授权委托书或法定代表人身份证明。

③联合体协议书。

④投标保证金。

⑤施工组织设计。

⑥项目管理机构。

⑦拟分包项目情况表。

⑧资格审查资料。

⑨投标人须知前附表规定的其他资料。

（2）第二个信封（报价文件）：

①调价函及调价后的工程量清单（如有）。

②投标函。

③已标价工程量清单。

④合同用款估算表。

投标人在评标过程中做出的符合法律、法规和招标文件规定的澄清确认，构成投标文件的组成部分。

2. 单信封形式

若采用单信封形式，投标文件应包括下列内容：

（1）投标函及投标函附录。

（2）授权委托书或法定代表人身份证明。

（3）联合体协议书。

（4）投标保证金。

（5）已标价工程量清单。

（6）施工组织设计。

（7）项目管理机构。

（8）拟分包项目情况表。

（9）资格审查资料。

（10）调价函及调价后的工程量清单（如有）。

（11）投标人须知前附表规定的其他资料。

投标人在评标过程中做出的符合法律、法规和招标文件规定的澄清确认，构成投标文件的组成部分。

二　投标文件的编制

投标人在编写投标文件时，应仔细阅读招标文件的所有内容，按招标文件的规定与要求编制投标文件,并保证所提供的全部资料的真实性。凡与招标文件的规定与要求有重大不符合的投标文件,将按有关重大偏差的规定处理。

投标文件
编制工具

(一)"投标函及其附录"的编制

投标函的编制如图 3-2 所示,投标函附录见表 3-1。

投标函

_____(招标人名称):

1.我方已仔细研究_____(项目名称)_____标段施工招标文件的全部内容(含补遗书第_____号至第_____号),在考察工程现场后,愿意以第二个信封(报价文件)中的投标总报价(或根据招标文件规定修正核实后确定的另一金额),按合同约定实施和完成承包工程,修补工程中的任何缺陷。

2.我方承诺在招标文件规定的投标有效期内不撤销投标文件。

3.工程质量:_____,安全目标:_____,工期:_____日历天。

4.如我方中标,我方承诺:

(1)在收到中标通知书后,在中标通知书规定的期限内与你方签订合同;

(2)在签订合同时不向你方提出附加条件;

(3)按照招标文件要求提交履约保证金;

(4)在合同约定的期限内完成合同规定的全部义务;

(5)在你方和我方进行合同谈判之前,我方将按照合同附件提出的最低要求填报派驻本标段的其他管理人员和技术人员及主要机械设备和试验检测设备,经你方审批后作为派驻本标段的项目管理机构主要人员和主要设备且不进行更换。如我方拟派驻的人员和设备不满足合同附件要求,你方有权取消我方中标资格。

5.我方在此声明,所递交的投标文件及有关资料内容完整、真实和准确,且不存在招标文件"第二章 投标人须知"第 1.4.3 项和第 1.4.4 项规定的任何一种情形。

6.在合同协议书正式签署生效之前,本投标函连同你方的中标通知书将构成我们双方之间共同遵守的文件,对双方具有约束力。

7._____(其他补充说明)。

投 标 人:_____(盖单位章)

法定代表人或其委托代理人:_____(签字)

地　　址:_____

网　　址:_____

电　　话:_____

传　　真:_____

邮政编码:_____

_____年_____月_____日

图 3-2 投标函的编制

投标函附录(示例)

表 3-1

序号	条款名称	合同条目号	约定内容	备注
1	缺陷责任期	1.1.4.5	自实际交工日期起计算2 年	
2	逾期交工违约金	11.5	50000 元/天	
3	逾期交工违约金限额	11.5	10 % 签约合同价	
4	提前交工的奖金	11.6	50000 元/天	

续上表

序号	条款名称	合同条目号	约定内容	备注
5	提前交工的奖金限额	11.6	2%签约合同价	
6	价格调整的差额计算	16.1.1	见价格指数和权重表	
7	开工预付款金额	17.2.1	10%签约合同价	
8	材料、设备预付款	17.2.1	钢筋、钢绞线、水泥、锚具、支座等主要材料、设备单据所列费用的60%	
9	进度付款证书最低限额	17.3.3(1)	___%签约合同价或200万元	
10	逾期付款违约金的利率	17.3.3(2)	中国人民银行同期短期贷款基准利率‰/天	
11	质量保证金百分比	17.4.1	月支付额的10%	
12	质量保证金限额	17.4.1	5%合同价格，若交工验收时承包人具备被招标项目所在地省级交通运输主管部门评定的最高信用等级，发包人给予2%合同价格质量保证金的优惠，并在交工验收时向承包人返还质量保证金优惠的金额	
13	保修期	19.7	自实际交工日期起计算5年	

投标人：_____（盖单位章）

投标文件签署人签名：_____

价格指数和权重表见表3-2。

价格指数和权重表（示例）　　　　　　表3-2

名称		基本价格指数		权重			价格指数来源
		代号	指数值	代号	允许范围	投标人建议值	
定值部分				A	0.3	0.3	××省统计局
变值部分	人工费	F_{01}		B_1	0.15~0.2	0.17	
	钢材	F_{02}		B_2	0.2~0.25	0.22	
	水泥	F_{03}		B_3	0.1~0.13	0.11	
合计						1.00	

投标人：_____（盖单位章）

投标文件签署人签名：_____

　　投标函是投标文件的正式函件，应按招标人要求写明项目名称、总投标价、总工期和招标人要求的其他主要合同义务等。

　　投标函附录是表格形式，应按招标文件项目专用合同条款数据表中约定的数据内容进行填写。

　　价格指数和权重表约定了价格调整计算时的基础数据。基本价格指数指投标年份（送交投标书截止期前28天的所在年份）的价格指数，计算时采用100。权重系数由招标人根据标底资料测定确定范围,在招标文件发出前填写,投标人投标时在此范围内填写各因素的权重系数,合同实施期间将按此权重系数进行调价。

(二)“法定代表人身份证明或授权委托书”的编制

法定代表人身份证明是投标单位法人的身份证明文件(图3-3)。法定代表人的签字必须是亲笔签名,不得使用印章、签名章或其他电子制版签名。空格部分按投标项目的具体情况和招标人要求填写即可。若投标人的法定代表人不能亲自签署投标文件进行投标,则法定代表人需授权代理人全权代表其在投标过程和签订合同中执行一切与此有关的事项。授权委托书是投标人委托有关单位或个人代表投标人参加投标活动的书面证明(图3-4)。法定代表人和委托代理人必须在授权书上亲笔签名,不得使用印章、签名章或其他电子制版签名。

法定代表人身份证明

投标人名称:________________________

姓名:___(法定代表人亲笔签名)性别:_______年龄:_______职务:_______

系________________(投标人名称)的法定代表人。

特此证明。

附:法定代表人身份证复印件。

投标人:__________(盖单位章)

_______年_____月_____日

图3-3　法定代表人身份证明

授权委托书

本人_______(姓名)系______________________(投标人名称)的法定代表人,现委托_______(姓名)为我方代理人。代理人根据授权,以我方名义签署、澄清、递交、撤回、修改_______(项目名称)_______标段施工投标文件、签订合同和处理有关事宜,其法律后果由我方承担。

委托期限:自本委托书签署之日起至投标有效期期满。

代理人无转委托权。

附:法定代表人身份证明。

申　请　人:________________(盖单位章)

法定代表人:____________________(签字)

身份证号码:________________________

委托代理人:____________________(签字)

身份证号码:________________________

_______年_____月_____日

图3-4　授权委托书

(三)“联合体协议书”的编制

联合体各方应当签订共同投标协议,明确约定各方拟承担的工作和责任,并将共同投标协议连同投标文件一并提交招标人(图3-5)。联合体中标的,联合体各方应当共同与招标人签订合同并就中标项目向招标人承担连带责任。

联合体协议书

_____（所有成员单位名称）自愿组成联合体，共同参加_____（项目名称）_____标段施工投标。现就联合体投标事宜订立如下协议。

1. _____（某成员单位名称）为牵头人。

2. 联合体牵头人合法代表联合体各成员负责本招标项目投标文件编制和合同谈判活动，代表联合体提交和接收相关的资料、信息及指示，处理与之有关的一切事务，并负责合同实施阶段的主办、组织和协调工作。

3. 联合体将严格按照招标文件的各项要求，递交投标文件，履行合同，并对外承担连带责任。

4. 联合体牵头人代表联合体签署投标文件，联合体牵头人的所有承诺均认为是代表了联合体各成员。

5. 联合体各成员单位内部的职责分工如下：_____（牵头人名称）承担_____专业工程，占总工程量的_____% ；_____（成员一名称）承担_____专业工程，占总工程量的_____%……

6. 投标工作和联合体在中标后工程实施过程中的有关费用，由联合体各方按各自承担的工作量分摊。

7. 本协议书自签署之日起生效，合同履行完毕后自动失效。

8. 本协议书一式_____份，联合体成员和招标人各执一份。

牵头人名称：_____（盖单位章）

法定代表人：_____（签字）

成员一名称：_____（盖单位章）

法定代表人：_____（签字）

成员二名称：_____（盖单位章）

法定代表人：_____（签字）

_____年_____月_____日

图 3-5　联合体协议书

（四）"投标保证金"的规定

投标保证金是指投标人按照招标文件的要求向招标人出具的，以一定金额表示的投标责任担保（图 3-6）。投标保证金的主要目的是防止投标人在投标文件有效期内随意撤回投标或拒签正式合同协议或不提交履约担保等情况发生。

投标保证金的形式有银行电汇、银行汇票、银行保函、信用证、支票、现金或招标文件中规定的其他形式。投标保证金具体提交的形式由招标人在招标文件中确定。以上是银行保函基本格式，空格部分按投标项目的具体情况和招标人要求填写即可，银行保函原件应装订在投标文件的正本之中。若采用电汇，投标人应提供电汇回单的复印件。

（五）"已标价工程量清单"的编制

已标价工程量清单是投标文件的重要组成部分，是决定是否中标的主要依据，也是支付工程进度款和办理工程结算、调整工程量以及工程索赔的依据。

1. 投标报价编制依据

投标报价编制依据包括如下：

（1）招标文件。

（2）标前调查、现场踏勘收集的有关资料。

（3）施工组织设计。

（4）竞争对手的信息与资料。

（5）招标文件规定的各种标准与规范，包括《公路工程基本建设项目概算预算编制办法》（JTG 3830—2018）、《公路工程预算定额（上、下册）》（JTG/T 3832—2018）、《公路工程机械台班费用定额》（JTG/T 3833—2018）、地方人民政府颁发的有关收费标准及定额。

投标保证金

_____（招标人名称）：

鉴于_____（投标人名称）（以下称"投标人"）于_____年_____月_____日参加_____（项目名称）_____标段施工的投标，_____（担保人名称，以下简称"我方"）无条件地、不可撤销地保证：投标人在规定的投标文件有效期内撤销或修改其投标文件的，或者投标人不接受评标办法的规定对其投标文件中细微偏差进行澄清和补正，或者投标人提交了虚假资料，或者投标人在收到中标通知书未按招标文件规定提交履约担保或拒绝签订合同协议书的，我方承担保证责任。收到你方书面通知后，在7天内无条件向你方支付人民币（大写）_____元。

本保函在投标有效期或经延长的投标有效期期满30日内保持有效。要求我方承担保证责任的通知应在上述期限内送达我方。你方延长投标有效期的决定，应通知我方。

担保人名称：_____ _____ （盖单位章）

法定代表人或其委托代理人：_____ （签字）

地　　址：_____

邮政编码：_____

电　　话：_____

传　　真：_____

_____年_____月_____日

图3-6　投标保证金

2. 清单报价费用构成

报价费用是以招标文件合同条件、技术规范、工程量清单计量规则、设计图纸及工程造价计算资料为基础，按招标文件中的工程量清单形式所列的完成该标段全部工程所需的各项费用。

一个项目的投标报价由以下三部分组成：

（1）施工成本。施工成本包括直接成本（工、料、机等直接费）、间接成本（包括措施费、规费、企业管理费、专项费用）等各项费用。

（2）利润和税金。税金是由国家统一征收的费用；利润是根据项目的具体情况和公司的利润目标制定的。

（3）风险费用。风险费用是指在各种风险发生后需由承包人承担的风险损失。

在投标报价中，应科学地计算确定以上三项费用，使总报价既有竞争力，又有利润。

投标报价编制步骤如图3-7所示。

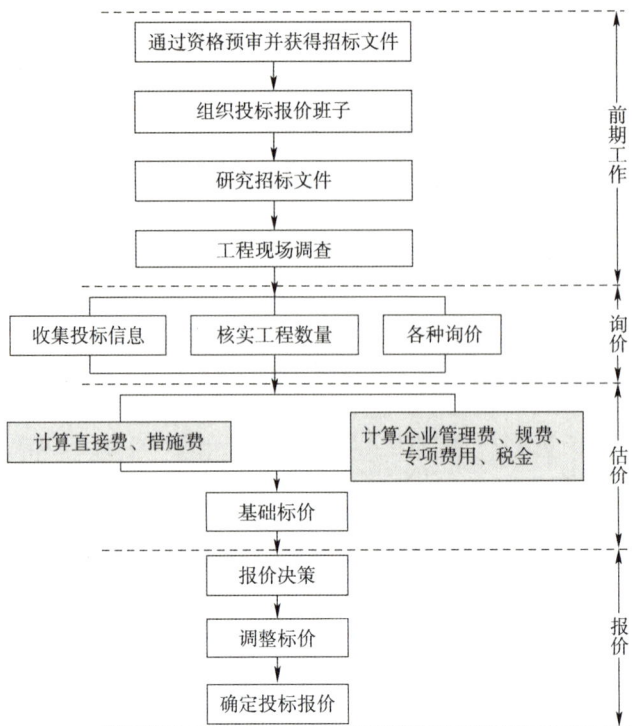

图 3-7 投标报价编制步骤

应用案例3-2

【案例概况】

拟修建一条二级公路,路线全长 1km,路基宽 12m,其中行车道宽 7m,硬路肩宽 1.75m,土路肩宽 0.75m。底基层采用厚 220mm 水泥稳定碎石(水泥剂量 3.5%),共 12200m²;基层采用厚 200mm 水泥稳定碎石(水泥剂量 5%),共 11500m²;面层采用厚 100mm 沥青混凝土,共计 10700m²,其中上面层用 40mm 厚细粒式沥青混凝土,下面层用 60mm 厚粗粒式沥青混凝土;土路肩土方为 85800m³;面层间设黏层,基层顶面设透层。该路面工程的工程量清单见下表。

【问题】

试编制投标报价。

工程量清单

清单 第300章 路面					
子目号	子目名称	单位	工程量	合计	单价
	清单 第300章 路面				
304	水泥稳定碎石底基层、基层				
304-1	水泥稳定碎石底基层				

续上表

清单 第300章 路面

子目号	子目名称	单位	工程量	合计	单价
-a	厚220mm	m²	12200.000		
304-3	水泥稳定碎石基层				
-a	厚200mm	m²	11500.000		
308	透层和黏层				
308-1	透层	m²	10700.000		
308-2	黏层	m²	10700.000		
309	热拌沥青混合料面层				
309-1	细粒式沥青混凝土				
-a	厚40mm	m²	10700.000		
309-3	粗粒式沥青混凝土				
-a	厚60mm	m²	10700.000		
313	路肩培土、中央分隔带回填土、土路肩加固及路缘石				
313-1	路肩培土	m³	85800.000		

清单 第300章合计 人民币_____

【案例评析】

1. 确定施工方案

水泥稳定碎石底基层、水泥稳定碎石基层均按厂拌法施工,设备采用100t/h稳定土拌和站,8t自卸汽车运输,120kW平地机摊铺,拌和站距工地平均距离1km,不计拌和站场地建设。沥青混凝土路面按厂拌法施工,设备采用60t/h沥青混凝土拌和站,平均距离1km,8t自卸汽车运输,摊铺机摊铺,不计拌和站场地建设。

2. 人工、材料、机械单价表

人工、材料、机械单价表

序号	名称	单位	代号	预算单价(元)	备注
1	人工	工日	1001001	111.23	
2	机械工	工日	1051001	111.23	
3	型钢	t	2003004	3504.27	
4	组合钢模板	t	2003026	4700.85	
5	铁件	kg	2009028	4.53	
6	石油沥青	t	3001001	3850.00	
7	乳化沥青	t	3001005	4200.00	

续上表

序号	名称	单位	代号	预算单价(元)	备注
8	重油	kg	3003001	3.20	
9	汽油	kg	3003002	8.50	
10	柴油	kg	3003003	7.50	
11	电	kW·h	3005002	0.60	
12	水	m³	3005004	0.50	
13	锯材	m³	4003002	1504.42	
14	中(粗)砂	m³	5503005	88.00	
15	矿粉	t	5503013	155.00	
16	路面用石屑	m³	5503015	106.80	
17	片石	m³	5505005	63.11	
18	碎石(4cm)	m³	5505013	86.41	
19	碎石	m³	5505016	75.73	
20	路面用碎石(1.5cm)	m³	5505017	94.17	
21	路面用碎石(2.5cm)	m³	5505018	92.23	
22	路面用碎石(3.5cm)	m³	5505019	91.26	
23	块石	m³	5505025	93.20	
24	32.5级水泥	t	5509001	330.00	
25	其他材料费	元	7801001	1.00	
26	设备摊销费	元	7901001	1.00	
27	0.6m³以内履带式液压单斗挖掘机	台班	8001025	844.60	
28	2.0m³以内轮胎式装载机	台班	8001047	996.06	
29	120kW以内自行式平地机	台班	8001058	1203.57	
30	12~15t光轮压路机	台班	8001081	594.44	
31	0.6t以内手扶式振动碾	台班	8001085	169.75	
32	20t以内振动压路机	台班	8001090	1482.72	
33	100t/h内稳定土厂拌设备	台班	8003009	756.43	
34	8000L以内沥青洒布车	台班	8003040	841.80	
35	60t/h内沥青混合料拌和设备	台班	8003048	8606.83	
36	4.5m内沥青混合料摊铺机(带找平)	台班	8003057	1322.96	
37	10t以内振动压路机(双钢轮)	台班	8003063	1108.64	
38	9~16t轮胎式压路机	台班	8003066	657.91	
39	16~20t轮胎式压路机	台班	8003067	773.01	
40	250L以内强制式混凝土搅拌机	台班	8005002	169.26	

续上表

序号	名称	单位	代号	预算单价(元)	备注
41	5t 以内自卸汽车	台班	8007012	588.00	
42	8t 以内自卸汽车	台班	8007014	688.10	
43	15t 以内平板拖车组	台班	8007023	795.40	
44	10000L 以内洒水汽车	台班	8007043	1112.99	
45	12t 以内汽车式起重机	台班	8009027	859.94	
46	20t 以内汽车式起重机	台班	8009029	1220.95	
47	40t 以内汽车式起重机	台班	8009032	2238.03	
48	小型机具使用费	元	8099001	1.00	

3. 投标报价计算表

投标报价计算表

分项编号	工程名称	单位	工程量	金额合计(元)	
				合计	单价
	清单 第300章 路面			6954638	
304	水泥稳定土底基层、基层			1384477	
304-1-a	水泥稳定土底基层厚220mm	m²	12200.000	711382	58.31
2-1-7-113	100t/h 以内厂拌厚22cm 碎石水泥(96.5:3.5)	1000m²	12.200	496553	40701.07
2-1-8-1	8t 以内自卸车运 1km	1000m³	12.200	85911	7041.89
2-1-9-4	120kW 以内平地机铺筑底基层	1000m²	12.200	52299	4286.80
2-1-10-2	100t/h 以内稳定土厂拌设备生产能力	1 座	0.466	76655	164495.71
304-3-a	水泥稳定土基层厚200mm	m²	11500.000	673095	58.53
2-1-7-113	100t/h 以内厂拌厚20cm 碎石水泥(95:5)	1000m²	11.500	451676	39276.17
2-1-8-1	8t 以内自卸车运 1km	1000m³	11.500	80983	7042.00
2-1-9-3	120kW 以内平地机铺筑基层	1000m²	11.500	52612	4574.96
2-1-10-2	100t/h 以内稳定土厂拌设备生产能力	1 座	0.534	87842	164498.13
308	透层和黏层			100259	
308-1	透层	m²	10700.000	75221	7.03
2-2-16-2	乳化沥青粒料基层透层	1000m²	10.700	75219	7029.81
308-2	黏层	m²	10700.000	25038	2.34
2-2-16-6	乳化沥青层黏层	1000m²	10.700	25054	2341.50
309	热拌沥青混合料面层			1862870	
309-1-a	细粒式沥青混凝土厚40mm	m²	10700.000	1089260	101.80

续上表

分项编号	工程名称	单位	工程量	金额合计（元）	
				合计	单价
2-2-11-16	60t/h 以内拌和细粒式沥青混凝土混合料	1000m³ 路面实体	0.428	385603	900941.59
2-2-13-1	8t 以内自卸车运输沥青混合料 1km	1000m³	0.428	4627	10810.75
2-2-15-2	60t/h 以内沥青混合料拌和设备安拆	1 座	0.500	208314	416628.00
2-2-14-13	机械摊铺细粒式沥青碎石混合料（60t/h 以内）	1000m³ 路面实体	10.700	490711	45860.84
309-3-a	粗粒式沥青混凝土厚 60mm	m²	10700.000	773610	72.30
2-2-15-2	60t/h 以内沥青混合料拌和设备安拆	1 座	0.500	208314	416628.00
2-2-11-2	60t/h 以内拌和粗粒式沥青混凝土混合料	1000m³ 路面实体	0.642	529773	825191.59
2-2-13-1	8t 以内自卸车运输沥青混合料 1km	1000m³	0.642	6937	10805.30
2-2-14-11	机械摊铺粗粒式沥青碎石混合料（60t/h 以内）	1000m³ 路面实体	0.642	28608	44560.75
313	路肩培土、中央分隔带回填土、土路肩加固及路缘石			3607032	
313-1	路肩培土	m³	85800.000	3607032	42.04
2-3-2-5	培路肩	100m³	858.000	3607447	4204.48

清单　第300章　合计 人民币6954638 元

（六）"施工组织设计"的编制

投标单位在详细地研究招标文件、考察施工现场并准备和掌握足够的基础资料、信息后，即可按招标文件所附的格式和要求，编写施工组织设计文件。

1.编制程序

编制施工组织设计，应按施工的客观规律进行，协调并处理各种因素之间的关系，遵照一定的程序进行科学的编制，其一般编制程序如下：

（1）熟悉、审查图纸，进行施工现场调查研究。

（2）确定或计算工程量。

（3）制订施工方案。

（4）编制工程进度计划和资源调配计划。

（5）规划施工现场并绘制施工平面图。

标书制作软件用户手册

（6）分析技术经济指标。

（7）审核、修改和完善。

2.编制内容

（1）总体施工组织布置及规划。

（2）主要工程项目的施工方案、方法与技术措施（尤其对重点、关键和难点工程的施工方案、方法及其措施）。

（3）工期的保证体系及保证措施。

（4）工程质量管理体系及保证措施。

（5）安全生产管理体系及保证措施。

（6）环境保护、水土保持保证体系及保证措施。

（7）文明施工、文物保护保证体系及保证措施。

（8）项目风险预测与防范，事故应急预案。

（9）其他应说明的事项。

施工组织设计除采用文字表述外，一般还应附下列相关图表（图 3-8），图表内容及格式要求在招标文件中有明确规定，投标人只需按要求编制即可。

附表一　施工总体计划表
附表二　分项工程进度率计划（斜率图）
附表三　工程管理曲线
附表四　分项工程生产率和施工周期表
附表五　施工总平面图
附表六　劳动力计划表
附表七　临时用地计划表
附表八　外供电力需求计划表
附表九　合同用款估算表

图 3-8　其他应说明事项

（七）"项目管理机构"的编制

项目管理机构是投标人拟为承包本标段工程设立的组织机构，一般以框图的方式表示，反映投标人的机构管理情况，如图 3-9 所示。

项目管理机构一般根据工程的规模、特点、工程量以及工期要求，结合投标人工程项目管理经验和企业实际来编制并组建，有直线式、职能式、矩阵式等多种组织结构模式。

（八）"拟分包项目情况表"的编制

该表一般填"无"，如果投标人拟在中标后将中标项目的部分非主体、非关键性工作进行分包的，应符合投标人须知前附表规定的分包内容、分包金额和接受分包的第三人资质要求等限制性条件。表中应写明分包人以往做过的类似工程，包括工程名称、地点、造价、工期、交工年份和其发包人与总监理工程师的姓名和地址。选择分包要遵循有利于风险共担和优势互补的原则。分包工程量一般不超过合同工程量的30%。

图3-9　项目管理机构（示例）

注：根据本工程的规模、特点、工程量和工期要求，结合我单位工程项目管理经验，如果我单位中标，拟组建中铁××局集团第×工程有限公司××高速第×合同段项目经理部，实行项目经理负责制，项目经理全面负责本标段的施工组织和管理，项目部设安全质量部、工程技术部、计划合同部、财务管理部、物资设备部、综合办公室和工地试验室（五部二室），下辖一个路基施工队、两个桥涵施工队、一个桥梁预制安装施工队、一个综合施工队、两个隧道施工队。

（九）"资格审查资料"的编制

对于已进行资格预审的，投标人在编制投标文件时，应按新情况更新或补充其在申请资格预审时提供的资料，以证实其各项资格条件仍能继续满足资格预审文件的要求，具备承担本标段施工的资质条件、能力和信誉。投标人一般主要更新资格预审之后新承包的工程名称、规模、进展程度和工程质量；资格预审后新交工的工程及评定的质量等级；最近的仲裁或诉讼介入情况等资料。

如果投标人在送交投标文件时，其财务状况发生变化，或发生重大安全事故或质量事故，或发生法人合法变更或重组，或由于其他任何情况，导致投标人不能满足资格预审的各项条件时，投标人必须在其投标文件中对上述情况进行如实说明。否则，招标人一经查实，将视为投标人弄虚作假，其投标文件按废标处理。

对于未进行资格预审的，按《公路工程标准施工招标文件》第四卷"资格审查资料"要求提交。

（十）"承诺函"的编制

承诺函是投标人对招标人作出的关于招标项目的承诺，其具体格式和内容如图3-10

所示。

承诺函

_____(招标人名称)：

我方参加了_____(项目名称)_____标段施工投标,若我方中标,我方在此承诺:

若本项目资格预审文件或招标文件未要求我方在资格预审申请文件或投标文件中填报派驻本标段的其他主要管理人员和技术人员及主要机械设备和试验检测设备,在招标人向我方发出中标通知书之前,我方将按照合同附件提出的最低要求填报派驻本标段的其他主要管理人员和技术人员及主要机械设备和试验检测设备,在经招标人审批后作为派驻本标段的项目管理机构主要人员和主要设备且不进行更换。

若我方已按本项目资格预审文件或招标文件要求,在资格预审申请文件或投标文件中填报派驻本标段的其他主要管理人员和技术人员及主要机械设备和试验检测设备,我方将严格按照在资格预审申请文件或投标文件中填报的其他主要管理人员和技术人员及主要机械设备和试验检测设备组织进场施工且不进行更换。

如我方违背了上述承诺,本项目招标人有权取消我方的中标资格,并由招标人将我方的违约行为上报省级交通运输主管部门,作为不良记录纳入公路建设市场信息管理系统。

投标人:_____(盖单位章)

法定代表人或其委托代理人:_____(签字)

_____年____月____日

图 3-10 承诺函

课内实训3-1

某公路工程投标函与附录编制

根据模块 2 任务 2.5"实际工程施工招标文件示例"中 G309 青兰线坊子流戈庄至潍城潘里段改建工程给出的部分招标文件,编制该项目的投标文件。

【实训目标】

1.掌握投标文件的组成;

2.了解投标文件的格式;

3.掌握投标文件的编写要求。

【实训过程】

1.根据班级情况分组,自行确定"本公司"信息。

2.各小组根据招标文件及本模块所学知识,编写部分投标文件。

【实训成果】

1.投标函及投标函附录

_____

_____

_____

_____

2.授权委托书或法定代表人身份证明

_____

_____

_____

3.施工组织设计（教师可根据学生所学知识结构安排）

_____

_____

_____

_____

4.项目管理机构

_____

_____

_____

_____

5.已标价工程量清单（教师可根据学生所学知识结构安排）

_____

_____

_____

（可自行加页）

三 投标文件的密封、标识和递交

（一）投标文件的密封、标识

1.双信封形式

若采用双信封形式，采用以下方式：

（1）投标文件应采用双信封形式密封。投标文件第一个信封（商务及技术文件）以及第二个信封（报价文件）应单独密封包装。商务及技术文件的正本与副本应统一密封在一个封套中。报价文件的正本与副本、投标文件电子版文件（如需要）以及填写完毕的工程量固化清单电子文件（如采用工程量固化清单形式）应统一密封在另一个封套中。封套应加贴封条，并在封套的封口处加盖投标人单位章或由投标人的法定代表人或其委托代理人签字。

采用银行保函形式提交投标保证金的，银行保函原件应密封在单独的封套中。

（2）投标文件第一个信封（商务及技术文件）、第二个信封（报价文件）以及银行保函封套上应写明的内容见投标人须知前附表。

2. 单信封形式

若采用单信封形式，采用以下方式：

（1）投标文件应采用单信封形式密封。投标文件的正本与副本、投标文件电子版文件（如需要）以及填写完毕的工程量固化清单电子文件（如采用工程量固化清单形式）应统一密封在一个封套中。封套应加贴封条，并在封套的封口处加盖投标人单位章或由投标人的法定代表人或其委托代理人签字。

采用银行保函形式提交投标保证金的，银行保函原件应密封在单独的封套中。

（2）投标文件以及银行保函封套上应写明的内容见投标人须知前附表。

（3）未按要求密封的投标文件，招标人将予以拒收。

（二）投标文件的递交与签收

投标人应在招标文件规定的投标截止时间前及指定地点递交投标文件。除投标人须知前附表另有规定外，投标人所递交的投标文件不予退还。招标人收到投标文件后，应向投标人出具签收凭证。对于逾期送达的或者未送达指定地点的投标文件，招标人有权不予受理。在特殊情况下，招标人如果决定延后递交投标截止时间，应在投标人须知前附表规定的时间前，以书面形式通知送达所有投标人延后投标截止时间。在此情况下，招标人和投标人的权利与义务相应延后至新的投标截止时间。

（三）投标有效期与投标保证金

投标有效期是从招标文件规定的提交投标文件截止之日起计算，为保证招标人有足够的时间在开标后完成评标、定标、合同签订等工作而要求投标人提交的投标文件在一定时间内保持有效的期限。在投标有效期内，投标人不得要求撤销或修改其投标文件。投标有效期一方面起到了约束投标人在投标有效期内不能随意更改和撤回投标的作用；另一方面也促使招标人加快评标、定标和签约过程，从而保证投标人的投标不至于由于招标人无限期拖延而增加投标人的风险。

在原投标有效期结束前，出现特殊情况的，招标人可以书面形式通知所有投标人延长投标有效期，投标人有权同意或拒绝。投标人同意延长的，不得撤销或修改其投标文件，但要相应延长其投标保证金的有效期。投标人拒绝延长的，其投标失效，但投标人有权收回其投标保证金。同意延长投标有效期的投标人少于 3 个的，招标人应当重新招标。

投标保证金不得超过项目估算价的 2%，投标保证金有效期应当与投标有效期一致。

投标人不按招标文件要求提交投标保证金的，其投标文件作废标处理。招标人最迟应当在中标通知书发出后 5 日内，向中标候选人以外的其他投标人退还投标保证金，与中标人签订合同后 5 日内向中标人和其他中标候选人退还投标保证金。但有下列任何情况发生时，投标保证金将被没收：

（1）投标人在投标有效期内撤销投标文件。

（2）中标人在收到中标通知书后，无正当理由不与招标人订立合同，在签订合同时向招标人提出附加条件或不按照招标文件要求提交履约保证金。

（3）发生投标人须知前附表规定的其他可以不予退还投标保证金的情形。

（四）投标文件补充、修改与撤回

投标文件按要求送达招标人后，在招标文件规定的投标截止时间前，投标人可以补充、修改或撤回已提交的投标文件，但应以书面形式通知招标人。

投标人补充、修改或撤回已提交投标文件的书面通知，应按照招标文件的规定与要求签字或盖章。招标人收到书面通知后，向投标人出具签收凭证。

补充、修改的内容为投标文件的组成部分。补充、修改的投标文件应按照招标文件规定与要求进行编制、密封、标记和递交，并标明"补充"或"修改"字样。

应用案例3-3

【案例概况】

某公路工程建设项目，招标文件规定 2023 年 4 月 20 日上午 10：00 为投标截止时间。在 2023 年 4 月 20 日上午 9：00，A、B、D、E 4 家单位提交了投标文件。由于交通堵塞，C 单位投标文件于 4 月 20 日上午 10：30 送达。评标时发现 B 单位投标文件有项目经理签字并盖了公章，但无法定代表人签字和授权委托书；D 单位投标报价的大写金额与小写金额不一致；E 单位漏报了某子目的单价。

【问题】

针对上述情况，招标人对 B、C、D、E 单位的投标文件应如何处理？

【案例评析】

1. B 单位投标文件因为没有法定代表人签字和授权委托书，应按废标处理。

2. C 单位投标文件未按招标文件规定提交投标文件的时间送达，招标人应不予受理。

3. D 单位投标报价的大写金额与小写金额不一致，属于算数性错误，应以大写金额为准，所以 D 单位投标文件应进行算数性错误的修正。

4. 工程量清单投标报价说明中明确指出，投标人没有填入单价或价格的子目，其费用视为已分摊在工程量清单中其他相关子目的单价或价格之中。承包人必须按监理人指令完成工程量清单中未填入单价或价格的子目，但不能得到结算与支付。E 单位漏报了某子目的单价，不影响投标文件的有效性，应按有效的投标文件处理，只是该漏报的子目承包人应完成，但不能得到结算与支付。

应用案例3-4

【案例概况】

某公路工程项目采用公开招标的形式,有 A、B、C、D、E 5 家施工单位购买了招标文件。招标文件规定 2023 年 1 月 20 日上午 10:30 为投标文件接收终止时间;在提交投标文件的同时,需提交投标保证金 20 万元。2023 年 1 月 20 日,A、B、C、D 4 家投标单位在上午 10:30 前将投标文件送达,E 单位在上午 11:00 送达。各单位均按招标文件的规定提供了投标保证金。在上午 10:25 时,B 单位向招标人递交了一份投标价格下降 5% 的书面说明。在开标过程中,招标人发现 C 单位的标袋密封处仅有投标单位公章,没有法定代表人印章或签字。

【问题】

1.以上投标文件为废标的有哪些?请说明理由。

2.B 单位向招标人递交的书面说明是否有效?

【案例评析】

1.C、E 两家投标文件为废标。C 单位因投标书只有单位公章,没有法定代表人印章或签字,不符合投标文件的密封、标识的要求,为废标;E 单位未能在投标截止时间前送达投标文件,按规定应作为废标处理。

2.B 单位向招标人递交的书面说明有效。投标人在招标文件要求提交投标文件的截止时间前,可以补充、修改或者撤回已提交的投标文件,补充、修改的内容作为投标文件的组成部分。

任务 3.4

投标报价策略与技巧

一 投标报价策略

投标时,根据投标人的经营状况和经营目标,既要考虑自身的优势和劣势,也要考虑竞争的激烈程度,还要分析投标项目的整体特点,按照工程的类别、施工条件等确定报价策略。

1. 生存型报价策略

投标报价以克服生存危机为目标而争取中标时,可以不考虑各种影响因素。投标人应以生存为目标,采取不盈利甚至赔本也要夺标的报价策略。

2. 竞争型报价策略

投标报价以竞争为手段,以开拓市场、低盈利为目标,在精确计算成本的基础上,充分估计各竞争对手的报价,用有竞争力的报价达到中标的目的。一般在以下几种情况下应用:①经营状况不景气,近期接收到的投标邀请较少;②竞争对手有威胁性;③试图打入新地区;④开拓新的工程施工类型;⑤投标项目风险小,施工工艺简单、工程量大,社会效益好的项目;⑥附近有本企业其他正在施工的项目。

3.盈利型报价策略

投标报价充分发挥自身优势,以实现最佳盈利为目标。如投标人在该地区已经打开局面、施工能力饱和、信誉度高、竞争对手少、具有技术优势并对招标人有较强的名牌效应、投标人目标主要是扩大影响,或者施工条件差、难度高、资金支付条件不好、工期质量等要求苛刻,为联合伙伴陪标的项目等。

二 投标报价技巧

报价技巧是指在投标报价中采用某些投标报价手段让招标人可以接受,中标后能获得更多的利润的方法。

1.不平衡报价法

不平衡报价法是指一个工程项目的投标报价,在总价基本确定后,调整内部各个项目的报价,以期既不提高总价,不影响中标,又能在结算时得到更理想的经济效益。不平衡报价法具体应用见表3-3。

不平衡报价法具体应用 表3-3

序号	信息类型	变动趋势	不平衡结果
1	资金收入的时间	早	单价高
		晚	单价低
2	清单工程量不准确	需要增加	单价高
		需要减少	单价低
3	报价图纸不明确	可能增加工程量	单价高
		可能减少工程量	单价低
4	暂定工程	自己承包的可能性高	单价高
		自己承包的可能性低	单价低
5	单价和包干混合制项目	固定包干价格项目	单价高
		单价项目	单价低
6	单价组成分析表	人工费和机械费	单价高
		材料费	单价低
7	议标时招标人要求压低单价	工程量大的项目	单价小幅度降低
		工程量小的项目	单价较大幅度降低
8	工程量不明确报单价的项目	没有工程量	单价高
		有假定的工程量	单价适中

2. 多方案报价法

多方案报价法是投标人针对招标文件中的某些不足提出有利于招标人的替代方案,用合理化建议吸引招标人争取中标的一种方法。例如,投标人按原招标文件报一个价,然后提出如果某条款做某些变动,报价可降低的额度,这样可以降低总造价,吸引招标人。

3. 增加建议方案法

招标文件中规定,可提一个建议方案,即可以修改原设计方案,提出投标人的建议方案。当投标人增加建议方案时,不要将方案写得太具体,保留方案的技术关键。同时要注意,建议方案一定要比较成熟,并注明过去有这方面的实践经验。多方案报价法与增加建议方案法的异同见表3-4。

多方案报价法与增加建议方案法的异同 表3-4

报价方案		多方案报价法	增加建议方案法
同	目的相同	目的均为发挥投标人技术优势,吸引招标人,促成自己的方案中标	
	响应招标文件一致	均需按原招标方案的要求报价,以供招标人比较	
异	适用情形不同	针对招标文件中一些条款不清楚、不公正或技术苛刻时采用的方法	针对原设计方案提出建议方案并据此报价
	投标人主动性不同	一般招标文件未规定,投标人主动提出	一般由招标文件规定

4. 突然降价法

在投标截止日期内,采取突然降价的手段,确定最终投标报价的方法。投标人采用这种方法时,在准备投标报价的过程中预先考虑好降价的幅度,在临近投标截止日期前,根据情况信息与分析判断,再做最后决策。采用突然降价法往往降低的是总价,需要把降低的部分分摊到各清单项内,可采用不平衡报价法进行,以期取得更高的效益。

5. 先亏后盈法

对于大型分期建设的工程,在第一期工程投标时,可以将部分间接费分摊到第二期工程中去,并减少利润以争取中标。这样在第二期工程投标时,凭借第一期工程的经验、临时设施以及赢得的信誉,比较容易拿到第二期工程。

6. 许诺优惠条件

招标人评标时,除主要考虑报价和技术方案外,还要分析其他条件,如工期、支付条件等。所以,投标人在投标时主动提出提前竣工、低息贷款、赠给施工设备、免费转让新技术或某种技术专利、免费技术协作、代为培训人员等,均是吸引招标人、利于中标的辅助手段。

应用案例3-5

【案例概况】

某工程项目招标。某投标人在投标截止日期前一天递交了一份合乎要求的投标文件,其报价为1亿元。在投标截止时间前1h,他又交了一封按投标文件要求密封的信,在该补充信中声明:"出于友好目的,本投标人决定将计算总标价及所有单价都降低5%。"

但招标单位有关工作人员认为,投标人不得递交两份投标文件,因而拒收该投标人的补充材料。

【问题】

1.招标单位有关工作人员的做法合适吗?

2.如果投标人在其信中提出将其报价比评标价最低的投标降低5%,是否可以?

3.投标人采用了什么报价技巧?

【案例评析】

1.招标单位有关工作人员的做法是错误的。他不应该拒收投标人的补充材料,因为,投标人在投标截止时间前所提交的任何书面文件都是有效文件,都是投标文件的有效组成部分,补充投标资料与原已经递交的投标文件共同构成一份投标文件,而不是两份互相独立的投标文件。投标人在投标截止期前修改的报价信在开标时应与原投标文件一起开读。

2.投标人在其信中提出将其报价比评标价最低的投标降低5%的情况是不能被接受的。因为这样做有以低于成本价竞标的嫌疑。这样的投标应视为不符合要求而予以拒绝。

3.投标人采用了突然降价法。原投标文件的递交时间比投标截止日期提前一天,这既符合常理,又为竞争对手调整、确定最终报价留有余地,起到了迷惑竞争对手的作用。而在开标前1h突然递交一份补充材料,这时竞争对手已不可能再调整报价了。

应用案例3-6

【案例概况】

某桥梁工程项目招标文件合同条款中规定:动员预付款金额为合同价的30%,工程进度款按季度支付。某施工单位欲投该标,经造价工程师估算,总价为8000万元,其中基础工程估价为1200万元,下部结构工程估价为3800万元,上部结构工程估价为3000万元。该施工单位决定采用不平衡报价法对造价工程师的原估价做适当调整,基础工程调整为1300万元,下部结构工程调整为4000万元,上部结构工程调整为2700万元。另外,该施工单位考虑到工程进度款按季度支付不利于资金周转,决定除按上述调整后的数额报价外,还建议业主将支付条件改为:预付款为合同价的15%,工程进度款按月支付,其余条款不变。

【问题】

1.该施工单位所运用的不平衡报价法是否恰当?为什么?

2.除了采用不平衡报价法之外,该施工单位还采用了哪种报价技巧?运用是否得当?

【案例评析】

1.恰当。因为该施工单位是将属于前期工程的基础工程和下部结构工程的报价调高,而将属于后期工程的上部结构工程的报价调低,可以在施工的早期阶段收到较多的工程款,从而可以提高施工单位所得工程款的现值,而且调整幅度均在10%以内,属于合理范围。

2.该施工单位运用的另一种投标技巧是多方案报价法。该报价技巧运用恰当,因为施工单位的报价既适用于原付款条件,也适用于建议的付款条件,若业主同意,则对缓解业主和施工单位的资金压力都有好处。

任务3.5
实际工程施工投标文件示例

下面以湖北某高速公路一期土建工程建设为背景,给出其中某土建工程施工合同段的施工投标文件,以供学习和参考。

湖北省××至××高速公路一期土建工程施工××TJ-×标段
施工招标

投标文件

投标人：中铁××局集团第×工程有限公司（盖单位章）
二〇二三 年 六 月 十六 日

目　录

一、投标函及投标函附录
　　(一)投标函
　　(二)投标函附录
二、法定代表人身份证明及授权委托书
　　(一)法定代表人身份证明
　　(二)授权委托书
三、投标保证金
　　(一)投标保证金电汇银行凭证单
　　(二)基本户开户许可证
四、已标价工程量清单
　　(一)工程量清单说明
　　(二)投标报价说明
　　(三)计日工说明
　　(四)计日工汇总表
　　(五)计日工劳务单价表
　　(六)计日工材料单价表
　　(七)计日工施工机械单价表
五、施工组织设计(摘录)
　　1　总体施工组织布置及规划
　　2　主要工程项目的施工方案、施工方法与技术措施(尤其对重点、关键和难点工程的施工方案、方法及其措施)
　　3　工期的保证体系和保证措施
　　4　工程质量的管理体系以及保证措施
　　5　安全生产管理体系及保证措施
　　6　环境保护、水土保持保证体系及保证措施
　　7　文明施工、文物保护保证体系及保证措施
　　8　项目风险预测与防范,事故应急预案
　　9　其他应说明的事项
　　附表一　施工总体计划表
　　附表二　分项工程进度率计划(斜率图)
　　附表三　工程管理曲线
　　附表四　分项工程生产率和施工周期表
　　附表五　施工总平面布置
　　附表六　劳动力计划表
　　附表七　临时用地计划表

附表八　外供电力需求计划表

附表九　合同用款估算表

六、项目管理机构

附表十　项目管理机构表

七、拟分包项目情况表(略)

八、资格审查资料

九、承诺函

十、其他材料(略)

一、投标函及投标函附录

(一)投标函

湖北省××高速公路建设指挥部:

1.我方已仔细研究了湖北省××至××高速公路一期土建工程施工××TJ-×标段施工招标文件的全部内容(含补遗书第01号至第01号),在勘察工程现场后,愿意以人民币(大写)叁亿玖仟肆佰陆拾万零捌仟伍佰壹拾陆元(￥394608516元)的投标总报价(或根据招标文件规定修正核实后确定的另一金额),工期25.5个月,按合同约定实施和完成承包工程,修补工程中的任何缺陷,工程质量达到标段工程交工验收的质量评定:合格;竣工验收的质量评定:优良。

2.我方承诺在投标有效期内不修改、撤销投标文件。

3.随同本投标函提交投标保证金一份,金额为人民币(大写)捌拾万元(￥800000.00元)。

4.如我方中标:

(1)我方承诺在收到中标通知书后,在中标通知书规定的期限内与你方签订合同。

(2)随同本投标函递交的投标函附录属于合同文件的组成部分。

(3)我方承诺按照招标文件规定向你方递交履约担保。

(4)我方承诺在合同约定的期限内完成并移交全部合同工程。

5.我方在此声明,所递交的投标文件及有关资料内容完整、真实和准确,而且不存在"第二章 投标人须知"第1.4.3项规定的任何一种情形。

6.在合同协议书正式签署生效之前,本投标函连同你方的中标通知书将构成我们双方之间共同遵守的文件,对双方具有约束力。

7.我方理解,你方不一定接受最低标价的投标或你方接到的其他任何投标。我方也理解,你方不负担我方的任何投标费用。

8.我们承诺:如我单位在所投标段中均排名第一时,根据招标文件的有关规定,我们优先选择中标合同段的顺序依次为:××TJ-×合同段、××TJ-×合同段、××TJ-×合同段。

9.　无　(其他补充说明)。

投标人:中铁××局集团第×工程有限公司(盖单位章)

法定代表人或其委托代理人:　　××　　(签字)

地址:　　　××　　　

网址:　　　××　　　

电话:　　　××　　　

传真:　　　××　　　

邮政编码:　　　××　　　

二〇二三　年　六　月　十六　日

（二）投标函附录

投标函附录，见标表1。

投标函附录 标表1

序号	条款名称	合同条款号	约定内容	备注
1	缺陷责任期	1.1.4.5	自实际交工日期起计算24个月	
2	逾期交工违约金	11.5	签约合同价的0.1%/天	
3	逾期交工违约金限额	11.5	10%签约合同价	
4	提前交工的奖金	11.6	在保证质量、安全、环保、廉政等情况下，发包人将根据承包人完成的阶段目标综合考评，予以奖励	
5	提前交工的奖金限额	11.6	累计奖励限额不超过2%签约合同价	
6	开工预付款金额	17.2.1	签约合同价（不含暂列金额、暂估价、计日工）的10%	
7	材料、设备预付款比例	17.2.1	钢材、钢绞线、水泥、锚具、支座、伸缩缝等主要材料报备供应合同单价及供应到场数量所开列的单据所列费用的60%	
8	进度付款证书最低限额	17.3.3(1)	200万元	
9	逾期付款违约金的利率	17.3.3(2)	中国人民银行发布的同期短期贷款基准利率	
10	质量保证金百分比	17.4.1	月支付额的10%	
11	质量保证金限额	17.4.1	5%合同价格	
12	保修期	19.7	自实际交工日期起计算5年	

投标人：中铁××局集团第×工程有限公司（盖单位章）
投标文件签署人签名：_____ ××

价格指数和权重，见标表2。

价格指数和权重表 标表2

名称		基本价格指数		权重			价格指数来源
		代号	指数值	代号	允许范围	投标人建议值	
定值部分				A	0.3	0.3	
变值部分	当地劳务	F_{01}		B_1	0.15~0.20	0.17	湖北省统计局
	钢材	F_{02}		B_2	0.20~0.25	0.22	
	水泥	F_{03}		B_3	0.10~0.13	0.11	
	燃油料	F_{04}		B_4	0.05~0.10	0.09	
	地材	F_{05}		B_5	0.10~0.12	0.11	
合计						1.00	

投标人：_____ ××_____（盖单位章）
投标文件签署人签名：_____ ××_____

－4－

二、法定代表人身份证明及授权委托书

(一)法定代表人身份证明

投标人名称：中铁××局集团第×工程有限公司

单位性质：有限责任公司(法人独资)

地址：　　　　　××

成立时间：×年×月×日

经营期限：长期

姓名：　××　　性别：男　年龄：45岁　职务：董事长

系中铁××局集团第×工程有限公司的法定代表人。

特此证明。

投标人：中铁××局集团第×工程有限公司 (盖单位章)

二〇二三年六月十一日

(二)授权委托书

本人××系中铁××局集团第×工程有限公司的法定代表人，现委托××为我方代理人。代理人根据授权，以我方名义签署、澄清、说明、补正、递交、撤回、修改湖北省××至××高速公路一期土建工程施工××TJ-×、××TJ-×、××TJ-×标段施工投标文件、签订合同和处理有关事宜，其法律后果由我方承担。

委托期限：自授权委托之日起至签订合同之日止。

代理人无转委托权。

附：法定代表人身份证明(见前页)

投标人：中铁××局集团第×工程有限公司 (盖单位章)

法定代表人：　　　　××　　　　(签字)

身份证号码：　　　　××

委托代理人：　　　　××　　　　(签字)

身份证号码：　　　　××

二〇二三年六月十一日

三、投标保证金

(一)投标保证金电汇银行凭证单(略)

(二)基本户开户许可证(略)

四、已标价工程量清单(摘录)

(一)工程量清单说明(略)

(二)投标报价说明(略)

(三)计日工说明(略)

投标报价汇总表见标表3。

投标报价汇总表 标表3

标段：××

序号	章次	科目名称	金额（元）
1	100	总则	20300317
2	200	路基	16900732
3	400	桥梁、涵洞	87113029
4	500	隧道	249882884
5		第100章至第700章合计	374196962
6		已包含在清单合计中的材料、工程设备、专业工程暂估价合计	
7		清单合计减去材料、工程设备、专业工程暂估价合计	374196962
8		计日工合计	1701706
9		暂列金额（不含计日工总额）	18709848
10		投标报价	394608516

工程量清单见标表4～标表7。

工程量清单1 标表4

标段：××

	第100章　总则				
子目号	子目名称	单位	数量	单价	合价
100	总则				
101-1	保险费				
101-1-a	按合同条款规定,提供建筑工程一切险	总额			895917
101-1-b	按合同条款规定,提供第三方责任险	总额			2400
102-1	竣工文件	总额	1.000	300000.00	300000
102-2	施工环保费	总额	1.000	500000.00	500000
102-3	安全生产费	总额	1.000	4002000.00	4002000
102-4	信息化系统				
102-4-a	工程管理软件系统(安全监控系统等,不含发包人提供的工程管理软件)	总额	1.000	200000.00	200000
102-4-b	发包人提供的工程管理软件(暂列金额)	总额	1.000	100000.00	100000
102-5	提前交工奖(暂列金额)	总额	1.000	4000000.00	4000000
103-1	临时道路修建、养护与拆除(包括原道路的养护费)				
103-1-a	新建便道	总额	1.000	1200000.00	1200000

－6－

续上表

第100章 总则

子目号	子目名称	单位	数量	单价	合价
103-1-b	利用或改建便道	总额	1.000	1000000.00	1000000
103-1-c	原有道路恢复补偿费(暂列金额)	总额	1.000	800000.00	800000
103-2	临时占地	总额	1.000	1000000.00	1000000
103-3	临时供电设施架设、维修与拆除	总额	1.000	1200000.00	1200000
103-4	电信设施的提供、维修与拆除	总额	1.000	300000.00	300000
103-5	供水与排污设施	总额	1.000	400000.00	400000
104-1	承包人驻地建设	总额	1.000	1800000.00	1800000
105-1	施工驻地	总额	1.000	2600000.00	2600000
…	…	…	…	…	…

第100章 合计 人民币20300317元

工程量清单2　　　　　　　　　　　　　标表5

标段:××

第200章 路基

子目号	子目名称	单位	数量	单价	合价
200	路基				
202	场地清理				
202-1	清理与掘除	总额	1.000	211336.19	211336
203	挖方路基				
203-1	路基挖方				
203-1-a	挖土石方	m³	272863.000	22.21	6060287
203-1-b	挖除非适用材料(不包括淤泥)	m³	1037.200	15.48	16056
203-1-c	弃方超运	m³/km	201029.000	2.42	486490
203-2	改河、改渠、改路挖方				
203-2-a	挖土石方	m³	14474.300	16.57	239839
203-3	岩石爆破及高边坡、高路堤稳定专项监测监控(暂列金额)	总额			
204	填方路基				
204-1	路基填筑(包括填前压实)				
204-1-a	利用土石方	m³	49497.000	8.57	424189
204-1-e	结构物台背回填	m³	9155.800	114.06	1044311
204-1-f	锥坡及台前溜坡填土	m³	113.400	22.78	2583

续上表

第200章 路基

子目号	子目名称	单位	数量	单价	合价
204-1-i	换填透水性材料	m³	97.900	114.06	11166
204-1-j	级配碎石回填	m³	3354.200	161.36	541234
204-2	改河、改渠、改路填筑				
204-2-a	利用土石方	m³	103.000	7.68	791
204-3	改路路面工程				
204-3-c	厚180mm水泥稳定碎石	m²	1180.200	38.65	45615
204-3-f	厚200mm水泥混凝土路面	m²	1070.000	86.98	93069
205	特殊地区路基处理				
205-1	软土地基处理				
205-1-d-3	双向钢塑土工格栅	m²	16346.500	20.78	339680
205-1-d-4	双向聚酯土工格栅	m²	6750.000	22.04	148770
205-1-p	换填碎石（包括开山石渣）	m³	2893.800	161.36	466944
207	坡面排水				
207-1	边沟				
207-1-a	A形路堑边沟	m	66.000	433.99	28643
…	…	…	…	…	…

第200章　合计　人民币　16900732元

工程量清单3　　　　　　　　　　　　　　标表6

标段：××

第400章 桥梁、涵洞

子目号	子目名称	单位	数量	单价	合价
401	通则				
401-3	地质钻探及取样试验（暂定工程量）				
401-3-a	70mm直径	m	200.000	200.00	40000
401-3-b	110mm直径	m	200.000	300.00	60000
403	钢筋				
403-1	基础钢筋（包括灌注桩、承台、沉桩、沉井等）				
403-1-a	光圆钢筋（HPB235、HPB300）	kg	275443.570	5.81	1600327
403-1-b	带肋钢筋（HRB400）	kg	2261849.766	5.79	13096110
403-2	下部结构钢筋				

续上表

第400章　桥梁、涵洞					
子目号	子目名称	单位	数量	单价	合价
403-2-a	光圆钢筋（HPB235、HPB300）	kg	66401.886	5.83	387123
403-2-b	带肋钢筋（HRB400）	kg	3355131.448	5.79	19426211
403-3	上部结构钢筋				
403-3-a	光圆钢筋（HPB235、HPB300）	kg	1436207.600	6.00	8617246
403-3-b	带肋钢筋（HRB400）	kg	4760736.410	5.97	28421596
403-4	附属结构钢筋				
403-4-a	光圆钢筋（HPB235、HPB300）	kg	93750.722	6.18	579379
403-4-b	带肋钢筋（HRB400）	kg	527212.872	6.08	3205454
403-5	检修通道钢筋	kg	6439.280	6.04	38893
404	基础挖方及回填				
404-1	基坑挖土石方	m³	30178.570	24.98	753861
405-1	钻孔灌注桩				
405-1-a-1	直径 φ1.2 m	m	240.000	1773.46	425630
405-1-a-2	直径 φ1.5m	m	604.000	2227.19	1345223
405-1-a-3	直径 φ1.8 m	m	7553.000	2509.91	18957350
405-2	钻取混凝土芯样，直径70mm（暂定工程量）	m	200.000	500.00	100000
410	结构混凝土工程				
410-1	现浇混凝土基础（包括支撑梁、承台、基础系梁，但不包括桩基）				
410-1-b	C25	m³	1205.130	305.52	368191
410-1-c	C30	m³	5991.000	375.27	2248243
…	…	…	…	…	…

第400章　合计　人民币　87113029 元

工程量清单4　　　　　　　　　　标表7

标段：××

第500章　隧道					
子目号	子目名称	单位	数量	单价	合价
502	洞口与明洞工程				
502-1	洞口、明洞开挖				
502-1-a	挖土石方	m³	9763.010	13.45	131312
502-2	防水与排水				

－9－

135

续上表

子目号	子目名称	单位	数量	单价	合价
第500章　隧道					
502-2-a	浆砌片（块）石				
502-2-a-1	M7.5砂浆砌片石截水沟	m³	51.570	261.23	13472
502-3	洞口坡面防护				
502-3-a	钢筋网	kg	5015.350	6.50	32600
502-3-b	C20喷射混凝土	m³	130.100	654.88	85200
502-3-c	锚杆				
502-3-c-1	砂浆（药卷）锚杆	kg	8596.700	15.51	133335
502-4	洞门建筑				
502-4-b	混凝土				
502-4-b-2	C20混凝土	m³	44.100	513.42	22642
502-4-b-3	C25混凝土	m³	352.320	526.93	185648
502-4-b-4	C20片石混凝土	m³	639.980	442.19	282993
502-5	明洞衬砌				
502-5-c	钢筋				
502-5-c-1	光圆钢筋（HPB235、HPB300）	kg	1906.940	6.02	11480
502-5-c-2	带肋钢筋（HRB400）	kg	16864.200	5.90	99499
502-7	洞顶回填				
502-7-a	回填碎石土	m³	2034.000	59.24	120494
502-7-c	回填隔水黏土层	m³	876.640	22.94	20110
502-7-d	M7.5砂浆砌片石	m³	1211.492	226.76	274718
502-7-f	M20水泥砂浆	m³	10.200	496.92	5069
503	洞身开挖				
503-1-a	挖土石方	m³	184776.726	102.29	18900811
503-2	洞身支护				
503-2-c-1	φ22mm砂浆锚杆	m	17024.000	38.30	652019
503-2-c-2	φ42mm×3.5mm钢花管	m	60019.530	54.57	3275266
…	…	…	…	…	…
第500章　合计　人民币　249882884元					

（四）计日工汇总表（略）

（五）计日工劳务单价表（略）

（六）计日工材料单价表（略）

(七)计日工施工机械单价表(略)

五、施工组织设计(摘录)

1 总体施工组织布置及规划

1.1 工程概况及施工条件

1.1.1 工程概况

湖北省××至××高速公路是湖北省规划的"552(五纵五横二环)"骨架公路网重要组成路段。本合同段为第××合同段,工程起点(YK160+610)位于××市××县××乡,在小漩隧道进口接第×合同段终点。路线出小漩隧道后接黄毛关大桥,穿过黄毛关隧道,设龙王沟大桥跨S305省道,穿过十转山隧道后再设潘口塘大桥到达本合同段终点YK165+500,路线全长4.890km。其主要工程有小漩隧道、黄毛关隧道、十转山隧道、黄毛关大桥、龙王沟大桥、潘口塘大桥。主要工程数量见标表8。

主要工程数量   标表8

序号	工程名称			单位	数量	备注
1	路基工程	挖方		m³	260091	
		利用土方		m³	50991	
		土工格栅		m²	23096.5	
2	桥涵工程	黄毛关大桥	左幅	m	334	桩基础、扩大基础、U形桥台、双柱墩、实心墩、30m T梁
			右幅		304	
		龙王沟大桥	左幅	m	371.66	桩基础、扩大基础、U形桥台、双柱墩、30m T梁
			右幅		491.5	
		潘口塘大桥	左幅	m	310	桩基础、扩大基础、U形桥台、双柱墩、30m T梁
			右幅		304	
		龙王沟中桥	左幅	m	45.58	桩基础、扩大基础、U形桥台、双柱墩、30m T梁
			右幅		109	
		涵洞工程		m/道	112.62m/2	暗涵
3	隧道工程	小漩隧道	左线	m	1009	分离式隧道
			右线	m	1065	
		黄毛关隧道	左线	m	625	分离式隧道
			右线	m	615	
		十转山隧道	左线	m	1450	分离式隧道
			右线	m	1447	
4	防护及排水工程	M7.5浆砌片石		m	5086.6	含边沟、排水沟、截水沟
		预应力框架锚杆		kg	4428.9	
		系统锚杆加固		kg	5402	
		C20片石混凝土挡土墙		m³	4792	
		喷播植草		m²	12634	

本项目地处中纬度，属亚热带季风气候区，气候温和，四季分明，日照充足，雨量充沛。年平均气温9～16℃，无霜期长。本区降水多集中在夏季，年平均雨量约920mm，年最大雨量为1750mm，年最小雨量为470mm。竹山县极端最高气温可达43.4℃，极端最低气温可达－10.4℃，平均相对湿度74%。气候条件对项目建设影响不大，但受海拔高度、坡向等地形地貌因素影响，区内山地小气候具多样性，夏季灾害性天气较多，常有干旱、暴雨、强降雨出现，其中暴雨、强降雨可引发山体滑坡、崩塌等地质灾害。

本合同段按设计地震动峰值加速度0.1g，相应地震烈度为Ⅶ度。

1.1.2　施工条件

交通条件：本合同段路线所经区域有S305省道，基本与本线路平行，可以直达本合同段的多个主要工点，运输条件较好。

水电条件：合同段内地下水以及河流水丰富，基本无污染，可直接作为工程用水和生活用水。

沿线城镇、输电线路较多，项目供电条件较好。生活用电可就近接入附近电网。施工用电初期采用自发电，以后考虑在当地搭接用电，架设电力线路，同时配备发电机备用。

筑路材料：沿线石料、碎石质量好，储量丰富，易于开采，汽车运输较为方便；但沿线没有符合要求的天然石英砂场，可就地进行机制砂的加工，用于桥梁下部结构和涵洞的施工。水泥、钢材等可从××县或××购买。

1.2　总体施工部署

1.2.1　施工组织机构

根据本工程的规模、特点、工程量和工期要求，结合我单位工程项目管理经验，如果我单位中标，拟组建中铁××局集团第×工程有限公司××至××高速公路第×合同段项目经理部，实行项目经理负责制，项目经理全面负责本合同段施工组织和管理。项目部设安全质量部、工程技术部、计划合同部、财务管理部、物资设备部、综合办公室和工地实验室（五部二室），下辖1个路基施工队、2个桥涵施工队、1个预制安装施工队、2个隧道施工队、1个综合施工队（7个专业化施工队伍）。

1.2.2　施工任务划分

施工任务划分见标表9。

施工任务划分　　　　　　　　　　　　　　　　　标表9

施工队	人员	任务划分	施工队驻地
路基施工队	60	负责本合同段路基土石方工程施工	YK163＋400右侧
桥涵施工一队	110	负责黄毛关大桥、龙王沟大桥基础及下部构造施工；K163＋459.361钢筋混凝土盖板暗涵	YK162＋750右侧
桥涵施工二队	90	负责龙王沟中桥、潘口塘大桥基础及下部构造施工；K164＋947.455钢筋混凝土盖板暗涵	ZK165＋100左侧
桥梁预制安装施工队	100	负责本合同段桥梁30m T梁预制安装施工	ZK163＋100右侧
隧道施工一队	210	负责小漩隧道左、右洞，黄毛关隧道左、右洞的施工	YK161＋750右侧

施工队	人员	任务划分	施工队驻地
隧道施工二队	180	负责十转山隧道左、右洞的施工	YK163 +450 右侧
综合施工队	120	负责本合同段路基防护、排水及其他工程的施工	ZK162 +500 左侧

1.2.3 施工工期安排

本工程业主计划开工日期:2023 年 7 月 26 日,总工期 26 个月。我单位计划开工日期是 2023 年 7 月 26 日,总工期 25.5 个月,提前半个月达到工程交工验收条件。

施工总体计划详见施工总体计划表(附表一)。

1.2.4 施工总体平面布置

根据本合同段工程特点及对施工现场的踏勘情况,现场设 3 座混凝土拌和站、2 座预制场,以 S305 省道、县乡公路及村镇公路为运输主干道,进场后分别修筑纵横向便道至各工点,架设施工用电、用水线路,修建钢筋库、水泥库、钢筋加工场、砂石料储料场等生产房屋和场地。

施工现场平面布置详见施工总平面布置图(附图五)。

1.2.5 主要临时工程

(1)施工便道。

利用 S305 省道、县乡公路及村镇公路作为机械设备、人员、材料进场的主要通道,进场后沿线路修筑施工便道至各工点,遇沟渠修建便桥或埋设圆管涵。便道路基宽度不小于 4.5m,路面宽度不小于 3.5m,曲线或地形复杂地段适当加宽;每 300m 设置会车道一处,错车道路基宽度不小于 6.5m,路面宽度不小于 5.5m,长度不小于 20m。路面结构层土质路基采用 20cm 厚泥结碎(砾)石路面,石质路基采用泥结碎(砾)石找平,并设置好排水系统。便道急弯、陡坡等危险地段设安全护栏和醒目的安全警示标志。施工期间派专人进行便道养护和维修,确保畅通无阻。

(2)临时生活、办公、生产房屋。

项目经理部驻地生活、办公用房租用民房,各施工队驻地生活、办公用房在线路附近征地建造,工地值班、看守等拟在各工点搭设活动板房;钢材、水泥库房及其他材料库房,以修建砖砌房屋为主,工程用砂石料置于水泥硬化场地内露天堆放。

(3)水、电。

沿线河流水系发达,水质良好,对混凝土不具腐蚀性,可作为施工和生活用水。拌和站、预制场修建蓄水池,隧道洞顶修建高山水池。路基填筑洒水,施工便道防尘污染采用洒水车拉运;施工用电可通过与当地电力部门协商驳接当地电网,在拌和站、预制场、隧道洞口及桥梁施工处安装变压器,同时配备发电机,以满足临时停电之用。

(4)拌和站和预制场。

拌和站设置 3 座:1 号拌和站设在 YK161 +750 右侧;2 号拌和站设在 YK163 +000 右侧;3 号拌和站设在 ZK165 +200 左侧。预制场 2 座:1 号预制场设在主线 K162 +900 ~

K163+400 段路基上,2号预制场设置在潘口大桥桥下。各拌和站的场地进行硬化处理,料场采用隔墙分开,配备带自动计量的混凝土集中拌和站,拌和站四周设置围墙,进出场设置大门,采用封闭式管理,并悬挂安全、生产标语。各拌和站和预制场地表面采用15cm厚 C15 混凝土面层进行硬化。集中排水,设污水处理沉淀池。混凝土拌和站平面布置如标图1 所示;预制场布置示意图如标图2 所示。

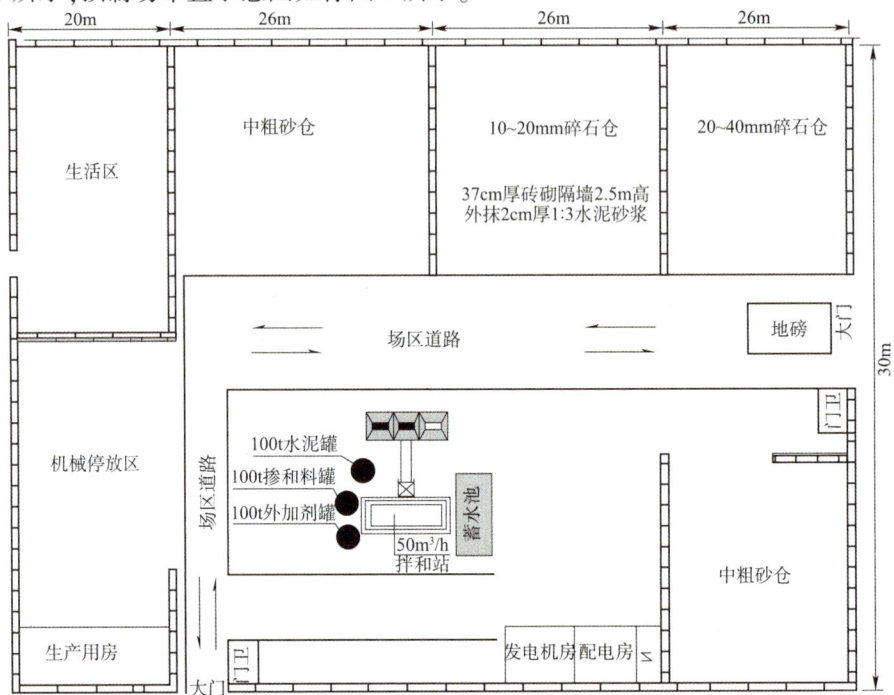

标图1　混凝土拌和站平面布置图

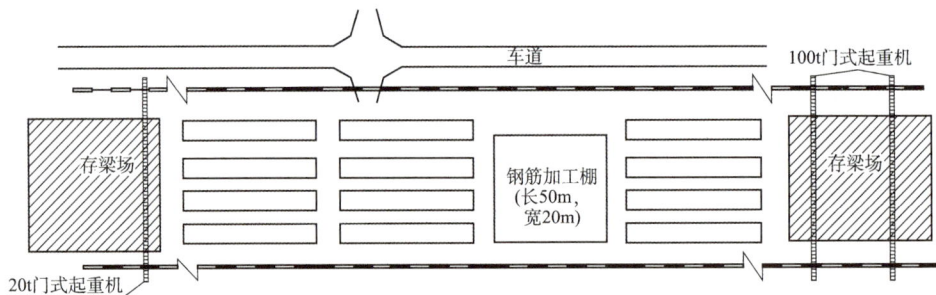

注:
1. 本预制场为平面布置示意图,具体布置根据场地条件做适当调整。
2. 1号预制场设置30m T梁台座12个、中梁模板3套、边梁模板半套;2号预制场设置台座7个、中梁模板2套、边梁模板半套。
3. 本预制配备100t门式起重机2部进行移梁施工,同时配备20t门式起重机1部用于梁体混凝土浇筑。
4. 1号预制场梁板混凝土由位于YK163+100右侧的2号拌和站提供;2号预制场混凝土由位于ZK165+200左侧3号拌和站提供。
5. 生活、办公设施布置在YK163+400处主线上。

标图2　预制场平面布置示意图

（5）工地试验室建设。

在项目部设工地试验室,配备具有专业资格的检验人员和试验人员以及能满足工程

－14－

所需的试验检测设备,工地试验室取得省质量监督站相应资质要求后,方可使用。工地试验室工作内容包括:①工地各种进场原材料的取样及质量试验检测;②各种等级混凝土、砂浆配合比的选配;③工地混凝土、砂浆的标准试件制作及钢筋焊接试验;④路基、路面填料标准击实,填料颗粒筛分,液、塑限测定,CBR 值强度试验及工地压实度、成型路基弯沉试验检测等工作。

(6)临时通信。

项目经理部、各施工队分别安装程控电话互通信息,保持内外联系,主要管理人员配移动电话。工程测量、桥梁架设、隧道洞内外配备对讲机解决通信、联络问题。项目经理部配备台式或笔记本电脑,项目经理部计算机全部接入高速宽带网络,利用内部办公室系统统一管理,与甲方及监理建立网络管理平台,实现对项目全程动态管理和实时监控。

(7)弃土、弃渣场。

为防止水土流失,保持生态平衡,施工弃土、弃渣应严格按照图纸设计进行。弃土、弃渣前修筑好防排水设施,工程完工时,弃土、弃渣场进行复耕或还林。

(8)施工供风。

在小漩隧道、十转山隧道施工口设置空压机房,配备 20m³/min 的电动空压机,通过供风管道供风,黄毛关隧道采用自然通风。

(9)炸药库、雷管库。

炸药库和雷管库分开设置,间距不小于 50m,采用砖墙房屋,楼板盖顶,周围铁丝网防护,防护门采用防盗门,雷管库采用保险柜。

(10)消防设施。

在工地建立临时消防系统,制定和实施严格的消防管理制度,配置灭火器、灭火桶、消防砂等设施,杜绝火灾发生。

临时用地计划详见临时用地计划表(附表七)。

2 主要工程项目的施工方案、施工方法与技术措施(尤其对重点、关键和难点工程的施工方案、方法及其措施)

本合同段重点、关键和难点工程为隧道工程。

2.1 路基工程

2.1.1 路基土石方工程施工方案(略)

2.1.2 路基土石方工程施工方法(略)

2.1.3 特殊路基施工

(1)与构造物连接路堤。

路堤与桥台、横向构造物连接处设置过渡段,路基压实度不小于 96%,过渡段内路堤采用砂砾石等渗水性材料填筑。过渡段长度按 3 倍路堤填土高度确定。对于陡坡路段或填高大于或等于 6m 的桥台背,铺设高强土工隔栅进行加筋处理。

(2)半填半挖或填挖交界路段填筑。

半填半挖路基的挖方在路槽下超挖 80cm 后再以土方回填,以减少路基横向不均匀沉降。填挖交界段施工进行挖台阶埋设双向土工格栅进行处理,台阶宽度不小于2m,高1m。

（3）陡坡填方路基加固施工。

陡坡路基采用双向焊接土工格栅。土工格栅横向设置于齐平填方平台处,钉在开挖出的台阶上。铺设土工格栅时,要注意格栅间联结与拉平、顺直,纵、横向接缝用专用U形钉连接;土工格栅铺设完成后,在48h内填筑填料,每层遵循"先两边,后中部"的原则进行填筑,一切车辆、施工机械不得直接在铺好的土工格栅上横向行走,只能沿路堤轴线方向行驶。

（4）高填方路堤。

高填土路堤在地面横坡不陡于1：2.5且填高大于18m时,在路面地面以下铺设3层土工格栅;在填筑时应分层铺筑,严格控制压实度,以防填土沉降过多,但在其路面铺筑前仍有一定的自然沉降量,因此在铺筑路床土方时应适当超填以清除高填土的工后沉降,确保填土高程满足设计要求,同时高填方路堤一律进行冲击碾压,每2m厚为一层、分层碾压,碾压遍数通过现场试验确定。路堤填筑时间不少于6个月,施工时要匀速填筑。

（5）深路堑路基。

对路堑高边坡土石方的开挖,严格按设计要求进行,对有锚固工程的高边坡,严格按照从上到下的逐级开挖顺序进行开挖,待上一级边坡锚固工程全部实施并产生加固作用后,进行下级边坡的土石方开挖作业,逐级开挖、逐级防护,直至防护工程结束。石方边坡开挖一律采用光面控制爆破,减少对岩体结构的破坏和影响。

路基施工过程中同时进行边坡的稳定性监测,对地表变形、地下位移和地下水位进行监控量测,以验证边坡治理的效果,确保运营期间高边坡的稳定。

2.2　防护排水工程（略）

2.3　桥梁工程

2.3.1　桥梁工程施工方案

本合同段共有大桥3座、中桥1座,桥梁基础类型为桩基础和扩大基础,下部构造主要为双圆柱墩、实心矩形墩、桩柱式桥台、U形桥台,上部构造均为30m后张法预应力T梁。

扩大基础采用人工配合机械开挖;桩基础采用钻孔桩、冲击钻机或回旋钻机成孔,导管灌注水下混凝土;墩台采用大块整体钢模,混凝土在拌和站集中拌和,混凝土运输车运输,混凝土输送泵入模,机械捣固成型。预应力混凝土T梁在预制场集中预制,采用轨道运输和运梁车运、架桥机架设。

2.3.2　桥梁工程施工方法

2.3.2.1　施工准备（略）

2.3.2.2　桥梁基础施工方法（略）

2.3.2.3　桩基质量检测及承台或系梁施工方法（略）

2.3.2.4　墩柱、台身、盖梁、台帽施工方法（略）

2.3.2.5　下部构造混凝土供应与浇筑（略）

2.3.2.6　预应力混凝土T梁的预制（略）

2.3.2.7　T梁架设及结构连续（略）

2.3.2.8　桥面系施工(略)

2.4　隧道工程(重点、关键和难点工程)

本合同段共有3座隧道,分别为小漩隧道、黄毛关隧道和十转山隧道,计划安排两个队伍进行施工。

2.4.1　隧道工程施工方案

按照新奥法原理组织隧道施工,遵循"超前预报、光面爆破、支护紧跟、监控量测、及时反馈和修正,及时采取应急措施"的原则,施工开挖采用风镐、光面爆破或预裂爆破。

各隧道采用单向掘进,Ⅲ级围岩采用全断面开挖施工,围岩条件较差地段采用上下台阶法;Ⅳ级围岩采用上下台阶法开挖施工,必要时配合超前锚杆等措施防止坍塌;Ⅴ级围岩采用小导管预注浆超前支护,主洞采用弧形导坑加上下台阶法开挖,断层破碎带和小净距段采用CD法开挖施工。Ⅳ级围岩采用超前锚杆进行超前预支护;Ⅴ级围岩进、出口采用管棚预支护或小导管注浆预支护,开挖时采用人工挖掘或预裂爆破开挖,注意掌子面的观察并及时支护。Ⅲ级围岩采用风动凿岩机钻孔,塑料导爆管毫秒雷管微差爆破开挖,周边轮廓采用光面爆破技术;出渣采用侧卸式装渣机装渣,自卸车出渣。初期支护中空注浆系统采用专用钻机钻孔安装锚杆,人工配合机械安装钢拱架,人工安装钢筋网,锚喷混凝土采用湿喷机作业;全断面液压整体式钢模衬砌台车、泵送混凝土灌注二次衬砌混凝土。混凝土全部采用自动计量拌和站生产,输送罐车运输。

2.4.2　隧道工程的施工方法

2.4.2.1　洞口工程

(1)开挖及防护。

洞口开挖前做好天沟、截水沟等防排水系统,开挖由外向里、从上至下分台阶、分层、分段开挖,分层、分段支护。洞口开挖后的边坡坡面及时整修平整,按设计进行锚喷网联合支护。

(2)套拱施作。

隧道开挖至临时成洞面后,立即施作套拱混凝土,基础采用C25混凝土浇筑,套拱施工采取在支架上用组合式钢模板先拼装内层模板,然后架设U25型钢支撑,预埋钢套管,拼装外模后浇筑混凝土。当混凝土强度达到70%后,施作管棚。

(3)明洞施工。

管棚施工完成后,开始施工明洞。明洞采用明挖法施工,先将衬砌台车就位,然后绑扎钢筋,拼装外层模板,最后浇筑混凝土。当拱圈混凝土强度达到设计强度的70%后,拱圈背部以砂浆涂抹平整,铺设1.5mm厚单面自粘复合防水层,而后设置2cm厚的M20水泥砂浆,拱背回填土石,进行人工夯实,顶上铺黏土隔水层,表层植铺草皮。

2.4.2.2　洞身施工

(1)Ⅴ、Ⅳ级围岩的开挖和支护。

Ⅴ级围岩洞口及洞身段采用弧形导坑加上下台阶法,断层破碎带和小净距段采用CD法开挖施工,先进行超前管棚或小导管注浆预支护,再进行侧壁导坑开挖,开挖主要采用人工配合弱爆破,装载机装渣,自卸汽车运渣。每次开挖循环进尺以设计的两榀钢架间距为限,循环进尺0.5~0.7m,并及时施作初期支护和临时钢支撑,然后再开挖导坑,使初期支护尽早闭合成环。

　　Ⅳ级围岩采用半断面正台阶法光面爆破施工,先施工上台阶开挖,再进行上台阶初期支护,最后进行下台阶开挖、支护,每循环进尺1.2~1.5m,上台阶比下台阶始终超前10~15m。塑料导爆管非电起爆系统,毫秒微差有序起爆。开挖采用凿岩机钻眼,初期支护采用钢格栅喷锚支护。采用装载机出渣,混凝土衬砌采用全断面液压钢模衬砌台车、泵送混凝土作业。Ⅴ、Ⅳ级围岩、小净距段、断层破碎带施工工序示意图如标图3~标图7所示。

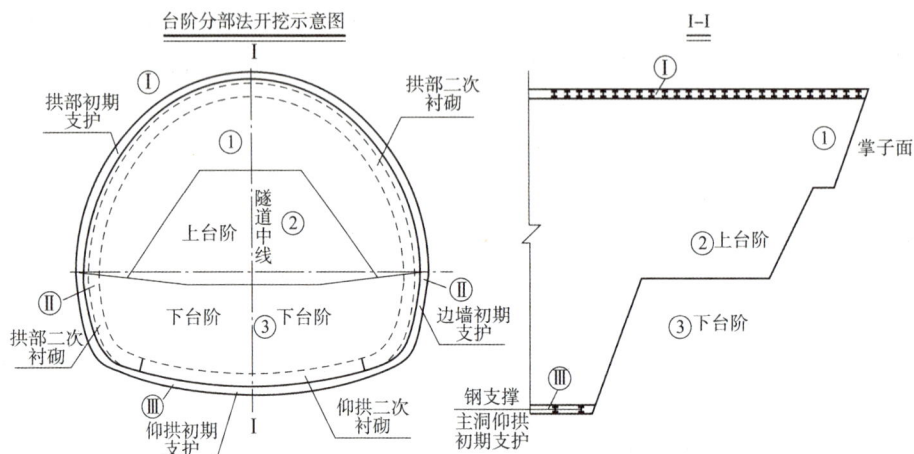

标图3　主洞Ⅴ级围岩施工工序示意图

注:1.本法适用于主洞Ⅴ级围岩地段。

　　2.施工主要步骤:①上弧形导坑开挖。Ⅰ拱部初期支护。②中核心开挖。③下部开挖。ⅡⅢ边墙及仰拱初期支护。

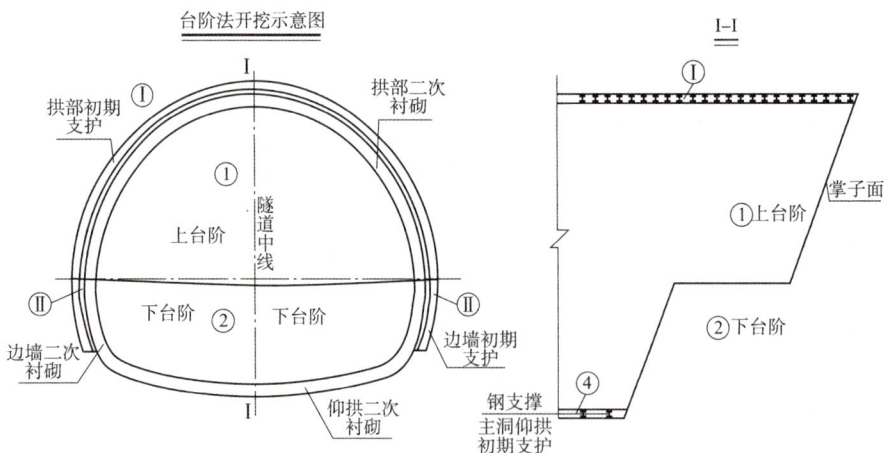

标图4　主洞Ⅳ级围岩施工工序示意图

注:1.本法适用于主洞Ⅳ级围岩地段。

　　2.施工主要步骤:①开挖导坑上半断面。Ⅰ上导坑拱部初期支护。②开挖导坑下半断面。③下导坑边墙初期支护。④仰拱初期支护。Ⅱ边墙初期支护。

施工工序立面示意图

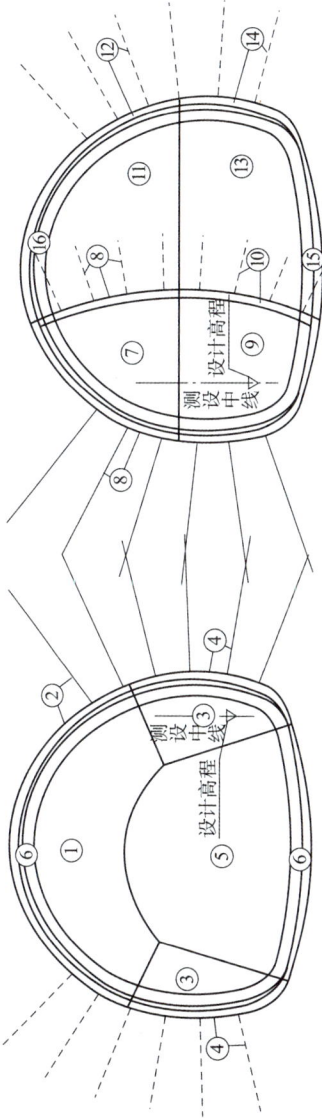

① ⑪ ⑬
⑫ ⑭
⑯ ⑧ ⑩ ⑮
⑦ ⑨
测设中线 设计高程

设计高程
⑥ ① ⑥
③
④ ②

施工工序平面示意图

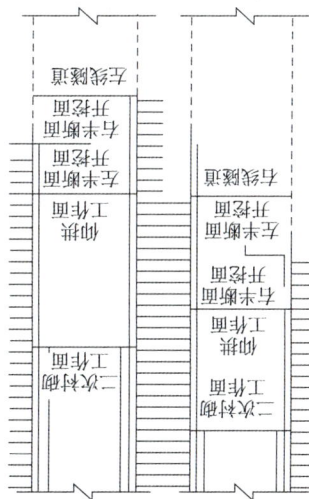

注:
1. 本法适用于 V 级围岩小净距地段。
2. 主要施工工序:
①开挖左洞上半断面,采用弧形导坑法,导洞超前 5~10m,超前支护应先期施作。
②施作左洞拱部初期支护。
③交错开挖左洞下半断面的两侧。
④施作左洞两侧边墙初期支护。
⑤施作左洞核心土主体及仰拱。
⑥施作左洞仰拱初期支护及二次衬砌,仰拱回填。
⑦开挖右洞内侧上导坑,超前支护应先期施作。
⑧施作右洞内侧上导坑初期支护与侧导坑初期支护。如果需要爆破应采用预裂爆破。

⑨开挖右洞内侧下导坑,如果需要爆破应采用预裂爆破,超前支护应先期施作。
⑩施作右洞内侧下导坑初期支护与侧导坑初期支护。
⑪开挖右洞外侧上导坑。
⑫施作右洞外侧上导坑初期支护。
⑬开挖右洞外侧下导坑。
⑭施作右洞外侧下导坑初期支护。
⑮施作右洞仰拱二次衬砌,仰拱回填。
⑯施作右洞室的二次衬砌。

标图5 V级围岩小净距段施工工序示意图

施工工序立面示意图

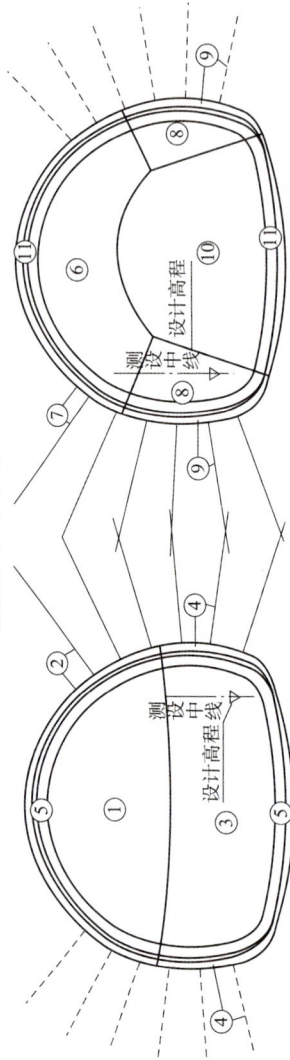

⑨
⑧
⑪ ⑥ ⑩ ⑪
⑧
⑦
设计高程
测设中线
⑨
④

施工工序平面示意图

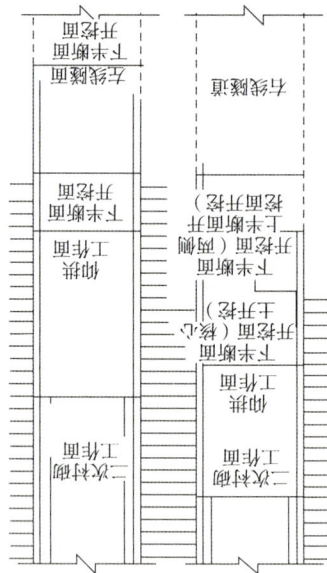

② ④
⑤ ① ⑤
③
设计高程
测设中线
④

注：
1．本法适用于IV级围岩小净距地段。
2．主要施工工序：
①开挖左洞上半断面，导洞超前10~15m，超前支护应先期施作。
②施作左洞拱部初期支护。
③开挖左洞下半断面。
④施作左洞下半断面初期支护。
⑤施作左洞二次衬砌、仰拱回填。
⑥开挖右洞上半断面，采用弧形导坑法，导洞超前5~10m，超前支护应先期施作。
⑦施作右洞拱部初期支护。
⑧交错开挖右洞下半断面的两侧。
⑨施作右洞两侧边墙初期支护。
⑩开挖右洞仰拱心土及仰拱。
⑪施作右洞仰拱初期支护及二次衬砌、仰拱回填。

标图6　IV级围岩小净距段施工工序示意图

（施工工序平面示意图 — 工序里程、止浆墙里程、二衬里程、仰拱里程、上半断面止浆墙里程、上（下）半断面开挖里程、上半断面止浆墙（后移）里程 等标注）

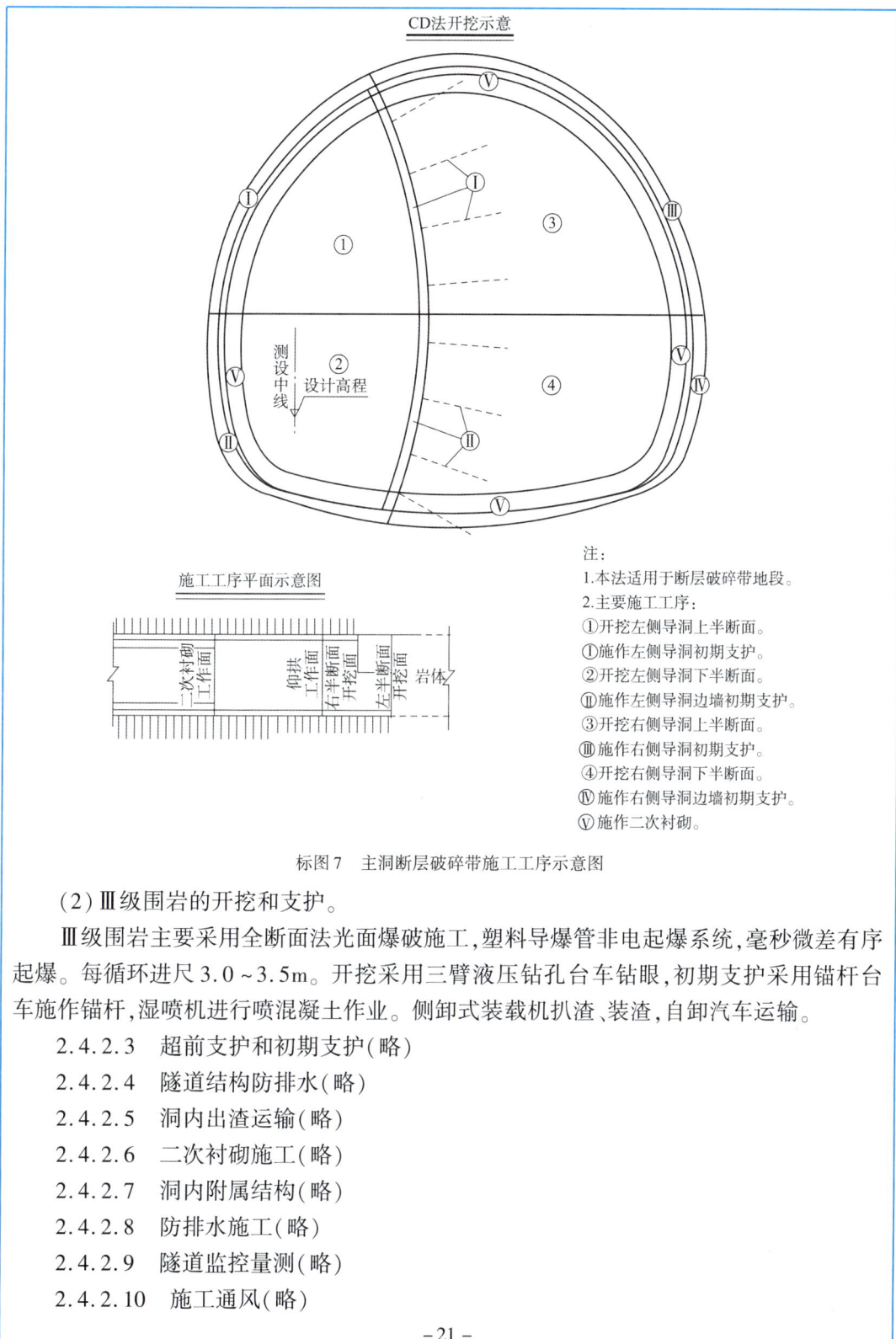

标图7 主洞断层破碎带施工工序示意图

（2）Ⅲ级围岩的开挖和支护。

Ⅲ级围岩主要采用全断面法光面爆破施工，塑料导爆管非电起爆系统，毫秒微差有序起爆。每循环进尺3.0～3.5m。开挖采用三臂液压钻孔台车钻眼，初期支护采用锚杆台车施作锚杆，湿喷机进行喷混凝土作业。侧卸式装载机扒渣、装渣，自卸汽车运输。

2.4.2.3 超前支护和初期支护（略）

2.4.2.4 隧道结构防排水（略）

2.4.2.5 洞内出渣运输（略）

2.4.2.6 二次衬砌施工（略）

2.4.2.7 洞内附属结构（略）

2.4.2.8 防排水施工（略）

2.4.2.9 隧道监控量测（略）

2.4.2.10 施工通风（略）

2.4.2.11　超前地质预报（略）

2.4.2.12　不良地质地段施工（略）

2.4.2.13　应急预案（略）

2.5　涵洞工程（略）

2.6　确保工程质量的技术措施（略）

3　工期的保证体系和保证措施（略）

4　工程质量的管理体系以及保证措施（略）

5　安全生产管理体系及保证措施（略）

6　环境保护、水土保持保证体系及保证措施（略）

7　文明施工、文物保护保证体系及保证措施（略）

8　项目风险预测与防范，事故应急预案（略）

9　其他应说明的事项（略）

施工总体计划表　　　　　　　　　　　　　　　　附表一

序号	主要工程项目	年度																										
		2023年						2024年												2025年								
		月份																										
		7	8	9	10	11	12	1	2	3	4	5	6	7	8	9	10	11	12	1	2	3	4	5	6	7	8	9
1	施工准备		━																									
2	靠基处理			━	━	━																						
3	路基填筑			━	━	━	━	━	━	━	━																	
4	涵洞			━	━	━	━																					
5	通道																											
6	防护及排水			━	━	━	━	━	━	━	━	━	━	━														
7	桥梁工程																											
(1)	基础工程			━	━	━	━	━	━	━	━	━	━	━														
(2)	墩台工程					━	━	━	━	━	━	━	━	━	━	━												
(3)	梁体工程								━	━	━	━	━	━	━	━	━											
(4)	梁体安装									━	━	━	━	━	━	━	━	━										
(5)	桥面铺装及人行道											━	━	━	━	━	━	━	━									
8	隧道																											
(1)	隧道掘进与初期支护		━	━	━	━	━	━	━	━	━	━	━	━														
(2)	隧道衬砌				━	━	━	━	━	━	━	━	━	━	━													
(3)	隧道路面										━	━	━	━	━	━	━	━	━									
9	其他																								━	━	━	

分项工程进度率计划（斜率图）　　　　附表二

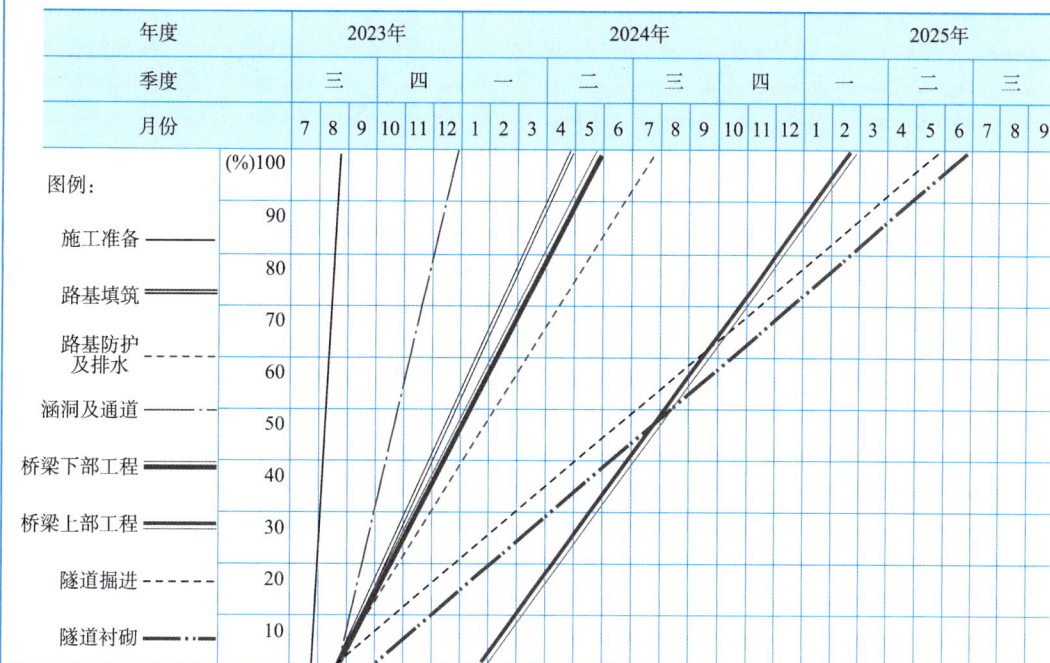

年度	2023年		2024年				2025年		
季度	三	四	一	二	三	四	一	二	三
月份	7 8 9	10 11 12	1 2 3	4 5 6	7 8 9	10 11 12	1 2 3	4 5 6	7 8 9

图例：

施工准备 ——

路基填筑 ——

路基防护及排水 - - -

涵洞及通道 —·—

桥梁下部工程 ——

桥梁上部工程 ——

隧道掘进 - - -

隧道衬砌 —··—

注：各个项目的进程可用线条的长短来表示。

工程管理曲线　　　　附表三

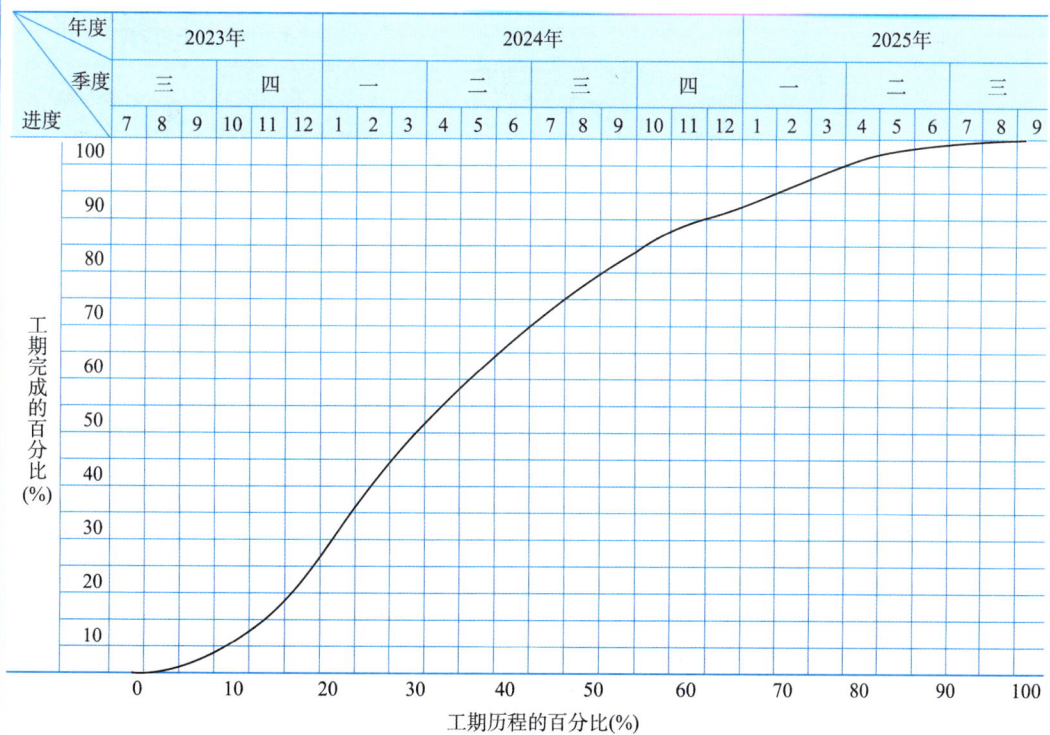

年度	2023年		2024年				2025年		
季度	三	四	一	二	三	四	一	二	三
进度	7 8 9	10 11 12	1 2 3	4 5 6	7 8 9	10 11 12	1 2 3	4 5 6	7 8 9

工期完成的百分比（%）

工期历程的百分比（%）

分项工程生产率和施工周期表　　　　附表四

序号	工程项目	单位	数量	平均每生产单位规模(一人,各种机械一台)	平均每单位生产率(数量/每周)	每生产单位平均施工时间(周)	生产单位总数(个)
1	特殊路基处理	km	0.726	30人,20台	0.06	12	1
2	路基填筑	万m²	5.09	30人,20台	0.16	32	1
3	路基防护及排水	km	0.678	100人,10台	0.02	44	1
4	涵洞	道	5	45人,10台	0.16	16	2
5	桥梁墩台	根	164	40人,10台	2.28	36	2
6	桥梁墩台	座	124	45人,14台	1.29	48	2
7	桥梁预制安装	片	365	150人,9台	8.30	44	1
8	隧道掘进	m	6208	140人,50台	36.95	84	2
9	隧道衬砌	m	6208	90人,20台	36.95	84	2

注:互通立交、分离立交的匝道、匝道涵洞、通道、桥梁分别归入表中相关的项目内。

施工总平面布置　　　　附表五

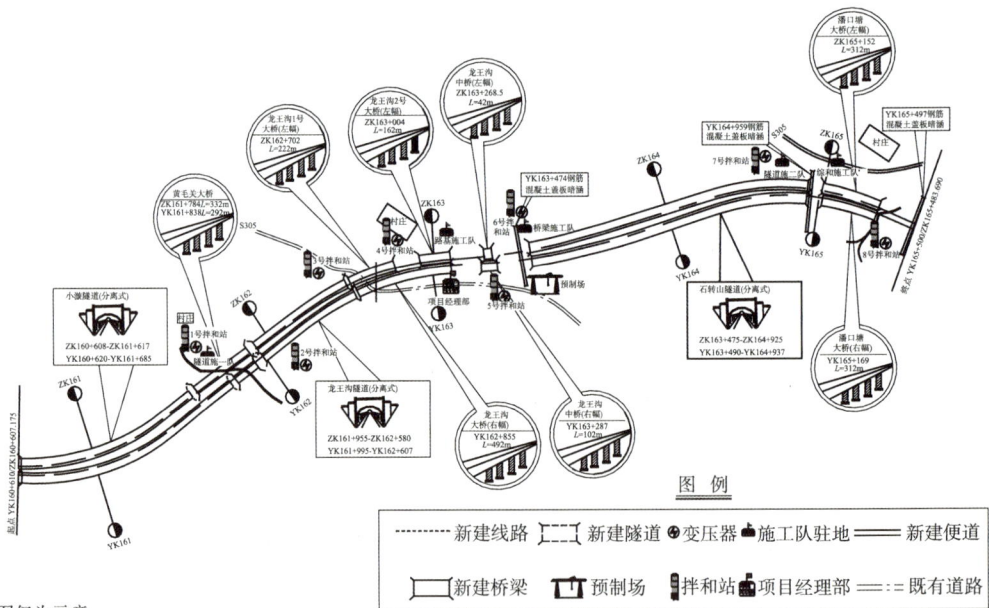

图 例

------- 新建线路　〔二〕新建隧道　⊕变压器　施工队驻地　══ 新建便道
〔二〕新建桥梁　预制场　拌和站　项目经理部　===既有道路

注:
1.此图仅为示意。
2.本段路全长4.39km,共有桥梁8座,隧道4座。
3.本段路为分离式路基。
4.进场后,有既有路的利用既有路,若无既有路,沿线路两侧修建施工便道至隧道口、拌和站、预制场以及桥梁施工各工点。

劳动力计划表 （单位：人）　　　　　　　　附表六

工种	按工程施工阶段投入劳动力情况								
	2023 年		2024 年				2025 年		
	三季度	四季度	一季度	二季度	三季度	四季度	一季度	二季度	三季度
钢筋工	10	40	40	40	40	35	30	20	1
混凝土工	20	45	45	45	45	32	22	15	2
模板工	10	30	30	30	30	26	20	15	2
电工	6	7	7	7	7	6	3	2	1
爆破工	10	90	90	90	90	90	90	90	—
电焊工	10	38	38	38	38	20	15	10	—
修理工	5	20	20	20	15	10	10	6	—
喷锚工	15	60	60	60	60	60	60	60	—
混凝土拌和设备操作工	8	16	16	16	16	14	14	6	2
混凝土输送车驾驶员	16	32	32	32	32	26	24	12	1
砌筑工	10	30	30	30	30	6	6	6	—
挖掘机司机	10	12	12	12	8	3	3	2	—
装载机司机	8	16	16	16	16	16	16	4	—
推土机司机	1	2	2	2	2	0	0	0	—
自卸车驾驶员	10	30	30	30	30	20	20	10	—
平地机操作工	1	2	2	2	2	0	0	0	—
洒水车驾驶员	1	2	2	2	2	2	2	2	1
压路机驾驶员	2	4	4	4	2	0	0	0	—
发电机操作工	8	8	8	8	8	6	6	3	—
普工	80	180	180	180	180	180	80	80	10
试验员	10	15	15	15	15	15	10	5	1
测量工	10	15	15	15	15	15	5	5	1
质检员	10	15	15	15	15	12	6	6	1
安全员	5	20	20	20	20	12	6	6	1
技术人员	10	22	22	22	22	10	10	10	1
管理人员	15	25	25	25	25	20	20	12	5
合计	295	776	776	776	765	636	476	390	30

临时用地计划表　　　　　　　　附表七

用途	面积(m²)					需用时间 ___年___月至 ___年___月	用地位置		
	菜地	水田	旱地	果园	荒地		桩号	左侧 (m)	右侧 (m)
一、临时工程									
1.便道			14000			2023年7月—2025年9月	沿线		
2.弃土场			79786						
二、生产及生活临时设施									
1.临时住房					5000	2023年7月—2025年9月	ZK163+100 右侧 YK163+450 右侧 YK161+750 右侧 YK162+750 右侧 ZK165+100 右侧		
2.办公等公用房屋					2000	2023年7月—2025年9月	ZK163+100 右侧 YK163+450 右侧 YK161+750 右侧 YK162+750 右侧 ZK165+100 左侧		
3.拌和站			30000			2023年7月—2025年9月	YK161+750 右侧 YK163+000 右侧 ZK165+200 右侧		
4.预制场					4000	2024年1月—2024年12月	ZK165+200 右侧		
租用面积合计			123786		11000				

外供电力需求计划表　　　　　　　　附表八

用电位置		计划用电数量 (kW·h)	用途	需用时间 ___年___月至___年___月	备注
桩号	左或右(m)				
K160+610~K165+500	沿线	27140	路基、防护	2023年7月—2024年7月	
K162+700	左50m	2047372	桥梁、涵洞、通道	2023年7月—2025年1月	
K165+200	左50m	1023685	桥梁	2023年7月—2024年10月	
K161+640	左150m	5776660	小璇隧道	2023年7月—2025年9月	
K163+400	右100m	8068941	十转山隧道	2023年7月—2025年9月	
K162+700	左50m	3445386	黄毛关隧道	2023年7月—2024年7月	

－26－

合同用款估算表　　　　　　　附表九

从开工月算起的时间（月）	投标人的估算			
	分期		累计	
	金额（元）	（%）	金额（元）	（%）
第一次开工预付款	26193787	7	26193787	7
第二次开工预付款	11225909	3	37419696	10
1～3	33677727	9	71097423	19
4～6	44903635	12	116001058	31
7～9	44903635	12	160904694	43
10～12	44903635	12	205808329	55
13～15	44903635	12	250711965	67
16～18	41161666	11	291873630	78
19～21	33677727	9	325551357	87
22～24	26193787	7	351745144	94
25～26	3741970	1	355487114	95
缺陷责任期	18709848	5	374196962	100
小计	374196962	100		

投标价:394608516（元）

注:1. 本表按附表一的工程进度估算填写。

2. 用款额按所报单价和总额价估算,不包括价格调整和暂列金额、暂估价,考虑了开工预付款的扣回、质量保证金的扣留以及签发付款证书后到实际支付的时间间隔。

3. 投标价为投标总报价。

六、项目管理机构

项目管理机构表　　　　　　　附表十

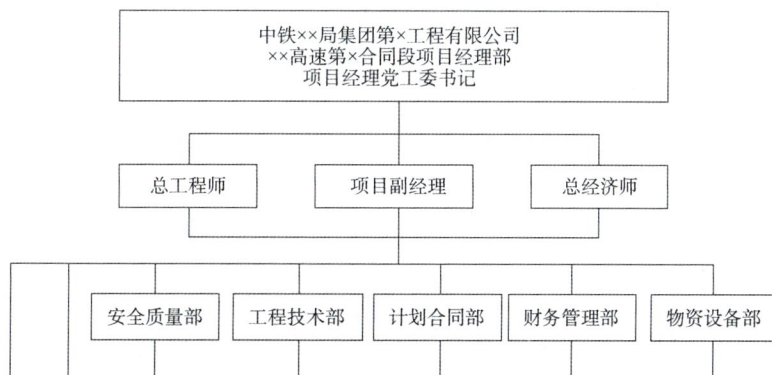

中铁××局集团第×工程有限公司
××高速第×合同段项目经理部
项目经理党工委书记

总工程师　　项目副经理　　总经济师

安全质量部　工程技术部　计划合同部　财务管理部　物资设备部

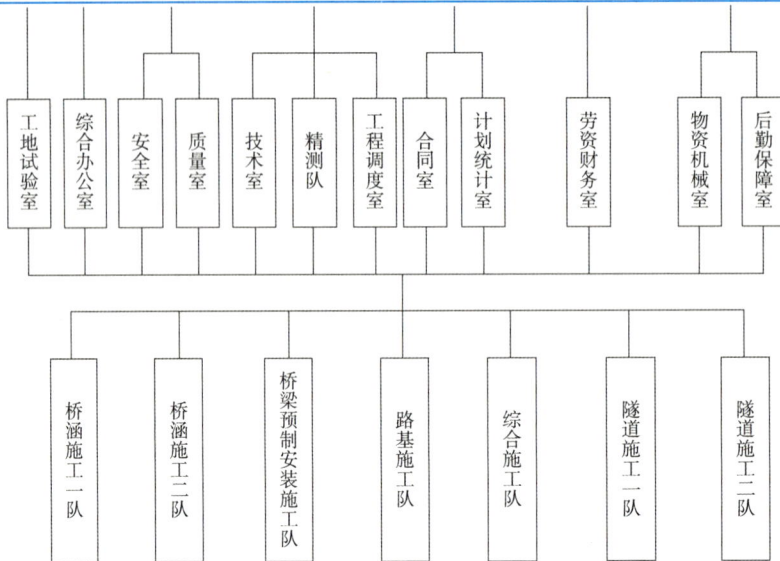

注：根据本工程的规模、特点、工程量和工期要求，结合我单位工程项目管理经验，如果我单位中标，拟组建中铁××局集团第×工程有限公司××公路第×合同段项目经理部，实行项目经理负责制，项目经理全面负责本标段的施工组织和管理，项目部设安全质量部、工程技术部、计划合同部、财务管理部、物资设备部、综合办公室和工地试验室（五部二室），下辖1个路基施工队、2个桥涵施工队、1个桥梁预制安装施工队、2个隧道施工队、1个综合施工队。

七、拟分包项目情况表

（无）

八、资格审查资料

（无更新和补充）

注：若我公司有幸中标，将在资格预审申请文件中已填报的主要人员的基础上，依据本项目招标文件"附录一：湖北省××至××高速公路×期土建工程施工招标补充专用条款"的要求和施工需要配足其他人员。

九、承诺函

湖北省××高速公路建设指挥部：

我方参加了湖北省××至××高速公路一期土建工程施工××TJ-×合同段施工投标，若我方中标，我方在此承诺：

我方将严格按照在资格预审申请文件中填报的其他主要管理人员和技术人员及主要机械设备和试验检测设备组织进场施工，在经招标人审批后作为派驻本标段的项目管理机构主要人员和主要设备且不进行更换。

如我方违背了上述承诺,本项目招标人有权取消我方的中标资格,并由招标人将我方的违约行为上报省级交通主管部门,作为不良记录纳入公路建设市场信用信息管理系统。

投标人:中铁××局集团第×工程有限公司(盖单位章)

法定代表人或其委托代理人:＿＿＿＿××＿＿＿＿(签字)

二〇二三年六月十六日

十、其他材料(略)

职业素养提升

任务1　请结合《招标投标法》中关于否决投标及投标文件属于重大偏差的情形，探讨投标人员如何编制"有效"投标文件？

任务2　结合因标书签字盖章不符合要求、商务标书中因计算疏忽出现重大误差等细节问题导致废标，谈谈对树立严谨、负责的职业道德观的理解？

模块小结

本模块学习了公路工程投标准备、投标程序与内容、投标文件编制及投标过程中的策略技巧，并结合实际工程项目，进行投标文件编制及典型工程案例分析，解决实际问题。

1. 投标人应具备招标文件所规定的承担本标段施工的资质条件、能力和信誉等要求。标前调查、现场踏勘等是投标人做好投标报价的先决条件。

2. 投标文件具体内容编制分为商务标书、技术标书和报价文件3部分。根据招标文件要求，可采用单信封形式或双信封形式进行组标。当采用单信封形式时，以上内容同时密封在一个信封内。若采用双信封形式，商务标书和技术标书密封在第一个信封内，报价文件密封在第二个信封内。

3. 投标报价策略包括生存型、竞争型、盈利型等报价策略，投标报价技巧有不平衡报价法、多方案报价法、突然降价法、先亏后盈法、许诺优惠条件等。

任务训练

一、单选题

1. 下列情况，投标文件有效的是（　　　）。

　　A. 投标文件未密封

　　B. 投标文件逾期送达

　　C. 投标文件封面无投标单位盖章

　　D. 投标单位未参加开标会议，而且拒绝承认开标结果

2. 现场勘察时，招标人应向投标人介绍工程场地和相关的周边环境情况，投标人由此得出的推论应由（　　　）负责。

　　A. 发包人　　　　　　B. 监理人　　　　　　C. 承包人　　　　　　D. 发包人与承包人共同

3. 为了提高中标概率，投标人在选择投标项目过程中应（　　　）。

　　A. 投标项目越多越好

　　B. 选择风险大、利润高的标投

　　C. 选择风险小、利润低的标投

　　D. 综合权衡后量力而行选择能发挥自身优势把握大的标投

4. 投标单位在投标报价中，对工程量清单中的每一单项均需计算填写单价和合价；在开标后，若发现投标单位没有填写单价和合价的项目，则（　　　）。

A. 允许投标单位补充填写

B. 视为废标

C. 退回投标书

D. 认为此项费用已包括在工程量清单的其他单价和合价中

5. 工程量清单是招标单位按《建设工程工程量清单计价规范》(GB 50500—2013)中的工程量计算规则,根据施工图纸计算工程量,提供给投标单位作为投标报价的基础。结算拨付工程款时,以( )为依据。

A. 工程量清单   B. 实际工程量

C. 承包方报送的工程量   D. 合同中的工程量

6. 招标人对招标文件的书面答疑、修改和补遗,应以编号的补遗书的方式寄给( )。

A. 购买招标文件的所有投标人 B. 提出质疑的投标人

C. 部分投标人   D. 与此利益相关的投标人

7. 关于业主或招标人的口头澄清或答复,投标人据此为依据来确定标价出现失误其责任应由( )承担。

A. 承包人   B. 监理人

C. 招标人与承包人共同   D. 业主

8. 施工组织设计除采用文字表述外,一般还应附上相关图表,以下图表不需要提供的有( )。

A. 施工总平面图   B. 施工总体计划表

C. 工程管理曲线   D. 组织机构图

9. 一个工程项目的投标报价在总价确定后,通过调整内部各个项目的报价既不提高总价、不影响中标,又能在结算时得到更理想的经济效益的投标技巧称为( )。

A. 突然降价法   B. 先亏后盈法

C. 多方案报价法   D. 不平衡报价法

10. 对于能够早日结算的项目,预计今后工程量会增加的项目,投标报价时可以( )。

A. 适当降低   B. 适当提高

C. 正常报价   D. 以上都对

11. 当采用双信封形式进行组标时,应密封在第二个信封内的资料是( )。

A. 法定代表人身份证明   B. 投标保证金

C. 已标价工程量清单   D. 施工组织设计

12. 基期价格指数指送交投标书截止日期前( )天的所在年份的价格指数,计算时采用100。

A. 30   B. 28   C. 20   D. 14

13. 投标工程量清单中的投标报价和投标函大写金额报价出现差异时应以( )为准。

A. 投标函大写金额报价   B. 工程量清单中的投标报价

C. 金额小的   D. 评标委员会确定

14. 投标人拟在中标后将中标项目的部分非主体、非关键性工作进行分包的,应符合投标人须知前附表规定的分包内容、分包金额和接受分包的第三人资质要求等限制性条件,分包工程量一般不超过合同工程量的(   )。

    A.40%   B.30%   C.20%   D.10%

15.投标人对其过低的报价不能合理说明或者不能提供相应证明材料的,可认定投标人以低于成本报价竞标,其投标应(   )。

    A.扣分   B.按废标处理   C.评标委员会决定 D.修改后重报

二、多选题

1.投标人应具备的条件和要求有(   )。

    A.资质条件   B.财务要求

    C.业绩要求   D.信誉要求

    E.项目经理资格和项目总工资格

2.招标文件内容广泛,投标人在阅读时应重点研究(   )。

    A.投标人须知   B.合同条款

    C.技术规范   D.招标图纸

    E.工程量清单

3.施工组织设计的主要内容应包括(   )。

    A.总体施工组织布置及规划   B.施工方案、方法与技术措施

    C.技术规范   D.各项保证体系及保证措施

    E.应急预案

4.施工组织设计文件应符合招标文件的规定格式和要求,编制时注意(   )。

    A.选择技术可行、成本最低的施工方法 B.就地取材,降低工程成本

    C.选择合适的施工机械均衡施工   D.集中所有资源,以最短时间完成

    E.留有余地,不能满打满算

5.投标清单报价的组成内容包括(   )。

    A.投标成本   B.施工成本

    C.风险金   D.利润税金

    E.总部管理费用

6.投标报价策略包括(   )。

    A.生存型报价策略   B.盈利型报价策略

    C.保守型报价策略   D.竞争型报价策略

    E.冒险型报价策略

7.投标报价的技巧包括(   )。

    A.突然降价法   B.先亏后盈法

    C.多方案报价法   D.不平衡报价法

    E.低于成本报价法

8.投标文件的组成包括(   )。

    A.报价文件   B.商务标书

C. 技术标书   D. 澄清资料

E. 工程量清单

9. 当采用双信封形式进行组标时,应密封在第一个信封内的资料是(   )。

A. 法定代表人身份证明   B. 投标保证金

C. 已标价工程量清单   D. 施工组织设计

E. 资格审查资料

10. 投标保证金的形式有(   )。

A. 银行汇票   B. 银行保函

C. 支票   D. 现金

E. 银行电汇

三、简答题

1. 简述投标的一般程序。

2. 简述施工组织设计编制的一般程序。

3. 简述投标文件组成内容。

4. 投标文件如何进行密封和标识?

四、案例分析题

1.【案例背景】某公路项目,施工过程中承包人无法在施工现场附近找到满足技术规范要求的砂、石料,只得去较远地方外购,运输距离长加之路况差,造成承包人运输负担沉重,工期滞后,成本增加,承包人以在投标时发包人没有在招标文件中预先告知这种情况,所报单价没有考虑额外增加费用为由,提出补偿材料差价。

【问题】

(1) 承包人能否获得补偿?说明理由。

(2) 承包人应吸取什么经验教训?

2.【案例背景】某公路工程建设项目,建设单位要求参加投标的施工单位资质为一级资质。有 A、B、C、D、E、F、G 等施工单位参加投标,各单位均在投标截止时间前递交了投标文件。评标时发现:B 施工单位投标报价明显低于其他投标单位报价且未能合理说明理由;D 施工单位提供的施工组织设计(含关键工程技术方案)不够完善;F 施工单位投标文件提供的工程验收办法不符合招标文件的要求;G 施工单位经核实实际施工资质为二级资质。

【问题】

针对上述情况,招标人对 B、D、F、G 单位的投标文件应如何处理?

专项实训

某公路工程施工投标文件编制

【实训目标】

结合模块 2 和本模块所学内容,根据给定项目背景,编制实际工程的施工投标文件,毕业后能够在施工企业从事投标相关工作,同时养成团队合作、严谨细致的工作作风。

【实训过程】

1. 利用教师提供的一套完整招标文件,投标文件可参考模块3 任务3.5 实际工程施工投标文件示例。

2. 分成小组,根据指导教师提供的资料完成投标文件编制。

说明:施工投标文件编制可以根据各学校教学具体情况组织。如果已经完成模块2 和本模块的实训任务,学习结束时,对相关专业知识(施工技术、施工组织、工程概预算课程)的掌握较好,可以完成商务标书、技术标书和报价文件3 部分;若施工组织、概预算课程未学完,可根据教学具体情况选择性编制部分投标文件。

【实训成果】

各小组分别编制××工程施工投标文件。

（可自行加页）

在线测评

模块3
在线测评

课程思政学习资源

模块3　课程思政
学习资源

模块4

公路工程施工开标、评标与定标

学习导航

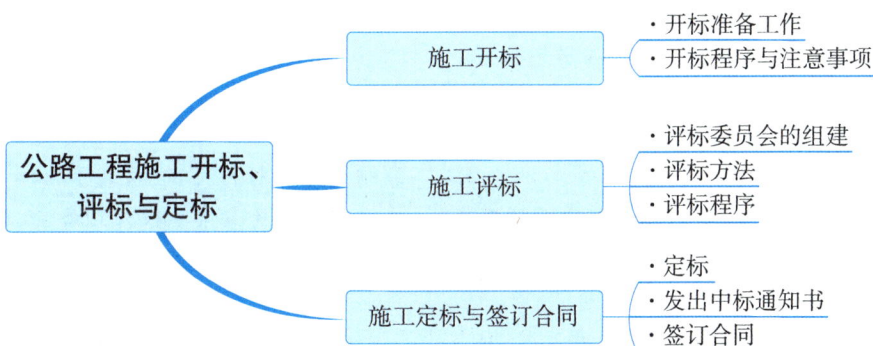

知识目标

1. 熟悉公路工程项目开标、评标、定标各个阶段的主要工作内容和程序；
2. 掌握综合评估法等常用的评标方法；
3. 熟悉签订施工合同的基本规定。

能力目标

1. 能按照招标文件要求组织开标、组建评标委员会；
2. 能应用综合评分法等评标方法对投标文件进行评审；
3. 能编制中标人公示、中标通知书等；
4. 能进行实际工程项目案例分析，解决实际问题。

素质目标

1. 遵守职业道德、职业规范，增强职业责任感；
2. 培养诚实守信、公平公正的思想品质。

工作任务

A、B、C、D、E5家公路工程施工单位在某工程项目的招标投标中，收到了招标单位发来的资格预审合格通知书后，购买了招标文件，并参加了现场勘察和投标预备会，进行了投标前的准备，编制了投标文件并递交给招标人，经过开标、评标和定标后，由A施工单位获得了该工程项目的施工任务。

其中，招标文件规定：2023年4月20日上午9:00为投标截止时间，2023年5月10日为发出中标通知书日。

具体开标、评标和定标过程如下：在2023年4月20日上午A、B、D、E4家施工单位提交了投标文件，但C单位于2023年4月20日上午9:30才送达。当地投标监督管理办公室主持进行了公开开标，评标委员会共由7人组成，其中当地招标监督管理办公室1人，公证处1人，招标人1人，技术、经济专家4人。评标时发现B单位投标文件有项目经理签字并盖了公章，但无法定代表人签字和授权委托书；D单位投标报价的大写金额与小写金额不一致；E单位对某分项工程报价有漏项。招标人于2023年5月10日向A单位发出了中标通知书，双方于2023年6月12日签订了书面合同。

假设你是路桥施工企业的一名技术员，请完成以下工作：

1. 开标的目的是什么？评标是由谁来评定？定标应以什么为依据？
2. 对B单位、C单位、D单位和E单位的投标文件应如何处理？请分别说明理由。
3. 请指出评标委员会人员组成的不妥之处。
4. 招标人与中标A单位6月12日签订合同是否妥当，并说明理由。
5. 根据给定工程项目，应用综合评分法等评标方法进行各投标人得分排序。
6. 根据各种评标方法针对性做好施工企业投标工作。

任务 4.1
施工开标

开标是招标人当众开启投标人提交的投标文件,并公开宣布投标人名称、报价、工期等主要内容的过程。开标时间为招标文件确定的投标截止同一时间,地点为招标文件规定的地点。

一 开标准备工作

(一)接收投标文件

招标人安排专人,在招标文件指定地点接收投标人递交的投标文件(包括投标保证金),详细记录投标文件送达人、送达时间、份数、包装密封、标识等查验情况,经投标人确认后,出具签收凭证。招标人应妥善保存投标文件、补充修改、撤回通知等投标资料。

当出现下列情形之一:①未通过资格预审的申请人提交的投标文件;②逾期送达;③不按照招标文件要求密封的投标文件,招标人应当拒收。

在投标截止时间前,提交投标文件的投标人少于3家的,不得开标;招标人应将接收的投标文件原封退回投标人,并依法重新组织招标。

(二)准备开标资料

招标相关资料包括招标文件、工程量清单、招标控制价(标底)及其澄清、修改等招标前期文件;开标相关资料包括开标记录表、投标文件接收登记表、签收凭证等;其他,如相关国家法律法规等。

(三)准备开标现场

招标人应精细、周全地准备好开标现场,包括提前布置开标会议室、准备好开标需要的设备、设施和服务等。另外,招标人应组织工作人员将已受理的投标文件及可能的撤销函送达开标地点。

(四)参加开标会议人员

开标会议由招标人主持。参加人员包括招标人代表、各投标人代表、公证机构公证人员、建设行政主管部门及工程招投标监督管理机构人员。

二 开标程序与注意事项

（一）开标程序

（1）宣布开标纪律。

（2）公布在投标截止时间前递交投标文件的投标人名称，并点名确认投标人是否派人到场。

（3）宣布开标人、唱标人、记录人、监标人等有关人员姓名。

（4）按照投标人须知前附表规定检查投标文件的密封情况，通常由投标人或其推选的代表进行检查，也可由招标人委托的公证机构检查并公证。

（5）按照投标人须知前附表的规定确定并宣布投标文件开标顺序。

（6）设有标底的，公布标底。

（7）按照宣布的开标顺序当众开标，公布投标人名称、标段名称、投标保证金的递交情况、投标报价、质量目标、工期及其他内容，并记录在案。

（8）投标人代表、招标人代表、监标人、记录人等在开标记录表（表4-1）上签字确认。

（9）开标结束。

（项目名称）_____标段施工开标记录表   表 4-1

开标时间：____年__月__日__时__分

序号	投标人	送达情况	密封情况	投标报价(元)	是否超过投标控制价上限	备注	签名
1							
2							
3							
4							
5							
…							
招标人编制的标底或投标控制价上限（如有）							

招标人代表：_____   记录人：_____   年___月___日

（二）开标当场宣布为废标的情况

按《公路工程标准施工招标文件》规定，在开标过程中，若招标人发现投标文件出现以下情况之一时，经监标人确认后，当场宣布为废标：

（1）未在投标函上填写投标总价。

（2）投标报价或调价函中的报价超出招标人公布的投标控制价上限（如有）。

（三）开标注意事项

（1）开标会议的参加人、时间、地点等要求均按照招标文件规定。如有特殊原因而需要变更，应及时发函通知所有潜在投标人。

（2）投标截止时间前，投标人书面通知招标人撤回其投标的，无须进入开标程序。招标人已收取投标保证金的，应当自收到投标人书面撤回通知之日起5日内退还。

（3）投标人若未派法定代表人或委托代理人出席开标活动，视为该投标人默认开标结果。

（4）依据投标函或调价函（正本）唱标，其中投标报价大、小写不一致时，以大写金额为准。

（5）认真核验并如实记录投标文件的密封、标识以及投标报价、投标保证金等开标、唱标情况，发现问题或投标人提出异议的，应如实记录。招标人及监督机构代表不应在开标现场对投标文件是否有效作出判断，应提交评标委员会评定。

（6）投标人对开标有异议的，应当在开标现场提出，招标人当场作出答复，并如实记录。

课内实训4-1

施工开标案例评析

【实训目标】

1. 能正确完成接收投标文件的工作；

2. 能正确填写投标文件接收表、开标记录表；

3. 能主持开标会议及处理开标过程中的基本问题。

【实训过程】

1. 授课教师提供某公路工程开标过程中发生的案例。

【案例背景】 某公路工程项目，采用资格后审组织公开招标。在投标截止时间前，招标人共接收了6份投标文件，随后组织有关人员对投标人的资格进行审查，核对有关证明、证件的原件。

在开标过程中，投标人A没有派人参加开标会议，投标人B少携带了一个证件的原件，未能通过招标人组织的资格审查。招标人对通过资格审查的投标人C、D、E、F组织了开标。

在唱标过程中，投标人C的投标函上有两个投标报价，招标人要求其确认了其中一个报价进行唱标；投标人D没有递交投标保证金，招标人当场宣布D的投标文件无效，不进入唱标程序；投标人E在投标函上填写的报价，大写与小写不一致，招标人查对了投标文件中工程报价汇总表，发现投标函上报价的小写数值与投标报价汇总表一致，于是按照其投标函上小写数值进行了唱标；投标人F的投标函没有盖投标人单位印章，招标人唱标后，当场宣布F的投标为废标。这样仅剩C、E两家的投标，招标人认为有效投标少于3家，不具有竞争性，否决了所有投标。

2. 授课教师针对案例背景提出开标过程中的各种问题。

（1）招标人确定进入开标或唱标的投标人的做法是否正确？为什么？

(2)招标人在唱标过程中针对一些特殊情况的处理是否正确？为什么？

(3)开标会议上，招标人是否有权否决所有投标？为什么？请写出正确的做法。

3.5~6人一组，分组进行讨论。

【实训成果】

对案例开标过程中的各种问题进行处理，写出正确的处理方法。

问题(1)：招标人确定进入开标或唱标的投标人的做法是否正确？为什么？

_____

_____

_____

_____

问题(2)：招标人在唱标过程中针对一些特殊情况的处理是否正确？为什么？

_____

_____

_____

问题(3)：开标会议上，招标人是否有权否决所有投标？为什么？请写出正确的做法。

_____

_____

_____

_____

任务4.2

施工评标

招标项目一般在开标后即组织评标。评标工作由招标人依法组建的评标委员会进行，按照招标文件中规定的评标方法、标准和程序对投标文件进行评审。任何单位和个人不得非法干预或者影响评标过程和结果。招标人应当采取必要措施，保证评标活动在严格保密的情况下进行。

工程项目
评标

一 评标委员会的组建

评标委员会由招标人依法组建,负责评标活动,向招标人推荐中标候选人或者根据招标人的授权直接确定中标人。评标委员会成员名单一般应于开标前确定,在中标结果确定前应当保密。

(一)评标委员会组成

评标委员会由招标人代表和有关技术、经济等方面的专家组成,成员人数为 5 人以上,单数,其中技术、经济等方面的专家不得少于成员总数的 2/3。例如,组建 7 人的评标委员会,其中招标人代表不得超过 2 人,技术、经济等方面的专家不得少于 5 人。

评标专家由招标人从国务院有关部门或者省、自治区、直辖市人民政府有关部门专家库内相关专业的专家名单中确定:一般招标项目应采取随机抽取方式;技术特别复杂、专业性要求特别高或者国家有特殊要求,采取随机抽取方式确定的专家难以胜任的,可以由招标人从专家库中直接确定。

(二)评标专家资格

评标专家应具备以下条件:

(1)从事相关领域工作满 8 年,并具有高级职称或同等专业水平。

(2)熟悉有关招标投标的法律法规,并具有与招标项目相关的实践经验。

(3)能够认真、公正、诚实、廉洁地履行职责。

(4)身体健康,能够承担评标工作。

有以下情形之一的,不得担任评标专家:

(1)负责招标项目监督管理的交通运输主管部门的工作人员。

(2)与投标人法定代表人或其委托代理人有近亲属关系。

(3)为投标人的工作人员或退休人员。

(4)与投标人有其他利害关系,可能影响评标活动公正性。

(5)在与招标投标有关的活动中有过违法违规行为、曾受过行政处罚或刑事处罚。

(三)评标基本要求

1.评标原则与依据

评标应遵循公平、公正、科学、择优的原则。评标委员会应依据招标文件规定的评标方法、程序和标准,对投标文件进行系统的评审和比较,客观、公正地对投标文件提出评审意见。招标文件中未规定的方法和标准,评标时不得采用。

2.评标纪律

(1)评标由评标委员会依法进行,任何单位和个人不得非法干预或者影响评标过程和

结果。

（2）评标委员会成员不得私下接触投标人或其利害关系人，不得收受投标人及其利害关系人的财物或其他好处。

（3）招标人应当采取必要措施，保证评标工作在严格保密的情况下进行。有关评标参与人员不得泄露与评标有关的任何情况，如评标委员会成员名单、投标文件的评审和比较、中标候选人的推荐情况等。

（4）评标委员会不得向招标人征询确定中标人的意向，不得接受任何单位或个人明示或者暗示提出的倾向或者排斥特定投标人的要求。

二 评标方法

（一）评标方法的分类

公路工程施工招标的评标方法一般分为合理低价法、综合评分法、经评审的最低投标价法和技术评分最低标价法四种评价方法。

《招标投标法》第四十一条规定，中标人的投标应当符合下列条件之一：

（1）能够最大限度地满足招标文件中规定的各项综合评价标准。

（2）能够满足招标文件的实质性要求，并且经评审的投标价格最低，但是投标价格低于成本的除外。

（二）四种评标方法的特征和适用范围

公路工程施工招标评标，一般采用合理低价法或技术评分最低标价法。对于技术特别复杂的特大桥梁和特长隧道项目主体工程，可以采用综合评分法。对于工程规模较小、技术含量较低的工程，可以采用经评审的最低投标价法。

1. 合理低价法

评标委员会对满足招标文件实质要求的投标文件，根据招标文件中规定的评分标准，不再对其施工组织设计、项目管理机构、技术能力等因素进行评分，仅依据评标基准价对评标价进行评分，按照得分由高到低排序，推荐中标候选人的评标方法。除技术特别复杂的特大桥和长大隧道工程外，公路工程施工招标评标一般应当使用合理低价法。

2. 综合评分法

评标委员会对满足招标文件实质要求的投标文件，根据招标文件中规定的评分标准，对评标价、施工组织设计、项目管理机构、业绩、履约信誉等综合打分，其中，评标价所占权重不应低于 50%，并按得分由高到低的顺序推荐中标候选人。综合评分法适用最广泛，适用于技术特别复杂的特大桥梁和长大隧道工程。

"合理低价法"是综合评分法的评分因素中评标价分值为 100 分、其他评分因素分值为 0 分的特例。

应用案例 4-1

济南至潍坊高速公路工程施工招标(1~3标段)双信封综合评分法分值构成如下。

评标办法前附表(节选)

条款号	条款内容	评审因素与评审标准
2.2.1	分值构成 (总分100分)	第一个信封(商务及技术文件)评分分值构成: 包括施工组织设计、主要人员、财务能力、业绩,分值共35分; 施工组织设计:22分; 主要人员:2分; 财务能力:7分; 业绩:4分。 第二个信封(报价文件)评分分值构成:评标价:65分

3. 经评审的最低投标价法

评标委员会对满足招标文件实质要求的投标文件,根据招标文件中规定的量化因素及量化标准进行价格折算,按照经评审的投标价由低到高的顺序推荐中标候选人。经评审的投标价相等时,投标报价低的优先;投标报价也相等的,招标人可采用招标项目所在地省级交通运输主管部门评为较高信用等级的投标人优先,具体见评标办法前附表规定。

该方法适用于具有通用技术、性能标准,或者招标人对其技术、性能没有特殊要求的工程项目。

4. 技术评分最低标价法

评标委员会对满足招标文件实质要求的投标文件,就其施工组织设计、主要人员、技术能力等进行评分,按照得分由高到低排序,对排名在招标文件规定数量以内的投标人的报价文件进行评审,按照评标价由低到高的顺序推荐中标候选人,但投标报价低于其成本的除外。评标价相等时,按照评标办法前附表规定的优先次序推荐。

不论采用哪一种评标方法,投标报价均不能低于其成本价。否则,其投标作废标处理。

应用案例 4-2

【案例概况】

2022年S304烟招线烟台开发区长江路至小谭家段路面改造工程施工,技术评分最低标价法分值构成如下。

评标办法前附表（节选）

条款号	条款内容	评审因素与评审标准
2.2.1	第一个信封评分分值构成（总分100分）	施工组织设计:40分; 主要人员:25分; 财务能力:5分; 履约信誉:5分; 投标人业绩:25分
2.2.3	第二个信封详细评审标准	评标价计算公式:评标价=投标函文字报价
3.2.4	通过第一个信封详细评审的投标人数量	按照投标人的商务和技术得分由高到低排序,当通过第一信封详细评审的投标人数量大于10名时,选择前5名通过详细评审;当通过第一信封详细评审投标人数量小于或等于10名时,选择前3名通过详细评审;当通过第一信封详细评审投标人数量不足3家时,取相应数量通过详细评审

三 评标程序

评标分为初步评审和详细评审两个阶段。在评审过程中,可以要求投标人对其投标文件进行澄清或说明,但不得超出投标文件的范围或者改变投标文件的实质性内容。

(一)评标准备工作

招标人及其招标代理机构应做好以下准备工作:

(1)准备评标需用的资料。例如,招标文件及其澄清与修改、招标控制价或标底(若有)、未在开标会上当场拒绝的各投标文件、开标记录等。

(2)准备评标相关表格。

(3)布置评标现场,准备评标工作所需工具。

评标委员会成员进入评标室后(使用电子评标的,登录系统),应认真研读招标文件,获取评标所需的重要信息和数据。主要内容包括:①招标项目建设规模、标准和工程特点;②招标文件规定的评标方法和标准;③工程的主要技术要求、质量标准以及与评标有关的内容。

(二)初步评审

初步评审也称为响应性审查,按照招标文件确定的评审因素和标准,对投标文件是否实质上响应招标文件要求进行审查。筛选出符合要求的合格投标书,剔除无效和严重违反规定的投标文件。

1.初步评审的内容和标准

初步评审的内容包括形式评审、响应性评审、资格评审。当采用经评审的最低投标价法评标时,还应对施工组织设计和项目管理机构的合格响应性进行初步评审。初步评审标准见表4-2。

初步评审标准　　　　　　　　　　　　　　　　　　　表4-2

评审内容		评审标准
形式评审与响应性评审	投标人资格	与资格预审时比较,投标人资格没有实质性变化
	投标文件格式与内容	按照招标文件规定的格式、内容填写
	签字盖章	投标文件上法定代表人或其授权代理人的签字、投标人的单位章盖章齐全
	投标保证金	按照招标文件规定的金额、形式、时效和内容提供了投标担保
	报价	只有一个投标报价。若提交调价函,调价函符合招标文件要求
	联合体投标	联合体协议书符合招标文件要求
	工程质量	符合招标文件要求
	工期	未超过招标文件规定的时限
	技术标准和要求	符合招标文件要求
	已标价工程量清单	符合招标文件要求
	权利义务	符合招标文件要求
资格评审（资格后审）	营业执照	符合招标文件要求,证书有效
	资质证书	符合招标文件规定,在省交通建设市场信用信息管理系统或全国公路建设市场信用信息管理系统备案且有效
	安全生产许可证	符合招标文件要求,证书有效
	类似项目业绩	符合招标文件要求
	项目经理、项目总工、安全生产负责人资格	符合招标文件要求
	联合体投标	联合体协议书符合招标文件要求
	其他	财务状况、信誉、基本账户开户许可证等符合招标文件要求

2. 对招标文件响应的偏差确定

投标偏差分为细微偏差和重大偏差两种。其中,重大偏差是指对招标文件实质性的不响应,按废标处理;细微偏差是指投标文件在实质上响应招标文件要求,但在个别地方存在漏项或者提供了不完整的技术信息和数据等情况,允许澄清和补正,并且不会对其他投标人造成不公平的结果。

(1)《评标委员会和评标方法暂行规定》规定了下列情况属于重大偏差:

①没有按照招标文件要求提供投标担保或者所提供的投标担保有瑕疵。

②招标文件没有投标人授权代表签字和加盖公章。

③投标文件载明的招标项目完成期限超过招标文件规定的完成期限。

④明显不符合技术规格、技术标准的要求。

⑤投标文件载明的货物包装方式、检验标准和方法等不符合招标文件的要求。

⑥投标文件附有招标人不能接受的条件。

⑦不符合招标文件中规定的其他实质性要求。

投标文件有上述情形之一的，视为非实质性响应标，作否决投标处理。

（2）细微偏差的补正：

①投标文件中的大写金额与小写金额不一致的，应以大写金额为准。

②总价金额与依据单价计算出的结果不一致的，以单价金额为准修正总价；如果单价有明显的小数点位置差错，应以标出的合价为准，同时对单价予以修正。

③当各子目的合价累计不等于总价时，应以各子目合价累计数为准，修正总价。

④在招标人给定的工程量清单中漏报了某个子目的单价、合价，则视为已含入其他工程子目的单价、合价之中。

⑤修正后的最终投标报价若超过投标控制价上限（如有），投标文件作废标处理。

对于细微偏差的修正结果，评标委员会应通过招标人向投标人进行书面澄清，要求投标人予以确认。若修正结果正确无误，投标人不接受修正价格，其投标作废标处理，并没收其投标担保。

3. 否决投标

《招标投标法实施条例》（2019年第3次修订）规定，有下列情形之一的，评标委员会应当否决其投标：

（1）投标文件未经投标单位盖章和单位负责人签字；

（2）投标联合体没有提交共同投标协议；

（3）投标人不符合国家或者招标文件规定的资格条件；

（4）同一投标人提交两个以上不同的投标文件或者投标报价，但招标文件要求提交备选投标的除外；

（5）投标报价低于成本或者高于招标文件设定的最高投标限价；

（6）投标文件没有对招标文件的实质性要求和条件作出响应；

（7）投标人有串通投标、弄虚作假、行贿等违法行为。

若通过初步评审的有效投标文件不足3个，评标委员会可以否决所有投标，招标人应当依法重新招标。

"围标串标"的认定

(三)详细评审

详细评审是评标委员会根据招标文件规定的评标标准和方法，对通过初步评审的投标文件做进一步的评审、量化比较，从而评定出优劣次序。

1. 合理低价法的详细评审

评标委员会按招标文件规定的评分标准对评标价进行打分，并按得分由高到低的顺序推荐中标候选人，或根据招标人授权直接确定中标人。

📝 **应用案例4-3**

2022年济南至菏泽高速公路维修工程施工招标,采用双信封形式的合理低价法,评分标准和过程如下。

济菏高速公路维修工程评标办法(双信封形式的合理低价法)

条款号	条款内容	评分因素与标准
2.2.1	分值构成 (总分100分)	评标价:100分 其他因素分值0分
2.2.2	评标基准价 计算方法	评标基准价的计算:在开标现场,招标人将当场计算并宣布评标基准价。 (1)评标价的确定。 评标价 = 第二个信封(报价文件)报价函文字报价 (2)评标价平均值的计算。 除开标现场被宣布为不再参加评标基准价计算的投标报价之外,其余参与计算的投标报价(其个数用N表示)计算方式具体如下: ①若$N<5$,则所有参与计算的投标报价的算术平均值即评标价平均值; ②若$5 \leqslant N<10$,则去掉1个最高投标报价和1个最低投标报价后,剩余参与计算的投标报价的算术平均值即评标价平均值; ③若$10 \leqslant N<20$,则去掉2个最高投标报价和1个最低投标报价后,剩余参与计算的投标报价的算术平均值即评标价平均值; ④若$N \geqslant 20$,则去掉3个最高投标报价和2个最低投标报价后,剩余参与计算的投标报价的算术平均值即评标价平均值。 (3)评标基准价的确定。 评标基准价 = 评标价平均值 在评标过程中,评标委员会应对招标人计算的评标基准价进行复核,存在计算错误的应予以修正并在评标报告中作出说明。除此之外,评标基准价在整个评标期间保持不变,不随任何因素发生变化。
2.2.3	评标价的偏差率 计算公式	偏差率 $= 100\% \times \dfrac{(投标人评标价 - 评标基准价)}{评标基准价}$ 偏差率保留4位小数
2.2.4	评标价	100分。 评标价得分计算: (1)如果投标人的评标价>评标基准价,则评标价得分 = 100 - 偏差率×100×E1 (2)如果投标人的评标价≤评标基准价,则评标价得分 = 100 + 偏差率×100×E2 其中:$E1 = 1.0$,$E2 = 0.5$

2.综合评分法的详细评审

评标委员会按照综合评分法规定的评分标准进行打分,并按得分由高到低的顺序推荐中标候选人,或根据招标人授权直接确定中标人,但投标报价低于其成本的除外。当综合评分相等时,评标委员会应按照评标办法前附表规定的优先次序推荐中标候选人或确定中标人。

应用案例4-4

综合评分法评标案例

某公路工程施工项目采用资格预审方式招标，并采用综合评分法进行评标。其中，投标报价权重为60分，其他部分权重为40分，包括施工组织设计10分、项目管理机构10分、设备配置5分、财务能力5分、业绩与信誉10分。

共有5个投标人进行投标，所有5个投标人均通过了初步评审，评标委员按照招标文件规定的评标办法对施工组织设计、项目管理机构、设备配置、财务能力、业绩与信誉进行详细的评审打分。

1. 投标报价的评审

除开标现场被宣布为废标的投标报价之外，所有投标人的投标价去掉一个最高值和一个最低值后的算术平均值，即投标价平均值（如果参与投标价平均值计算的有效投标人少于5家时，则计算投标价平均值时不去掉最高值和最低值）。

将投标价平均值直接作为评标基准价。

评标委员会按下述原则计算各投标文件的投标价得分：当投标人的投标价等于评标基准价时得60分，每高于评标基准价一个百分点扣2分，每低于评标基准价一个百分点扣1分，中间值按比例内插（得分精确到小数点后2位，四舍五入）。

各投标人投标报价得分情况见下表。

投标报价得分情况表

投标人	投标报价（万元）	投标报价平均值（万元）	投标报价得分（分）
A	1000		60
B	950		55
C	980	1000	58
D	1050		50
E	1020		56

2. 其他因素的评审

其评审内容主要包括施工组织设计、项目管理机构、设备配置、财务能力、业绩与信誉。

（1）施工组织设计（10分）。其评分标准如下：

①施工总平面布置基本合理，组织机构图较清晰，施工方案基本合理；施工方法基本可行，有安全措施及雨季施工措施，并具有一定的操作性和针对性，施工重点和难点分析较突出、较清晰，得基本分6分。

②施工总平面布置合理，组织机构图清晰，施工方案合理，施工方法可行，安全措施及雨季施工措施齐全，并具有较强的操作性和针对性，施工重点和难点分析突出、清晰，得7~8分。

③施工总平面布置合理且周密、细致,组织机构图清晰,施工方案具体、详细、科学,施工方法先进,施工工序安排合理,安全措施及雨季施工措施齐全,操作性和针对性强,施工重点和难点分析突出、清晰,对项目有很好的针对性和指导作用,得9～10分。

(2)项目管理机构(10分)。其评分标准如下:

①项目管理机构设置基本合理,项目经理、技术负责人、其他主要技术人员的任职资格与业绩满足招标文件的最低要求,得6分。

②项目管理机构设置合理,项目经理、技术负责人、其他主要技术人员的任职资格与业绩高于招标文件的最低要求,评标委员会酌情加1～4分。

(3)设备配置(5分)。其评分标准如下:

①设备满足招标文件最低要求,得3分。

②设备超出招标文件最低要求,评标委员会酌情考虑加1～2分。

(4)财务能力(5分)。其评分标准如下:

①财务能力满足招标文件最低要求,得3分。

②财务能力超出招标文件最低要求,评标委员会酌情考虑加1～2分。

(5)业绩与信誉(10分)。其评分标准如下:

①业绩与信誉满足招标文件最低要求,得6分。

②业绩与信誉超出招标文件最低要求,评标委员会酌情考虑加1～4分。

各投标人其他因素得分情况见下表。

其他因素得分情况表(单位:分)

序号	评审因素	满分	投标人 A	投标人 B	投标人 C	投标人 D	投标人 E
1	施工组织设计	10	8	9	8	7	8
2	项目管理机构	10	7	9	6	8	8
3	设备配置	5	4	4	3	3	4
4	财务能力	5	3	4	4	5	3
5	业绩与信誉	10	7	10	9	6	8
	合计	40	29	36	30	29	31

3.综合评分

综合评分及排序见下表。

综合评分及排序表

投标人	报价得分(分)	其他因素得分(分)	总分(分)	排序
投标人 A	60	29	89	2
投标人 B	55	36	91	1
投标人 C	58	30	88	3
投标人 D	50	29	79	5
投标人 E	56	31	87	4

根据综合评分排序,评委会依次推荐投标人 B、A、C 为中标候选人。

3. 经评审的最低投标价法的详细评审

经评审的最低投标价法一般适用于规模较小、技术含量较低的工程。评标委员会根据招标文件中规定的量化因素及量化标准进行价格折算，计算出评标价，按照评标价由低到高的顺序确定中标候选人，或根据招标人授权直接确定中标人。

应用案例4-5

经评审的最低投标价法评标案例

某工程施工项目采用资格预审方式招标，并采用经评审最低投标价法进行评标。招标文件规定：工期为30个月，工期每提前一个月给招标人带来的预期效益为50万元；招标人提供临时用地500亩，临时用地每亩用地费为6000元。

评标价的折算应考虑以下两个因素：①投标人所报的租用临时用地的数量；②提前竣工的效益。本项目共有3个投标人进行投标，情况如下。

投标人A：算术性修正后的投标报价为6000万元，提出需要临时用地400亩。承诺的工期为28个月。

投标人B：算术性修正后的投标报价为5500万元，提出需要临时用地500亩，承诺的工期为29个月。

投标人C：算术性修正后的投标报价为5000万元，提出需要临时用地550亩，承诺的工期为30个月。

这3个投标人均通过了初步评审，评标委员会对经算术性修正后的投标报价进行详细评审情况如下。

临时用地因素的调整：

投标人A为 $(400-500) \times 6000 = -600000$（元）

投标人B为 $(500-500) \times 6000 = 0$（元）

投标人C为 $(550-500) \times 6000 = 300000$（元）

提前竣工因素的调整：

投标人A为 $(28-30) \times 500000 = -1000000$（元）

投标人B为 $(29-30) \times 500000 = -500000$（元）

投标人C为 $(30-30) \times 50000 = 0$（元）

评标价格比较见下表。

评标价格比较

项目	投标人A	投标人B	投标人C
算术性修正后的投标报价(元)	60000000	55000000	50000000
临时用地因素导致投标报价的调整(元)	−600000	0	300000
提前竣工因素导致投标报价的调整(元)	−1000000	−500000	0
评标价(元)	58400000	54500000	50300000
排序	3	2	1

经评审，投标人C的投标价最低，因此，评标委员会推荐投标人C为第一中标候选人。

4.低于成本价竞标的认定和处理

若某投标人的投标价或主要单项工程报价明显低于其他投标人,评标委员会应要求其作出单价构成说明,并提供相关证明材料,以证明按该报价能够按招标文件规定的质量标准和工期要求完成。如果投标人不能提供相关证明材料,可认定该投标人以低于成本价竞标,应当作为废标处理。

(四)投标文件的澄清和补正

投标文件中有含义不明确、明显文字或计算错误等,评标委员会可以书面形式要求投标人进行书面澄清或补正,但是不接受投标人主动提出的澄清或补正。

投标人的澄清或补正应当以书面形式进行,并不得超出投标文件的范围或者改变投标文件的实质性内容(投标报价错误修正的除外)。投标人的书面澄清和补正内容属于投标文件的组成部分。

评标委员会的问题澄清通知,如图4-1所示。

问题澄清通知

编号:

_____(投标人名称):

_____(项目名称)_____标段施工招标的评标委员会,对你方的投标文件进行了仔细的审查,现需你方对下列问题以书面形式予以澄清:

1.

2.

……

请将上述问题的澄清于_____年_____月_____日_____时前递交至_____(详细地址)或传真至_____(传真号码)。采用传真方式的,应在_____年_____月_____日_____时前将原件递交至_____(详细地址)。

评标委员会授权的招标人或招标代理机构:_____(签字或盖单位章)

_____年_____月_____日

图4-1 评标委员会的问题澄清通知

投标人的问题澄清格式,如图4-2所示。

问题澄清

编号:

_____(项目名称)_____标段施工招标评标委员会:

问题澄清通知(编号:_____)已收悉,现澄清如下:

1.

2.

……

投标人:_____(盖单位章)

法定代表人或其委托代理人:_____(签字)

_____年_____月_____日

图4-2 投标人的问题澄清

应用案例4-6

【案例概况】

我国鲁布革水电站引水工程采用国际公开招标的有关投标文件的澄清情况。

从投标报价来看，排在前三位的是日本大成、日本前田和意美联营的英波吉洛公司，而且报价比较接近。居第四至第七名企业标价高于前三名2720万～3660万元。根据国际评标惯例，第四名及以后的几家企业已经不具备竞争能力。

为进一步摸清3家企业各自的优势及情况，确认其施工方案、管理措施及其效果的可靠性，具体落实优惠条件及补充措施，分别对3家企业进行了澄清会谈。3家企业为取得中标，在工期不变、报价不变的前提下，都表示愿意按照中方意愿修改施工方案和施工布置。此外，还提出了一些优惠条件吸引业主，以达到中标目的。

（1）在原投标书中，大成公司和前田公司都在电站首部进水口附近布置了施工支洞。业主方考虑首部施工现场狭窄且容易形成相互干扰，为确保首部系统的重点工程正常作业，在澄清会谈中提出希望对方取消该施工支洞。大成公司和前田公司均同意放弃原设施工支洞。

（2）关于投标书上压力钢管外混凝土的输送方式，大成公司和前田公司分别采用溜槽和溜管，但这对于倾角48°、高差达308.8m的长斜井施工难以保证质量，也缺少先例。澄清会谈结束后，为符合业主意愿，大成公司表示改变原施工方法，用设有操纵阀的混凝土泵代替，尽管会增加水泥用量，但不会因此增加报价。前田公司表示修改原施工方法，用混凝土运输车沿铁轨运送混凝土，仍然保证工期，不改变原报价。

（3）根据投标书，前田公司投入的施工设备最强，不仅开挖和混凝土施工设备数量多，而且全部是新设备。为吸引业主，在澄清会上，前田公司提出完工后将3套施工设备无偿赠送我国，并赠送84万元备件。英波吉洛公司为弥补其报价的劣势，在澄清会上提出若中标，愿为中方提供2500万美元的低息软贷款（年利率为2.5%），同时表示愿就本项目和海外其他项目与中方公司进行标后联营。

大成公司为保住报价最低的优势，也提出以41台新设备替换原标书中旧设备，完工后赠中方，并免费培训中方技术工人，免费转让新技术。

（4）水电十四局在昆明附近已建成一座钢管厂。在原投标书中，前田公司不分包，已委托外国分包商施工，大成公司也仅将部分项目分包给十四局。通过澄清会谈，了解业主意图后，两家都表示愿意将钢管的制作、运输、安装全部分包给十四局钢管厂。

【案例评析】

评标委员会可以分别召集投标人对投标文件中某些含义不明确的内容进行澄清或说明，但其内容不得超出投标文件的范围或改变投标文件的实质性内容。投标人投标文件中的优惠条件在开标时要当众公布，以体现公平、公开和公正，评标时予以考虑。

本案例中，在澄清会上针对有关优惠条件，评标委员会结合国际惯例和国家的实际利益进行了分析与比较。英波吉洛公司中标后贷款优惠和与中方公司的施工企业联营，均属于对投标书进行了实质性改动而不予考虑。钢管制作分包给十四局对投标人的基本义务没有影响，而且该分包商是发包方同意接受的分包单位。对大成公司和前田公司的设备赠予、技术合作和免费培训及钢管分包，在评标时作为考虑因素。

(五)编写评标报告

完成评标后,评标委员会应当向招标人提交书面评标报告和中标候选人名单,并报送有关行政监督部门。中标候选人应当不超过 3 个,并标明排序。

1.评标报告内容

评标报告应当如实记载以下内容:

(1)招标项目基本情况和数据表。

(2)评标委员会成员名单。

(3)开标记录。

(4)符合要求的投标一览表。

(5)否决投标情况说明。

(6)评标标准、方法或评标因素一览表。

(7)经评审的价格或者评分比较一览表。

(8)经评审的投标人排序。

(9)推荐的中标候选人名单与签订合同前需处理的事宜。

(10)澄清、说明、补正事项纪要。

2.评标报告签字

评标委员会所有成员应在评标报告上签字。评标委员会成员对评标结论有异议的,应以书面方式在评标报告中阐述其不同意见和理由;拒绝在评标报告上签字且不陈述其不同意见和理由,视为同意评标结论,评标委员会应当对此作出书面说明并记录。

3.评标结果公示

依法必须进行招标的项目,招标人应当自收到评标报告之日起 3 日内公示中标候选人,公示期不得少于 3 日。投标人或者其他利害关系人对依法必须进行招标的项目评标结果有异议的,应当在中标候选人公示期间提出。招标人应当自收到异议之日起 3 日内做出答复,做出答复前,应暂停招标投标活动。

【知识拓展】

双信封评标法

当招标人采用合理低价法、综合评分法等方法评标时,也可采用双信封形式进行,即双信封评标法。此时,投标文件应采用双信封形式密封,第一个信封内为商务及技术文件,第二个信封内为投标报价和工程量清单,在开标前同时提交给招标人。

评标程序简介如下:

(1)招标人对投标文件第一个信封(商务及技术文件)进行开标。

(2)评标委员会首先对第一个信封进行评审,确定通过第一个信封评审的投标人名单。若采用综合评分法,还应对通过评审的第一个信封进行综合评分。

(3)招标人对通过第一个信封评审的投标文件的第二个信封(投标报价和工程量清单)进行开标。

(4)评标委员会对第二个信封进行评审,若采用综合评分法,还应对通过评审的第二个信封进行综合评分。最后，推荐中标候选人。

需要注意的问题：

（1）投标文件第一个信封（商务及技术文件）不得出现有关投标报价的内容，否则评标委员会将对投标文件第一个信封（商务及技术文件）作废标处理。

（2）采用双信封形式的合理低价法等评标方法时，应按照招标文件中"投标人须知"中有关双信封形式的相关要求。

课内实训4-2

综合评分法应用案例评析

【实训目标】

1.能正确计算评标基准价；

2.能应用综合评分法等评标方法进行各投标人得分排序；

3.能协助开展评标活动；

4.能根据各种评标方法针对性做好施工单位投标工作。

【实训过程】

1.授课教师提供某工程综合评分法案例。

【案例背景】某工程由于技术难度大，对施工单位的施工设备和同类工程施工经验要求高，且工期要求紧迫。根据相关规定，建设单位采用邀请招标方式邀请了3家施工单位参加投标，招标文件规定了主体部分的施工方案，采用双信封形式。

确定的评标规定如下：

（1）技术、商务标共30分，其中施工方案10分（因已确定施工方案，各投标单位均得10分）、总工期10分、工程质量10分。满足总工期要求（36个月）者得4分，每提前1个月加1分，不满足者不得分；自报工程质量合格者得4分，自报工程质量优良者得6分（若实际工程质量未达到优良将扣罚合同价的2%），近3年内获鲁班工程奖每项加2分，采用新技术（如BIM技术等）每项加1分。

（2）报价标共70分。报价为各投标人报价平均值的98%者得满分（70分），在此基础上，报价每下降1%，扣1分；报价每上升1%，扣2分（计分按四舍五入保留2位小数）。各单位投标报价资料汇总表见下表。

各单位投标报价资料汇总表

投标单位	报价（万元）	总工期（月）	自报工程质量	鲁班奖	新技术应用
甲	35642	33	优良	1	1
乙	34364	31	优良	0	2
丙	33867	32	合格	0	1

2.授课教师针对案例背景提出评标过程中的各种问题。

(1)该工程采用邀请招标方式且仅邀请3家施工单位投标,是否违反有关规定?为什么?

(2)请按综合评分法计算并确定中标单位。

(3)若改变该工程评标的有关规定,将技术标增加至40分,其中施工方案20分(各投标单位均得20分),报价标减少至60分,是否会影响评标结果?为什么?若影响,应由哪家施工单位中标?

3.5~6人一组,分组进行讨论。

【实训成果】

针对案例评标过程中的各种问题,写出正确做法。

问题(1):该工程采用邀请招标方式且仅邀请3家施工单位投标,是否违反有关规定?为什么?

_____

_____

_____

问题(2):请按综合评分法计算并确定中标单位。

_____

_____

_____

问题(3):若改变该工程评标的有关规定,将技术标增加至40分,其中施工方案20分(各投标单位均得20分),报价标减少至60分,是否会影响评标结果?为什么?若影响,应由哪家施工单位中标?

_____

_____

_____

_____

(可自行加行)

任务 4.3
施工定标与签订合同

定标是指招标人最终确定中标单位,并签订合同的过程,是招标人决定中标人的过程。

在这一阶段,招标单位要进行的工作有以下几项:①决定中标人;②通知中标人其投标已经被接受;③向中标人发放中标通知书;④通知所有未中标的投标人,并退还投标保函等。

一 定标

（一）确定中标人的时间

定标是招标人确定中标单位的过程。评标和定标应当在投标有效期结束30日前确定,其中,招标人应当自收到评标报告之日起3日内公示中标候选人,公示期不得少于3日。

工程项目定标

（二）确定中标人的方法

评标委员会向招标人提交书面评标报告和中标候选人名单。中标候选人应当不超过3个,并标明排序。招标人不得在推荐的中标候选人之外确定中标人。

国有资金占控股或者主导地位的依法必须进行招标的项目,招标人应当根据评标委员会推荐的中标候选人,确定排名第一的为中标人。当存在排名第一的中标候选人放弃中标、因不可抗力不能履行合同、不按照招标文件要求提交履约保证金、被查实存在影响中标结果的违法行为等情形时,可以按照中标候选人名单排序依次确定中标候选人。依次确定其他中标候选人与招标人预期差距较大或者对招标人明显不利的,招标人可以重新招标。

由于招标人、招标代理人或投标人的违法行为,导致中标无效,招标人应当依法重新招标。

应用案例4-7

全国公共资源交易平台发布的济潍高速公路中标结果公示。

济南至潍坊高速公路工程施工（1~3标段）中标结果公示（1标段）
发布时间:2021-03-26

标段号/标段名称	各种数据	
JWSG-1/ 施工1标	中标单位	牵头方:中电建路桥集团有限公司 联合方:中国水电建设集团十五工程局有限公司
	招标单位	计划合同部
	招标代理机构	海逸恒安项目管理有限公司
	中标标价	2690503039.00 元
	中标原因	该单位为第一中标候选人

二 发出中标通知书

中标人确定后,招标人应当在投标有效期内向中标人发出中标通知书,同时将中标结果通知所有未中标的投标人。中标通知书是招标人在确定中标人后向中标人发出的书面文件,对招标人和中标人均具有法律效力。中标通知书发出后,招标人改变中标结果的,或中标人放弃中标的,应当依法承担相应的法律责任。

《公路工程标准施工招标文件》规定的中标通知书格式,如图4-3所示。

中标通知书

_____(中标人名称):

你方于_____(投标日期)所递交的_____(项目名称)_____标段施工投标文件已被我方接受,被确定为中标人。

中标价:_____元。

工期:_____日历天。

工程质量:符合_____标准。

工程安全目标:_____。

项目经理:_____(姓名)。

项目总工:_____(姓名)。

请你方在接到本通知书后的_____日内到_____(指定地点)与我方签订施工承包合同,在此之前按招标文件第二章"投标人须知"第7.7款规定向我方提交履约保证金。

特此通知。

招标人:_____(盖单位章)

招标代理:_____(盖单位章)

_____年_____月_____日

图4-3　中标通知书

【知识拓展】

1. 中标人的义务

中标人按照合同约定履行义务,完成中标项目。中标人不得向他人转让中标项目,也不得将中标项目拆解后分别向他人转让。

中标人按照合同约定或者经招标人同意,可以将中标项目的部分非主体、非关键性工作分包给他人完成。接受分包的单位应当具备相应的资格条件,并不得再次分包。

中标人就分包项目向招标人负责,接受分包的单位就分包项目承担连带责任。

2. 投诉与处理

投标人或者其他利害关系人认为招标投标活动不符合法律、行政法规规定的,可以自知道或应当知道之日起10日内向有关行政监督部门投诉。投诉应当有明确的请求和提供必要的证明材料。

行政监督部门应当自收到投诉之日起3个工作日内决定是否受理投诉,并自受理投诉之日起30个工作日内作出书面处理决定;需要检验、检测、鉴定、专家评审的,所需时间不计算在内。

三　签订合同

(一)合同协议书签订

招标人和中标人应当自中标通知书发出之日起30天内,根据招标文件和中标人的投标文件订立书面合同,不得再行订立背离合同实质性内容的其他协议。

中标人无正当理由拒签合同的,招标人取消其中标资格,其投标保证金不予退还;若给招标人造成的损失超过投标保证金数额的,中标人还应当对超过部分予以赔偿。招标人无正当理由拒签合同的,招标人向中标人退还投标保证金;若给中标人造成损失的,招标人还应当赔偿损失。

《公路工程标准施工招标文件》中附件一合同协议书格式,如图4-4所示。

合同协议书

_____（发包人名称,以下简称"发包人"）为实施_____（项目名称）,已接受_____（承包人名称,以下简称"承包人"）对该项目_____标段施工的投标。发包人和承包人共同达成如下协议。

1. 第_____标段由 K_____+_____至 K_____+_____,长约_____km,公路等级为_____,设计速度为_____,_____路面,有_____立交_____处;特大桥_____座,计长_____m;大中桥_____座,计长_____m;隧道_____座,计长_____m;以及其他构造物工程等。

2. 下列文件应视为构成合同文件的组成部分:

(1)本协议书及各种合同附件(含评标期间及合同谈判过程中的澄清文件和补充资料);

(2)中标通知书;

(3)投标函及投标函附录;

(4)项目专用合同条款;

(5)公路工程专用合同条款;

(6)通用合同条款;

(7)工程量清单计量规则;

(8)技术规范;

(9)图纸;

(10)已标价工程量清单;

(11)承包人有关人员、设备投入的承诺及投标文件中的施工组织设计;

(12)其他合同文件。

上述合同文件互相补充和解释。如果合同文件之间存在矛盾或不一致之处,以上述文件的排列顺序在先者为准。

3. 根据工程量清单所列的预计数量和单价或总额价计算的签约合同价:人民币(大写)_____元(￥_____)。

4. 承包人项目经理:_____。承包人项目总工:_____。

5. 工程质量符合_____标准。工程安全目标:_____。

6. 承包人承诺按合同约定承担工程的实施、完成及缺陷修复。

7. 发包人承诺按合同约定的条件、时间和方式向承包人支付合同价款。

8. 承包人应按照监理人指示开工,工期为_____日历天。

9. 本协议书在承包人提供履约保证金后,由双方法定代表人或其委托代理人签署并加盖单位章后生效。全部工程完工后经交工验收合格、缺陷责任期满签发缺陷责任终止证书后失效。

10. 本协议书正本二份,副本_____份,合同双方各执正本一份,副本_____份,当正本与副本的内容不一致时,以正本为准。

11. 合同未尽事宜,双方另行签订补充协议。补充协议是合同的组成部分。

发包人:_____（盖单位章）　　　　承包人:_____（盖单位章）

法定代表人或其委托代理人:_____（签字）　　法定代表人或其委托代理人:_____（签字）

_____年____月____日　　　　　　　_____年____月____日

图4-4　合同协议书

合同协议书经双方法定代表人或其授权代理人签署并加盖单位章后生效。若为联合体投标,则联合体各成员均应在合同协议书上签署并加盖单位章。发包人和中标人在签订合同协议书的同时,还需按照招标文件规定的格式和要求签订廉政合同及安全生产合同。

(二)投标保证金和履约保证金

合同签订后,招标人应当在 5 日内向中标人和未中标的投标人退还投标保证金及银行同期存款利息。由于中标人原因放弃中标,招标文件约定放弃中标不予返还投标保证金的,中标人无权要求返还投标保证金。

合同签订前中标人应按照招标文件规定的金额和担保形式,向招标人提交履约担保。联合体中标的,其履约担保由牵头方递交。如果中标人未按招标文件规定提交履约担保,视为放弃中标,没收其投标保证金,招标人将与下一个中标候选人签订合同。招标人也应当提交工程款支付担保。

电子招标投标示例

应用案例4-8

【案例概况】

某市一大型基础设施建设项目,总投资超过 15 亿元,均属政府财政投资。该项目法人委托招标代理公司负责招标事宜。在评标过程中发生以下事件:

事件1:投标人 D 的投标函中没有投标人授权代表签字,而招标文件规定投标函须加盖投标人印章,并由其法定代表人或授权代表签字;投标人 H 的单价与总价不一致,单价与工程量乘积大于投标文件的总价,招标文件中没有约定此类情况为重大偏差。

事件2:在评标过程中,评标委员会发现投标人 G 的投标报价低于基准价的 30% ,明显低于合理报价。询标时,G 投标人发来书面更改函,承认原报价存在遗漏,将报价整体上调20% 。

事件3:投标人 A 发来书面更改函,对施工组织设计中存在的笔误进行了勘误,同时对其投标文件中超过招标文件计划工期的投标期限,调整为在招标文件约定计划工期基础上提前 10 日竣工。

事件4:经评审,各投标人综合得分的排序依次是 H、E、G、A、F、C、B、D。评标委员会李某对此结果有异议,拒绝在评标报告上签字,但又不提出书面意见。

事件5:确定中标人 H 后,中标人 H 认为工程施工合同过于袒护招标人,需要对招标文件中的合同条件进行调整,特别是双方的权利与义务;招标人同时提出,在中标价的基础上降低 10% ,否则招标人不签订施工合同。

【问题】

1.对事件 1 至事件 5 应如何处理?请简要陈述理由。

2.评标委员会应推荐哪 3 个投标人为中标候选人?

【案例评析】

1.事件 1 至事件 5 处理及理由如下:

事件1：投标人D的投标文件中没有投标人授权代表签字，属于重大偏差，按废标处理。投标人H的投标总价与其报价文件中总价不一致，属于细微偏差，以单价金额为准修改总价。

事件2：投标人G的投标报价明显低于合理报价或标底，可能低于成本，应要求作出书面说明并提供相关证明材料。投标人若不能合理说明或不能提供相关证明材料，则认定该投标人的投标报价低于成本报价竞标，作废标处理。

G单位对其报价做了修改，实际上是二次报价，明显改变了原投标文件的实质内容，按废标处理。

事件3：投标人A对施工设计中存在的笔误进行勘误是可行的，但提出投标工期的修改，属于对实质性的内容进行修改，该行为无效。由于该投标人投标文件载明的招标项目完成期限超过了招标文件规定的期限，属于重大偏差，投标人A投标文件为废标。

事件4：综合排序不正确，A、D、G的投标为废标，不应列入排序，正确排序为：H、E、F、C、B。评标报告应由评标委员会全体成员签字，对评标结果持有异议的评标委员会成员应以书面方式阐述其不同意见和理由，评标委员会成员拒绝在评标报告上签字且不陈述其不同意见或理由的，视为同意评标结论。评标委员会应当对此作出书面说明并记录在案。

事件5：①中标人在接到中标通知书后，应在规定的时间内按照招标文件和其投标文件与招标人签订施工承包合同，在这一过程中，招标人和中标人只能就招标投标过程中的一些细微偏差进行谈判，对招标文件中合同条款进行细化，但不得进行实质性修改。

②中标人认为合同条件过于袒护招标人，提出需要修改招标文件主要合同条款违反法律规定。如果中标人H坚持修改合同主要条款，否则不与招标人签订合同，招标人可以视其行为为放弃中标合同，没受其投标保证金，并申请解除与H的合同关系，并重新确定中标人。

③在合同谈判过程中，招标人提出在中标价的基础上再次降价10%的做法是不正确的，违反了法律规定。如果招标人坚持降低中标价10%的话，中标人可以拒绝签订合同，并要求招标人承担由此造成的损失及其他违约责任，退还投标保证金。

2.评标委员会应推荐H、E、F分别为第一中标、第二中标、第三中标候选人。

📝 应用案例4-9

【案例评析】

1.开标的目的是什么？评标由谁评定？定标应以什么为依据？

（1）开标的目的是使全体投标人了解各家标价和最低标价等主要数据。

（2）评标由评标委员会来评定。

（3）定标应以评标报告及其推荐意见为依据。

2.分别指出对 B 企业、C 企业、D 企业和 E 企业的投标文件应如何处理？请说明理由。

(1)B 企业投标文件应按废标处理。理由：无法定代表人签字和授权委托书。

(2)C 企业投标文件应不予接收。理由：C 投标文件未按照招标文件规定的要求提交投标文件的时间提交。

(3)D 企业投标文件应进行修正。理由：投标报价的大写金额与小写金额不一致，以大写为准。

(4)E 企业投标文件应按有效标书处理。理由：对某分项工程报价有漏项情况不影响标书有效性。

3.指出评标委员会人员组成的不妥之处。

(1)评标委员会成员中有当地招标投标监督管理办公室人员不妥，评标委员会由招标人代表和技术经济方面专家组成，招标投标监督管理办公室人员不可参加。

(2)评标委员会成员中有公证处人员不妥，因为公证处人员不可参加。

(3)评标委员会成员中技术、经济等方面的专家只有 4 人不妥，因为技术、经济等方面专家不得少于成员总数的 2/3，4/7＜2/3，由 7 人组成的评标委员会中技术、经济方面的专家必须要有 5 人或 5 人以上。

4.指出招标人与中标企业 A 6 月 12 日签订合同是否妥当，并说明理由。

不妥当。理由：招标人与中标人应当自中标通知书发出之日起 30 日内，订立书面合同。

职业素养提升

任务 1 结合公路工程施工开标、评标、定标具体工作，谈谈对工程人的职业规范和职业素养的理解？

任务 2 山东高速集团赤泥固废材料利用居全国前列，经过长期技术攻关，研发出赤泥基胶凝材料，成功替代水泥，广泛用于道路、桥梁、隧道等工程领域。与生产水泥相比，每生产 1t 固废基胶凝材料可有效降低二氧化碳排放量 82.8%，降低能源消耗 83.9%，以双向六车道高速公路计算，每公里可减少碳排放近 900t，实现社会效益和经济效益双赢。请结合党的二十大精神，查询并熟悉 2022 年发布的《国家公路网规划》中推进绿色低碳发展的措施。

模块小结

本模块学习了公路工程施工开标、评标、定标的工作内容，并结合实际工程项目，进行典型工程案例分析，解决实际问题。

1.开标：与投标截止时间为同一时间，由招标人主持，邀请所有投标人参加。

2.评标：评标委员会由招标人代表和评标专家组成，成员为 5 人以上单数，其中技术、经济专家不得少于成员总数的2/3。评标分为初步评审和详细评审。评标方法包括综合评分法、技术评分最低标价法、合理低价法和经评审的最低投标价法。

3.定标:招标人应当接受评标委员会推荐的中标候选人,不得另行确定中标人。中标人确定后,招标人应当在投标有效期内向中标人发出中标通知书,同时将中标结果通知所有未中标的投标人。招标人和中标人应当自中标通知书发出之日起30天内,根据招标文件和中标人的投标文件订立书面合同。

任务训练

一、单选题

1.开标应当在招标文件确定的提交投标文件截止时间的(　　)进行。

  A.当天公开　　　　　　　　　　　　B.当天不公开

  C.同一时间公开　　　　　　　　　　D.同一时间不公开

2.招标人可以(　　)评标委员会直接确定中标人。

  A.批准　　　　　　B.委托　　　　　　C.授权　　　　　　D.指定

3.评标委员会成员为(　　)人以上单数,其中技术、经济等方面的专家不得少于成员总数的(　　)。

  A.5,2/3　　　　　B.7,4/5　　　　　C.5,1/3　　　　　D.3,2/3

4.没有按照招标文件要求提供投标担保或者所提供的投标担保有瑕疵,属(　　)。

  A.重大偏差　　　　B.严重偏差　　　　C.细微偏差　　　　D.细小偏差

5.评标工作一般按(　　)程序进行。

  A.详细评审—评标报告　　　　　　　B.初步评审—详细评审

  C.工作准备—评审　　　　　　　　　D.工作准备—评标报告

6.中标人应当就分包项目向招标人负责,接受分包的人就分包项目承担(　　)。

  A.法律责任　　　　B.民事责任　　　　C.单位责任　　　　D.连带责任

7.资格后审是指在(　　)后对投标人进行的资格审查。

  A.投标　　　　　　B.开标　　　　　　C.中标　　　　　　D.评标

8.招标人应当采取必要措施,以保证评标在(　　)的情况下进行。

  A.公正　　　　　　B.公开　　　　　　C.公平　　　　　　D.严格保密

9.评标委员会在对实质上响应招标文件要求的投标进行报价评估时,除招标文件另有约定外,应当按下述原则进行修正:用数字表示的金额与用文字表示的金额不一致时,以(　　)为准。

  A.数字金额　　　　　　　　　　　　B.文字金额

  C.数字金额与文字金额中小的　　　　D.数字金额与文字金额中大的

10.采用经评审的最低投标价法的,应当在投标文件能够满足招标文件实质性要求的投标人中,评审出投标价格最低的投标人,但投标价格低于(　　)的除外。

  A.标底合理幅度　　　　　　　　　　B.社会平均成本

  C.企业成本　　　　　　　　　　　　D.同行约定成本

11. 中标通知书由( )发出。

    A. 招标代理机构   B. 招标人   C. 招标投标管理处 D. 评标委员会

12. 招标人和中标人应当自中标通知书发出之日起( )内,根据招标文件和中标人的投标文件订立书面合同。

    A. 10 日   B. 15 日   C. 30 日   D. 3 个月

13. 投标单位在投标报价中,对工程量清单中的每一单项均需计算填写单价和合价,在开标后,如发现投标单位没有填写单价和合价的项目,则( )。

    A. 允许投标单位补充填写

    B. 视为废标

    C. 退回投标书

    D. 认为此项费用已包括在工程量清单的其他单价和合价中

14. 根据《招标投标法》,一个完整的招标投标程序必须包括的基本环节是( )。

    A. 发布招标公告、编制招标文件、开标、评标、定标和签订合同

    B. 招标、投标、开标、评标、中标和签订合同

    C. 发布招标公告、编制招标文件、澄清和答疑、投标、开标、评标和中标

    D. 招标、投标、开标、评标、澄清和说明、签订合同

15. 根据《招标投标法实施条例》,关于工程建设项目招标标底的设置和作用,下列说法正确的是( )。

    A. 标底只能作为评标的参考

    B. 标底应当在招标文件中明确规定并事先公布

    C. 应当把投标报价是否接近标底作为中标条件

    D. 评标基准价的设置应当以标底上下浮动一定幅度为依据

二、多选题

1. 《招标投标法实施条例》规定发生下列情形之一的,评标委员会应当否决其投标 ( )。

    A. 投标文件未经投标单位盖章和单位负责人签字

    B. 投标联合体没有提交共同投标协议

    C. 投标报价低于成本或者高于招标文件设定的最高投标限价

    D. 投标文件没有对招标文件的实质性要求和条件作出响应

    E. 投标人不符合国家或者招标文件规定的资格条件

2. 采用公开招标方式,( )等都应当公开。

    A. 评标的程序   B. 评标人的名单

    C. 开标的程序   D. 评标的标准

    E. 中标的结果

3. 《评标委员会和评标方法暂行规定》中规定的投标文件重大偏差包括( )。

    A. 没有按照招标文件要求提供投标担保

    B. 投标文件没有投标人授权代表签字和加盖公章

    C. 投标文件载明的招标项目完成期限超过招标文件规定的期限

D.提供了不完整的技术信息和数据

E.投标文件附有招标人不能接受的条件

4.关于细微偏差的说法，正确的选项包括(　　)。

A.在实质上响应了招标文件要求，但在个别地方存在漏项

B.在实质上响应了招标文件要求，但提供了不完整的技术信息和数据

C.补正遗漏会对其他投标人造成不公平的结果

D.细微偏差不影响投标文件的有效性

E.细微偏差将导致投标文件成为废标

5.下列有关招标投标签订合同的说明，正确的是(　　)。

A.应当在中标通知书发出之日起30天内签订合同

B.招标人和中标人不得再订立背离合同实质性内容的其他协议

C.招标人和中标人可以通过合同谈判对原招标文件、投标文件的实质性内容做出修改

D.如果招标文件要求中标人提交履约担保，招标人应向中标人提供同等数额的工程款支付担保

E.中标人不与招标人订立合同的，应取消其中标资格，但投标保证金应予退还

6.我国《招标投标法》规定，开标时由(　　)检查投标文件密封情况，确认无误后当众拆封。

A.招标人　　　　　　　　　　　　B.投标人或投标人推选的代表

C.评标委员会　　　　　　　　　　D.地方政府相关行政主管部门

E.公证机构

7.下列情况中，不得担任评标委员会成员的是(　　)。

A.投标人或者投标主要负责人的近亲属

B.项目主管部门或者行政监督部门的人员

C.与投标人有经济利益关系，可能影响对投标公正评审的

D.没有拥有注册造价师证的

E.曾因在招标、评标及其他与招标投标有关活动中从事违法行为而受过行政或刑事处罚的

8.评标的程序包含(　　)。

A.评标准备工作　　　　　　　　　B.初步评审

C.详细评审　　　　　　　　　　　D.评标后续工作

E.评标结果

9.下列关于确定中标人的说法中，正确的有(　　)。

A.确定中标人的权利属于招标人

B.确定中标人的依据是评标委员会提出的书面评标报告和推荐的中标候选人

C.依法必须进行招标的项目，招标人应当确定排名第一的中标候选人为中标人

D.定标应在投标有效期结束前30日完成

E. 中标人确定后,招标人应当向中标人发出中标通知书,并与中标人在中标通知书发出之日起30日内订立书面合同

10. 评标委员会负责人可以由( )。

A. 政府指定　　　　　　　　　　B. 评标委员会成员推举产生

C. 投标人推举产生　　　　　　　D. 招标人确定

E. 中介机构推荐

三、简答题

1. 简述开标程序。

2. 简述评标委员会的组成要求及评标程序。

3. 简述合理低价法、综合评分法、技术评分最低标价法和经评审的最低投标价法的特征和适用范围。

4. 评标报告有哪些内容?

5. 投标文件的重大偏差和细微偏差分别有哪些情况?

四、案例分析题

1. 【案例背景】某高速公路跨越长江的一座特大型公路桥梁,其引桥和接线一期土建招标划分了多个标段,而且招标人首先对投标人进行了资格预审。资格预审评审后,各标段通过投标人个数均为8家左右且均为具有良好履约信誉和施工管理综合能力的大型国有施工企业。

受招标人委托,某招标代理单位编制了本项目招标文件,根据国家相关法律、法规的规定,在招标文件中约定"本项目评标采用合理低价法,招标人将于开标前7日以书面形式通知各投标人本项目的招标人最高限价",但在开标前7日,招标人出于某些考虑和对通过资格预审各投标人在投标市场会遵守公平竞争规则的信任,发出书面通知,告知投标人取消本项目的投标最高限价。

开标后,各标段投标人的投标报价均远远超出批准的概算;而且经过评审,从投标人报价文件可以明确看出存在投标人串通投标、哄抬标价的行为。为此,评标委员会否决了所有投标。

【问题】

(1) 指出本案例中做法不妥当之处,并说明理由。

(2) 评标委员会否决所有投标的理由是否充分?为什么?招标人应怎样处理后续事宜?

2. 【案例背景】某省国道主干线高速公路土建施工项目实行公开招标,根据项目的特点和要求,招标人提出了招标方案和工作计划。采用资格预审方式组织项目土建施工招标,招标过程中发生了下列事件。

事件1:7月1日(星期一)发布资格预审公告。公告载明资格预审文件自7月2日起发售,资格预审申请文件于7月22日16:00之前递交至招标人处。某投标人因从外地赶来,7月8日(星期一)上午上班时间前来购买资审文件,被告知已经停售。

事件2:在资格审查过程中,资格审查委员会发现某省路桥总公司提供的业绩证明材料部分是其下属第一工程有限公司业绩证明材料,而且其下属的第一工程有限公司具有独立

法人资格和相关资质。考虑到属于一个大单位，资格审查委员会认可了其下属公司业绩为其业绩。

事件3：投标邀请书向所有通过资格预审的申请单位发出，投标人在规定的时间内购买了招标文件。按照招标文件要求，投标人须在投标截止时间5日前递交投标保证金，因为项目较大，要求每个标段100万元投标担保金。

事件4：评标委员会人数为5人，其中3人为工程技术专家，其余2人为招标人代表。

事件5：在评标过程中，评标委员会发现B单位投标报价远低于其他报价。评标委员会认定B单位报价过低，按照废标处理。

事件6：招标人根据评标委员会书面报告，确定各个标段排名第一的中标候选人为中标人，并按照要求发出中标通知书后，向有关部门提交招标投标情况的书面报告，同中标人签订合同并退还投标保证金。

事件7：招标人在签订合同前，认为中标人C的价格略高于自己期望的合同价格，因而又与投标人C就合同价格进行了多次谈判。考虑到招标人的要求，中标人C觉得小幅度降价可以满足自己利润的要求，同意降低合同价，并最终签订了书面合同。

【问题】

(1)招标人自行办理招标事宜需要什么条件？

(2)上述事件中有哪些不妥当之处，请逐一说明。

(3)事件6中，请详细说明招标人在发出中标通知书后应于何时做其后的这些工作？

专项实训

某公路工程投标、开标和评标工作模拟

【实训目标】

结合本书模块2和模块3的学习内容，利用"G309青兰线坊子流戈庄至潍城潘里段改建工程"或者"济南至潍坊高速公路工程1~3标段"，模拟完整的开标、评标工作过程，掌握公路工程招投标选择施工单位的过程和方法，毕业后能够在施工企业、工程咨询公司、招标代理公司等从事招投标相关工作的技能，具备一定的组织协调能力、团队合作能力、语言表达能力和写作能力。

【实训过程】

1.岗位分配。根据班级情况分组：分为招标人、投标人、评标专家3大类。2名学生为招标人；5家投标人，每家施工单位3名学生；剩余学生5人一组为评标委员会。明确各自工作任务，团队完成实训任务。

2.学生查阅教师提供的一套完整的招标文件和投标文件(包括5家施工单位的投标书等)。

3.5家施工单位按招标文件中要求对投标书密封并参加开标会议。

4.招标人主持开标过程，填写开标记录等。

5.5家施工单位分别对投标文件中技术标、商务、报价标的重点情况进行阐明，并回答评标专家提出的问题。

6.评标委员会完成评标过程,填写相关表格。

说明:评标工作可以根据各学校教学的具体情况组织。如果已经完成模块2和模块3编写招标投标文件的实训任务,相关专业知识(施工技术、施工组织、工程概预算课程)学习结束后,掌握程度较好,教师可以根据招标文件规定采取的定量评标办法进行评标;也可仅对招标、投标文件的完成时间、格式规范性、内容合理完整性等方面设置评定标准进行评分。填写开标、评标专用表格时可以根据教学具体情况填写。

【实训成果】

1.每名学生写出本公路工程施工招标项目的投标文件递交、开标、评标工作程序。

_____

_____

2.按小组完成投标人对投标文件中技术标、商务、报价标的重点问题阐明情况,以及针对评标专家问题的澄清情况。

_____

_____

3.评标委员会按小组编制完成评标报告。

_____

_____

(可自行加页)

在线测评

模块4
在线测评

课程思政学习资源

模块4 课程思政
学习资源

模块5

学习合同法律基础

学习导航

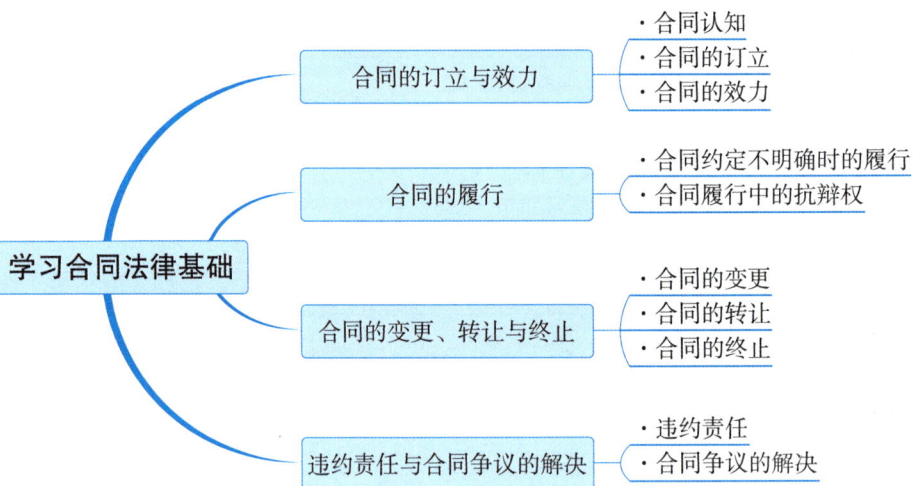

学习合同法律基础

- 合同的订立与效力
  - ·合同认知
  - ·合同的订立
  - ·合同的效力
- 合同的履行
  - ·合同约定不明确时的履行
  - ·合同履行中的抗辩权
- 合同的变更、转让与终止
  - ·合同的变更
  - ·合同的转让
  - ·合同的终止
- 违约责任与合同争议的解决
  - ·违约责任
  - ·合同争议的解决

知识目标

1. 了解合同的概念及类型；
2. 掌握合同订立的原则与程序；
3. 掌握合同的履行、合同的效力及违约责任；
4. 掌握合同的变更转让与担保，以及合同争议的处理。

能力目标

1. 能够参与订立合同；
2. 能够判定合同的效力；
3. 能够操作合同的变更与转让；
4. 能够根据《民法典》处理合同纠纷。

素质目标

1. 牢固树立诚实信用、公平正义的法治理念；
2. 坚定中国特色社会主义理想信念，自觉维护法律权威；
3. 自觉遵守和履行合同义务，养成遵纪守法习惯。

工作任务

　　某桥梁工程，甲建设单位通过公开招标确定由乙承包人为中标单位，双方签订了工程承包合同。由于乙承包人不具有勘察、设计的能力，经甲建设单位同意，乙承包人分别与丙设计院和丁工程公司签订了工程勘察设计合同和工程施工合同。勘察设计合同约定由丙对甲的桥梁工程提供设计服务，并按勘察设计合同的约定交付设计文件和资料。施工合同约定由丁根据丙提供的设计图纸进行施工，工程竣工时根据国家有关验收规定及设计图纸进行质量验收。

　　合同签订后，丙按时将设计文件和有关资料交付给丁，丁根据设计图纸进行施工。工程竣工后，甲会同有关质量监督部门进行验收，发现工程存在严重质量问题，原因是设计不符合规范要求所致。由于丙未对现场进行仔细勘察导致设计不合理，给甲带来了重大损失，并以与甲方没有合同关系为由拒绝承担责任，乙又以自己不是设计人为由推卸责任，甲遂以丙为被告向法院提起诉讼。

　　请根据案例中的上述情况，做好以下工作：

1. 建设单位和施工单位签订了合同就一定具有法律效力吗？
2. 在合同履行过程中，双方有哪些权利？应如何履行？
3. 确认本案例中甲与乙、乙与丙、乙与丁分别签订的合同是否有效？
4. 请对本案例中工程存在的严重质量问题进行责任划分。

任务 5.1
合同的订立与效力

一 合同认知

合同是民事主体之间设立、变更、终止民事权利义务关系的协议。

《合同法》于1999年10月1日起施行。《民法典》于2021年1月1日起施行，《合同法》随之废止。《民法典》中合同编包括通则、典型合同和准合同三个分编。

《民法典》合同编目录

（一）合同法律关系

合同法律关系是指由合同法律规范调整的当事人在民事流转过程中形成的权利和义务关系。合同法律关系包括主体、客体和内容三个要素。三个要素缺一不可，任何一个要素发生变更，都可能引起合同法律关系的变更。合同法律关系示意图如图5-1所示。

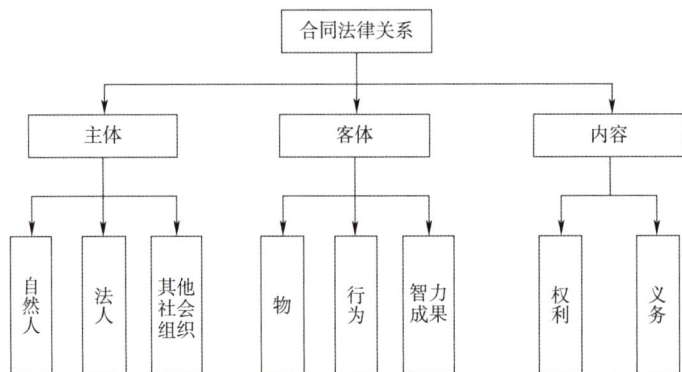

图5-1 合同法律关系示意图

1. 合同法律关系主体

合同法律关系主体是指参加合同法律关系，享有相应权利、承担相应义务的当事人。主体可以是自然人、法人和其他组织。

（1）自然人指基于出生而成为民事法律关系主体的有生命的人。自然人既包括公民，也包括外国人和无国籍人。

（2）法人是具有民事权利能力和民事行为能力，依法独立享有民事权利和承担民事义务的组织。法人分为企业法人和非企业法人两大类。其中，非企业法人包括行政、事业和社团法人。

(3)其他社会组织指法人以外的其他社会组织。其他社会组织主要包括法人的分支机构,不具备法人资格的联营体、合伙企业、个人独资企业等。

2.合同法律关系客体

合同法律关系客体是指参加合同法律关系的主体享有的权利和承担的义务所共同指向的对象。合同法律关系客体主要包括物、行为、智力成果,见表5-1。

合同法律关系客体

表5-1

客体	说明
物	物指可为人们控制并具有经济价值的生产资料和消费资料。物可以分为动产和不动产、流通物与限制流通物、特定物与种类物等
行为	人的有意识的活动,多表现为完成一定的工作,或提供一定的劳务,如勘察设计、施工安装等
智力成果	通过人的智力活动所创造出的精神成果,包括知识产权、技术秘密及在特定情况下的公知技术,如专利权、工程设计等

3.合同法律关系内容

合同法律关系内容指合同约定和法律规定的权利和义务,即合同的具体要求。

权利指权利主体依据法律规定和约定,有权按照自己的意志做出某种行为,同时要求义务主体做出某种行为或者不得做出某种行为,以实现合法权益。当权利受到侵犯时,法律将予以保护。

义务指义务主体依据法律规定和权利主体的合法要求,必须做出某种行为或不得做出某种行为,以保证权利主体实现其权益,否则必须承担法律责任。

应用案例5-1

【案例概况】

甲工程公司因建一座桥梁与乙工程公司签订了工程总承包合同。其后,经甲同意,乙分别与丙公路设计院和丁工程公司签订了工程勘察设计合同和工程施工合同。勘察设计合同约定:由丙对甲工程公司桥梁工程提供设计服务,并按勘察设计合同的约定交付设计文件和资料。施工合同约定:由丁根据丙提供的设计图纸进行施工,工程竣工时依据国家有关验收规定及设计图纸进行质量验收。合同签订后,丙按时将设计文件和有关资料交付给丁,丁依据设计图纸进行施工。

【问题】

本案中的法律主体及相互关系是什么?

【案例评析】

本案例中,法律关系的主体是甲、乙、丙、丁,其中甲属于建设单位,乙属于施工企业,丙属于工程设计单位,丁属于施工企业。主体之间的关系:甲是发包人,乙是总承包人,丙和丁是分包人。

（二）合同的分类

1.合同的基本分类

《民法典》第三编合同中规定了 19 种典型合同，包括买卖合同、供用电水气热力合同、赠予合同、借款合同、保证合同、租赁合同、融资租赁合同、保理合同、承揽合同、建设工程合同、运输合同、技术合同、保管合同、仓储合同、委托合同、物业服务合同、行纪合同、中介合同、合伙合同。

2.其他分类

（1）计划与非计划合同。计划合同是指依据国家有关计划签订的合同。非计划合同是指当事人根据市场需求和自己的意愿订立的合同。

（2）双务合同与单务合同。双务合同是当事人双方相互享有权利和相互负有义务的合同。大多数合同都是双务合同，如建设工程合同。单务合同是指合同当事人双方并不相互享有权利、负有义务的合同，如赠予合同。

（3）诺成合同与实践合同。诺成合同是当事人意思表示一致即可成立的合同。实践合同则要求在当事人意思表示一致的基础上，还必须交付标的物或者其他给付义务的合同。在现代经济生活中，大部分合同都是诺成合同。这种合同分类的目的在于确立合同的生效时间。

（4）主合同与从合同。主合同指不依赖其他合同而独立存在的合同。从合同是以主合同的存在为存在前提的合同。主合同的无效、终止将导致从合同的无效、终止，但从合同的无效、终止不能影响主合同。担保合同属于典型的从合同。

（5）有偿合同与无偿合同。有偿合同指合同当事人双方任何一方均须给予另一方相应权益方能取得自己利益。无偿合同指合同当事人一方无须给予相应权益即可从另一方取得利益。

（6）要式合同与不要式合同。如果法律要求必须具备一定形式和手续的合同，称为要式合同。如果法律不要求具备一定形式和手续的合同，称为不要式合同。

3.《民法典》的基本原则

《民法典》的基本原则见表 5-2。

《民法典》的基本原则　　　　　　　　　　　　表 5-2

序号	原则	内容
1	平等原则	民事主体在民事活动中的法律地位一律平等
2	自愿原则	应当遵循自愿原则，按照自己的意思设立、变更、终止民事法律关系
3	公平原则	应当遵循公平原则，合理确定各方的权利和义务
4	诚信原则	应当遵循诚信原则，秉持诚实，恪守承诺
5	守法与公序良俗原则	不得违反法律，不得违背公序良俗
6	绿色原则	应当有利于节约资源、保护生态环境

二 合同的订立

合同的订立是指两方以上当事人通过协商而建立合同关系的行为。既包括缔约各方在达成协议之前接触和洽谈的过程,也包括双方达成合意、确定合同的主要条款或者合同的条款之后所形成的协议。合同的形式见表5-3。

合同的订立

合同的形式   表5-3

形式	内容
书面形式	合同书、信件和数据电文(包括电报、电传、传真、电子数据交换和电子邮件)等,可以有形地表现所载内容
口头形式	以对话方式达成的协议。一般用于数额较小或现款交易的事项
其他形式	包括特定形式和默示形式

注:建设工程合同应当采用书面形式。

(一)合同订立的程序

合同订立的程序指订立合同的当事人经过平等协商,就合同的内容取得一致意见的过程。《民法典》第四百七十一条规定:"当事人订立合同,可以采用要约、承诺方式或者其他方式。"

1.要约

要约是希望和他人订立合同的意思表示。该意思表示应当符合下列条件:①内容具体确定;②表明经受要约人承诺,要约人即受该意思表示的约束。也就是说,要约必须是特定人的意思表示,必须以缔结合同为目的,必须具备合同的主要条款。

有些合同在要约之前还会有要约邀请。要约邀请,又称为要约引诱,是希望他人向自己发出要约的表示。例如,拍卖公告、招标公告、商业广告和宣传、寄送的价目表等为要约邀请。商业广告和宣传的内容符合要约条件的,构成要约。受要约人对要约的内容作出实质性变更的,为新要约。

在建设工程招投标工作中,招标公告、投标邀请书为要约邀请,投标书为要约。

(1)要约的生效

①以对话方式作出的意思表示,相对人知道其内容时生效。

②以非对话方式作出的意思表示,到达相对人时生效。

③采用数据电文形式的,相对人指定特定系统接收的,该数据电文进入该特定系统时生效。

④未指定特定系统的,相对人知道或者应当知道该数据电文进入其系统时生效。

(2)要约的撤回和撤销

要约可以撤回,撤回通知应当在要约到达受要约人之前或者与要约同时到达受要约人(发生于生效前)。

要约可以撤销。以对话方式作出的,应当在受要约人作出承诺之前为受要约人所知道;以非对话方式作出的,应当在受要约人作出承诺之前到达受要约人(发生于生效后)。

有下列情形之一的,要约不得撤销:

①要约人以确定承诺期限或者其他形式明示要约不可撤销。

②受要约人有理由认为要约是不可撤销的,并已经为履行合同做了合理准备工作。

(3)要约失效

有下列情形之一的,要约失效:

①要约被拒绝。

②要约被依法撤销。

③承诺期限届满,受要约人未作出承诺。

④受要约人对要约的内容作出实质性变更。

2. 承诺

承诺是受要约人同意要约的意思表示。承诺应符合以下条件:①承诺必须由受要约人作出;②承诺只能向要约人作出;③承诺的内容应当与要约的内容一致;④承诺必须在承诺期限内发出。

在工程合同的订立过程中,招标人发出中标通知书的行为是承诺。因此,中标通知书必须由招标人向投标人发出,并且其内容应当与招标文件、投标文件的内容一致。

(1)承诺的期限

承诺应当在要约规定的期限内到达要约人。要约若无规定,承诺应当依照下列规定:

①要约以对话方式作出的,应当即时作出承诺。

②要约以非对话方式作出的,承诺应当在合理期限内到达。

(2)承诺的生效

以对话方式作出的意思表示,相对人知道其内容时生效。以非对话方式作出的意思表示,到达相对人时生效。以非对话方式作出的采用数据电文形式的意思表示,相对人指定特定系统接收的,该数据电文进入该特定系统时生效;未指定特定系统的,相对人知道或者应当知道该数据电文进入其系统时生效。

承诺不需要通知的,根据交易习惯或者要约的要求作出承诺的行为时生效。

应用案例 5-2

【案例概况】

某工程公司通过新闻媒体播发招租启事:将公司闲置机械设备出租2年。周某于月初得知此消息后,决定租赁两台机械设备,于月中去提前支取了即将到期的定期存单,损失利息近千元。可是,就在周某准备去租赁机械时,工程公司又宣布说:因主管部门未批准,机械设备不再招租了,请已办理租赁手续的租户到公司协商处理办法;未办理手续的,工程公司不再接待。周某认为工程公司这种做法太不负责任,所以,要求工程公司赔偿自己的预期收入若干万元以及利息损失。双方协商未果,诉至法院。

【问题】

1. 工程公司的招租启事是否属于要约?

2. 本案例应如何处理?

【案例评析】

1. 工程公司发布的招租启事属于要约,由于此要约通过新闻媒体发布,发布之日就应视为到达受要约人,要约生效,因此不存在要约撤回问题。

2.《民法典》规定,要约可以撤销,但对撤销要约有限制,以下两种要约不得撤销:要约人以确定承诺期限或其他形式明示要约不可撤销;受要约人有理由认为要约是不可撤销的,并已经为履行合同做了准备工作。

本案例中,一方面,通过新闻媒体发布要约,已使人确信该要约不可撤销;另一方面,周某已为履行合同做了相当多的准备工作,并付出了一定的经济支出,因此对他来说,该要约也是不可撤销的。所以,工程公司宣布撤销要约的行为无效,实际上合同已经成立。因此,周某的损失工程公司应该赔偿。但是,赔偿的范围应该有限制,包括实际损失和预期可得利益的损失,近千元利息应该赔偿,但预期收入具有不确定性,不在赔偿之列。

(二)合同的成立

合同成立是指合同当事人就合同的条款协商一致。承诺生效时合同成立,但是法律另有规定或当事人另有约定的除外。

1. 合同成立的时间

当事人采用合同书形式订立合同的,自当事人均签名、盖章或者按指印时合同成立。在签名、盖章或者按指印之前,当事人一方已经履行主要义务,对方接受时,该合同成立。

合同的成立

当事人采用信件、数据电文等形式订立合同要求签订确认书的,签订确认书时合同成立。

当事人一方通过互联网等信息网络发布的商品或者服务信息符合要约条件的,对方选择该商品或者服务并提交订单成功时合同成立,但是当事人另有约定的除外。

2. 合同成立的地点

承诺生效的地点为合同成立的地点。采用数据电文形式订立合同的,收件人的主营业地为合同成立的地点;没有主营业地的,其经常居住地为合同成立的地点。当事人另有约定的即按照其约定。

当事人采用合同书形式订立合同的,最后签名、盖章或者按指印的地点为合同成立的地点,但是当事人另有约定的除外。

应用案例5-3

【案例概况】

原告甲担保公司与被告乙路桥工程有限公司签订了《委托担保合同》，与被告丙公司签订了《(保证)反担保合同》，两份合同均已约定：合同履行过程中发生争议，可以通过协商解决，协商不成，由合同签订地人民法院管辖。一审法院认为，涉案合同的签订地为A城市，A城市法院对本案享有管辖权。丙有限公司上诉称，该案被告在B城市人民法院管辖范围之内，并且被告的签字地点均在B城市，并不在A城市，应当由B城市人民法院管辖该案。被上诉人甲担保公司答辩称，答辩人与上诉人丙公司对管辖法院进行了书面约定，且并未违反法律禁止性规定，属于有效的约定管辖，本案应当由双方约定的A城市人民法院管辖。

【案例评析】

本案例争议焦点是涉案合同的签订地。对于合同签订地的确定，当事人可以约定合同签订地，优先于依据签字、盖章或者按指印的地点来认定合同成立地点。本案例合同对管辖条款有明确约定："由合同签订地人民法院管辖，本合同签订地为A城市"，因此合同签订地为A城市，因此A城市对本案具有管辖权。

（三）合同主要内容和格式条款

1.合同内容

合同内容包括当事人的权利和义务。合同内容由当事人约定，一般包括：

（1）当事人的名称、姓名和住所。

（2）标的。

（3）数量。

（4）质量。

（5）价款或报酬。

（6）履行期限、地点和方式。

（7）违约责任。

（8）解决争议的方法。

应用案例5-4

【案例概况】

2023年1月，A市甲公司与乙公司签订了一份《涵洞维修项目合同》。合同约定：乙公司为甲公司提供涵洞维修服务，乙公司按甲公司提供的图纸施工，工程验收合格后一周内按工程预算的90%付款，合同价款以经审计单位审定的结算报告为准，于工程质保期结束后3天内全部付清，合同期限为一年。但合同中未明确约定具体维修哪座涵洞。

同年2月,甲公司将一座涵洞的维修工程发包给乙公司,两个月后,该工程顺利完工。同年7月,甲公司决定对辖区内的另外3座涵洞进行维修,同时按上级公司要求,以公开招标的方式进行,乙公司也参加了投标,但由于报价太高而均未中标。于是,甲公司将维修工程发包给了另外两家中标的企业,并与之签订了合同。同年7月,乙公司认为甲公司违约向当地法院起诉,理由是双方于1月已经签订了《涵洞维修项目合同书》,合同期限为一年,本年度内甲公司所有涵洞的维修工程均应由其承包。

【问题】

如何判定甲公司与乙公司的责任?

【案例评析】

本案例中,双方之所以发生争议,主要在于双方签订的合同中没有明确约定合同标的,本案例甲公司和乙公司签订的合同中,没有明确约定具体的维修对象,容易让人误解为包括本年度内所有的涵洞维修工程项目。而法院最终判决结果也表明,甲公司为此承担了违约责任,造成了一定的经济损失。

2. 格式条款

格式条款是当事人为了重复使用而预先拟定,并在订立合同时未与对方协商。

(1)格式条款提供方的义务。应当遵循公平原则,确定当事人之间的权利和义务关系,并采取合理的方式提示对方注意免除或限制其责任的条款,按照对方的要求,对该条款予以说明。

(2)格式条款无效。提供格式条款一方不合理地免除自己责任、加重对方责任、排除对方主要权利的,该条款无效。此外,《民法典》规定的合同无效情形,同样适用于格式合同条款。

(3)格式条款的解释。若发生争议按照通常理解予以解释。对格式条款有两种以上解释的,应当作出不利于提供格式条款一方。格式条款和非格式条款不一致的,应当采用非格式条款。

(四)缔约过失责任

缔约过失责任是指合同订立过程中,一方违背其依据诚实信用原则和法律规定所承担的义务,导致另一方受到损失时,应承担损害赔偿责任。其构成条件包括:①当事人有过错,若无过错,则不承担责任;②有损害后果的发生,若无损失,也不承担责任;③当事人的过错行为与造成的损失有因果关系。

缔约过失责任

当事人在订立合同过程中有下列情形之一,给对方造成损失的,应当承担损害赔偿责任:

(1)假借订立合同,恶意进行磋商。

(2)故意隐瞒与订立合同有关的重要事实或者提供虚假情况。

（3）有其他违背诚实信用原则的行为。

当事人在订立合同过程中知悉的商业秘密，无论合同是否成立，不得泄露或者不正当使用。泄露或者不正当使用该商业秘密，给对方造成损失的，应当承担损害赔偿责任。

应用案例5-5

在甲公司与乙公司缔约过失责任纠纷案中，乙公司（投标人）中标甲公司（招标人）组织的某路基工程项目招标。在合同订约过程中，甲公司因上级单位要求变化而决定终止招标活动，通知中标人乙公司终止合同签订。乙公司认为招标人的行为严重违反诚实信用，随即诉讼至法院，要求退还投标保证金并赔偿标书购买费、投标文件编制费、差旅费、投标保证金融资费用、预期收益损失、资金和人员准备损失。

【问题】

如何判定甲公司与乙公司的责任？

【案例评析】

法院审理后，认为甲公司在中标通知发出后终止合同签订的行为违反了先合同义务，侵害了乙公司基于信赖关系产生的信赖利益，造成了乙公司的经济损失，应当承担缔约过失责任。法院最终判决甲公司赔偿乙公司的标书购买费、投标文件编制费、投标保证金资金占用利息等实际损失；同时，明确了缔约过失责任仅限于赔偿实际利益损失，不包括合同成立后的可得利益损失，不支持乙公司提出的预期收益等赔偿要求。

三 合同的效力

合同的效力是指合同的法律约束力。《民法典》对合同生效、无效合同、可撤销合同及变更合同进行了规定。

合同的效力

（一）合同生效

1. 合同的生效条件

合同生效是指对双方当事人法律约束力的开始。合同成立后，必须具备相应的法律条件才能生效，合同生效应当具备下列条件：

（1）当事人具有相应的民事权利能力和民事行为能力，即主体合格。

（2）当事人意思表示真实。

（3）不违反法律、行政法规的强制性规定，不违背公序良俗（公共秩序和善良风俗）。

2. 合同的生效时间

（1）合同成立生效。依法成立的合同，自成立时生效。

（2）批准登记生效。应当办理批准等手续生效的，依照其规定。法律、法规规定合同的变更、转让、解除等应当办理批准等手续生效的，依照此规定。

（3）约定生效，指在订立合同时，约定附生效条件的，自条件成就时生效。

3.效力待定合同

效力待定合同是指合同虽然已经成立,但因其不完全符合生效要件的规定,其合同效力尚未确定,须经过后续事件和行为确定才能生效。

（1）限制行为能力人订立的合同

限制民事行为能力人实施的纯获利益的民事法律行为或者与其年龄、智力、精神健康状况相适应的民事法律行为有效;其他行为经法定代理人同意或者追认后有效。

相对人可以催告法定代理人自收到通知之日起 30 日内予以追认。法定代理人未做表示的,视为拒绝追认。

（2）无权代理人订立的合同

行为人没有代理权、超越代理权或者代理权终止后,仍然实施代理行为,未经被代理人追认的,对被代理人不发生效力。

相对人可以催告被代理人自收到通知之日起 30 日内予以追认。被代理人未做表示的,视为拒绝追认。行为人实施的行为被追认前,善意相对人有撤销的权利。

> ## 应用案例5-6
>
> 【案例概况】
>
> 甲公司与乙公司达成口头协议,由乙公司在半年之内供应甲企业50t钢材。3个月后,乙公司以原定钢材价格讨低为由要求加价,并提出,如果甲公司业表示同意,双方立即签订书面合同,否则,乙公司将不能按期供货。甲公司表示反对,并声称,如乙公司到期不履行协议,将向法院起诉。
>
> 【问题】
>
> 此案例中双方当事人签订的合同有无法律效力?为什么?
>
> 【案例评析】
>
> 双方当事人签订的口头合同具有法律约束力。
>
> 依据《民法典》第四百六十九条规定,当事人订立合同可以采用口头形式,但法律、行政法规规定采用书面形式的,应当采用书面形式。买卖合同属于不要式合同,不采取书面形式对买卖合同效力没有影响。依法成立的合同,自成立之时起生效。本案中双方当事人之间的买卖合同属于生效的买卖合同,应当按照合同履行相应义务。

（二）无效合同

无效合同是指合同内容或者形式违反了法律、行政法规的强制性规定和社会公共利益,因而不能产生法律约束力,不受法律保护的合同。

1.无效合同的确认

有下列情形之一的,合同无效:

（1）无民事行为能力人实施的民事法律行为无效。

（2）行为人与相对人以虚假的意思表示实施的民事法律行为无效。

（3）违反法律、行政法规的强制性规定的民事法律行为无效。

（4）违背公序良俗的民事法律行为无效。

（5）行为人与相对人恶意串通，损害他人合法权益的民事法律行为无效。

2. 无效合同的处理

合同无效、被撤销或者确定不发生效力后，当事人因该行为取得的财产，应当予以返还；不能返还或者没有必要返还的，应当折价补偿。有过错一方应当赔偿对方由此所受到的损失；各方都有过错的，应当各自承担相应的责任。

建设工程施工合同无效，但验收合格的，可参照合同关于工程价款的约定折价补偿承包人。

建设工程施工合同无效，且验收不合格的，按照以下情形处理：

（1）修复后的建设工程经验收合格的，发包人可以请求承包人承担修复费用。

（2）修复后的建设工程经验收不合格的，承包人无权请求参照合同关于工程价款的约定折价补偿。

由于发包人原因造成建设工程不合格的，应当由发包人承担相应的责任。

应用案例5-7

【案例概况】

A公司挂靠于一家资质较高的B公司，以B公司名义承揽了一项工程，并与建设单位C公司签订了施工合同。但在施工过程中，由于A公司的实际施工技术力量和管理能力都较差，造成了工程进度的延误和一些工程质量缺陷。C公司以此为由，不予支付余下的工程款。A公司以B公司名义将C公司告上了法庭。

【问题】

1. A公司以B公司名义与C公司签订的施工合同是否有效？

2. C公司是否应当支付余下的工程款？

【案例评析】

1. 建设工程施工合同具有下列情形之一的，应当依据《民法典》第一百五十三条规定，没有资质的实际施工人借用有资质的建筑施工企业名义的，认定无效。据此，A公司以B公司的名义与C公司签订的施工合同，是没有资质的。实际施工人借用有资质的建筑施工企业名义签订的合同，属无效合同，不具有法律效力。

2. C公司是否应当支付余下的工程款视该工程竣工验收结果而定。建设工程施工合同无效，但是建设工程经验收合格的，可以参照合同关于工程价款的约定折价补偿承包人。建设工程施工合同无效，且建设工程经验收不合格的，按照以下情形处理：

（1）修复后的建设工程经验收合格的，发包人可以请求承包人承担修复费用。

（2）修复后的建设工程经验收不合格的，承包人无权请求参照合同关于工程价款的约定折价补偿。

（三）可变更或者可撤销合同

根据《民法典》规定，当事人协商一致，可以变更合同。可撤销合同的情形见表5-4。

可变更、可撤销合同

可撤销合同的情形

表5-4

事由	相关条款
重大误解	基于重大误解实施的民事法律行为，行为人有权请求人民法院或者仲裁机构予以撤销
相对人欺诈	一方以欺诈手段，使对方在违背真实意思的情况下实施的民事法律行为，受欺诈方有权请求撤销
第三人欺诈	第三人实施欺诈行为，使一方在违背真实意思的情况下实施的民事法律行为，对方知道或者应当知道该欺诈行为的，受欺诈方有权请求撤销
胁迫	一方或者第三人以胁迫手段，使对方在违背真实意思的情况下实施的民事法律行为，受胁迫方有权请求撤销
显失公平	一方利用对方处于危困状态、缺乏判断能力等情形，致使民事法律行为成立时显失公平的，受损害方有权请求撤销

有下列情形之一的，撤销权消灭：

（1）当事人自知道或者应当知道撤销事由之日起一年内、重大误解的当事人自知道或者应当知道撤销事由之日起九十日内没有行使撤销权。

（2）当事人受胁迫，自胁迫行为终止之日起一年内没有行使撤销权。

（3）当事人知道撤销事由后明确表示或者以自己的行为表明放弃撤销权。

（4）当事人自民事法律行为发生之日起五年内没有行使撤销权的。

任务5.2

合同的履行

合同的履行是指当事人按照合同约定全面履行各自的义务。合同的履行应遵循两个原则：一是遵守全面履行原则，即按合同约定的标的、质量、数量、价款、期限等全面完成合同义务的履行原则；二是遵循诚实信用原则，根据合同的性质、目的和交易习惯履行通知、协助、保密等义务。

合同履行

一 合同约定不明确时的履行

合同生效后，当事人就质量、价款或者报酬、履行地点等内容没有约定或者约定不明确的，可以协议补充；不能达成补充协议的，按照合同相关条款或者交易习惯确定。

当事人就有关合同内容约定不明确，依据上述规定仍不能确定的，适用表5-5规定。

合同约定不明确时的情形 　　　　　　　　　　　　　　　　表5-5

事由	相关条款
质量要求不明确	按照强制性国家标准履行；若无，按照推荐性国家标准；没有推荐性国家标准的，按照行业标准；没有国家标准、行业标准的，按照通常标准或者符合合同目的的特定标准履行
价款或者报酬不明确	按照订立合同时履行地的市场价格履行；依法应当执行政府定价或者政府指导价的，在合同约定的交付期限内政府价格调整时，按交付时的价格计价。 逾期交付标的物的，遇价格上涨时，按原价格执行；遇价格下降时，按新价格执行。 逾期提取标的物或者逾期付款的，遇价格上涨时，按新价格执行；遇价格下降时，按原价格执行
履行地点不明确	给付货币的，在接受货币一方所在地履行；交付不动产的，在不动产所在地履行；其他标的，在履行义务一方所在地履行
履行期限不明确	债务人可以随时履行，债权人也可以随时请求履行，但是应当给对方必要的准备时间
履行方式不明确	按照有利于实现合同目的的方式履行
履行费用负担不明确	由履行义务一方负担；因债权人原因增加的履行费用，由债权人负担

二 合同履行中的抗辩权

抗辩权是指当事人一方在对方未履行或者不能保证履行时，另一方可以行使不履行的权利。《民法典》规定了合同履行中的抗辩权有下列几种。

1. 同时履行抗辩权

当事人互负义务，没有先后履行顺序的，应当同时履行。同时履行抗辩权包括：一方在对方履行之前有权拒绝其履行要求；一方在对方履行义务不符合约定时，有权拒绝其相应的履行要求。

例如，施工合同中期付款时，对承包人施工质量不合格部分，发包人有权拒付该部分的工程款；如果发包人拖欠工程款，则承包人可以放慢施工进度，甚至停止施工。产生的后果，由违约方承担。

2. 先履行抗辩权

双务合同中应当先履行义务的一方未履行或履行不符合约定时，对方当事人有拒绝对方请求履行的权利。

例如,材料采购合同按照约定应由供货方先行交付订购的材料后,采购方再行付款结算,若合同履行过程中供货方交付的材料质量不符合约定的标准,采购方有权拒付货款。

3. 不安抗辩权

应当先履行义务的一方有证据证明对方已丧失或可能丧失履行义务的能力,在对方未恢复履行能力或提供担保之前,可以中止履行合同义务的权利。

先履行一方有确切证据证明对方有下列情形之一的,可以中止履行:

(1)经营状况严重恶化。

(2)转移财产、抽逃资金,以逃避义务的。

(3)丧失商业信誉。

(4)有丧失或者可能丧失履行义务能力的其他情形。

例如,承包人与业主签订的施工合同中约定必须由承包人先修建工程,然后按照工程量结算。但是,如果承包人现有确切证据证明业主将无力支付工程款,承包人可以中止履行合同。

上述三种抗辩权比较见表5-6。

三种抗辩权比较　　　　　　　　表5-6

种类	同时履行抗辩权	先履行抗辩权	不安抗辩权
成立条件	1.双方互负义务,没有先后履行顺序且均已届清偿期限; 2.对方未履行或未按约定履行; 3.对方的义务是可能履行的	1.双方所负义务有先后履行顺序; 2.先履行一方到期未履行或未适当履行义务	1.一方须先履行义务且已届履行期; 2.后履行义务一方有丧失或可能丧失履行义务能力的情形
权利主体	当事人双方	后履行方	先履行方
抗辩权的行使	另一方有权拒绝其履行要求暂缓履行	后履行一方有权拒绝其履行要求暂缓履行	1.中止履行,应及时通知对方; 2.恢复履行:当对方提供适当担保时; 3.解除履行:对方在合理期限内未恢复履行能力且未提供适当担保可以解除合同,并可以要求对方承担违约责任

应用案例5-8

【案例概况】

甲公司为开发新项目,急需资金。2023年3月12日,甲公司向乙公司借款15万元。双方谈妥,乙公司借给甲公司15万元,借期6个月,月息为银行贷款利息的1.5倍,到同年9月12日本息一起清付,甲公司为乙公司出具了借据。甲公司因新项目开发不顺利,未盈利,到了9月12日无法偿还欠乙公司的借款。某日,乙公司向甲公司催促还款无果,但得到一信息,某单位曾向甲公司借款 20 万元,现已到还款期,某单位正准备还款,但甲公司让某单位不用还款。于是,乙公司向法院起诉,请求甲公司以某单位的还款来偿还债务,甲公司辩称该债权已放弃,无法清偿债务。

【问题】

1. 甲公司的行为是否构成违约？为什么？

2. 乙公司是否可针对甲公司的行为行使撤销权？为什么？

3. 乙公司是否可以行使代位权？请说明理由。

【案例评析】

1. 甲公司的行为已构成违约。甲公司与乙公司之间的借贷合同关系,系自愿订立,无违法内容,又有书面借据,是合法有效的。甲公司系债务人,负有按期清偿本息的义务;乙公司为债权人,享有按期收回本金、收取利息的权利。甲公司因新项目开发不顺利,不能如约履行清偿义务,构成违约。

2. 乙公司可行使撤销权,请求法院撤销甲公司的放弃债权行为。债权人对于自己享有的债权,完全可以根据自己的意志,决定行使或者放弃。但是,当该债权人另外又系其他债权人的债务人时,如果他放弃债权的行为使他的债权人的权利无法实现时,他的债权人享有依法救济的权利。本案例,甲公司放弃对某单位享有的债权,表面上是处分自己的权益,但实际上却损害了乙公司的债权,乙公司可以行使撤销权,撤销甲公司放弃债权的行为。

3. 乙公司可以行使代位权。债权人可享有代位权,在债务人怠于行使自己的到期债权,危及债权人的权利时,债权人可以向人民法院请求以自己的名义代位行使债务人的权利,实现自己的债权。乙公司可以直接向某单位行使代位权。

任务 5.3

合同的变更、转让与终止

合同变更、转让及终止

一 合同的变更

根据《民法典》规定,当事人协商一致,可以变更合同,并且应当按照变更后的内容履行合同。对合同变更的内容约定不明确的,推定为未变更。

合同成立后,发生了当事人在订立合同时无法预见的、不属于商业风险的重大变化,继续履行合同对于当事人一方明显不公平的,受不利影响的当事人可以与对方重新协商;在合理期限内协商不成的,当事人可以请求人民法院或者仲裁机构变更或者解除合同。

二 合同的转让

合同的转让是指当事人一方将合同的权利和义务转让给第三人,由第三人接受权利和承担义务的法律行为。合同转让可以部分转让,也可以全部转让。随着合同的全部转让,原合同当事人之间的权利和义务关系消灭,与此同时,在未转让一方当事人和第三人之间形成新的权利和义务关系。

《民法典》规定了合同权利转让、合同义务转让、合同权利和义务一并转让的三种情况。

(一)合同权利转让

合同权利转让也称债权让与,是指合同当事人将合同中的权利全部或部分转让给第三方的行为。转让合同权利的当事人称为让与人,接受转让的第三人称为受让人。合同权力转让的情形见表5-7。

合同权力转让的情形　　　　　　　　　　　　　　表5-7

债权人转让权利的条件	债权人转让权利的,应当通知债务人。未经通知,该转让对债务人不发生效力。除非受让人同意,债权人转让权利的通知不得撤销
不得转让的情形	(1)根据债权性质不得转让; (2)按照当事人约定不得转让; (3)依照法律规定不得转让

(二)合同义务转让

合同义务转让也称债务转让,是债务人将合同的义务全部或部分地转移给第三人的行为。《民法典》规定,债务人将合同的义务全部或部分转让给第三人,应当经债权人同意。

(三)合同权利和义务一并转让

合同权利和义务一并转让是指当事人一方将债权债务一并转让给第三人,由第三人接受债权债务的行为。

例如，总承包人或者勘察、设计、施工承包人经发包人同意，可以将自己承包的部分工作交由第三人完成。第三人就其完成的工作成果与总承包人或者勘察、设计、施工承包人向发包人承担连带责任。承包人不得将其承包的全部建设工程转包给第三人或者将其承包的全部建设工程分解以后以分包的名义分别转包给第三人。

禁止承包人将工程分包给不具备相应资质条件的单位。禁止分包单位将其承包的工程再分包。建设工程主体结构的施工必须由承包人自行完成。

三 合同的终止

合同的终止是指合同当事人之间的合同关系由于某种原因不复存在，合同确立的权利义务消灭。根据《民法典》第五百五十七条规定，有下列情形之一的，债权债务终止：①债务已经履行；②债务相互抵销；③债务人依法将标的物提存；④债权人免除债务；⑤债权债务同归于一人；⑥法律规定或者当事人约定终止的其他情形。合同解除的，该合同的权利义务关系终止。

（一）合同已按照约定履行

合同生效后，当事人双方按照约定履行自己的义务，实现了自己的全部权利，订立合同的目的已经实现，合同确立的权利义务关系消灭，合同因此而终止。

（二）合同解除

合同生效后，当事人一方不得擅自解除合同。但在履行过程中，有时会产生某些特定情况，应当允许解除合同。《民法典》规定合同解除有以下两种情况。

1. 协议解除
协议解除是指当事人双方通过协议可以解除原合同规定的权利和义务关系。

2. 法定解除
法定解除是指合同成立后，没有履行或者没有完全履行以前，当事人一方可以行使法定解除权使合同终止。有下列情形之一的，当事人可以解除合同：

（1）因不可抗力致使不能实现合同目的。

（2）在履行期限届满之前，当事人一方明确表示或者以自己的行为表示不履行主要债务。

（3）当事人一方迟延履行主要债务，经催告后在合理期限内仍未履行。

（4）当事人一方迟延履行债务或者有其他违约行为致使不能实现合同目的。

（5）法律规定的其他情形。

合同解除后，尚未履行的，终止履行；已经履行的，根据履行情况和合同性质，当事人可以要求恢复原状，采取其他补救措施，并有权要求赔偿损失。

合同终止后，虽然合同当事人的合同权利义务关系不复存在，但合同中结算和清理条款不因合同的终止而终止，仍然有效。

应用案例5-9

【案例概况】

甲公司与乙公司于2022年12月30日签订了一份租赁合同。合同规定甲公司租用乙公司5台翻斗车拉运土方,租赁期为1年,租金必须按月付清,逾期未付,承租人承担滞纳金;超过30天仍不付清租金的,出租方有权解除合同。2023年2月1日,甲公司接车后,未付租金。乙公司两次书面通知甲公司按约付租金,并言明逾期将依约解除合同。但甲公司仍未付。2023年6月10日,乙公司单方通知解除与甲公司的合同,并向甲公司提起诉讼,要求赔偿其损失12000元。

【问题】

1. 乙公司是否有权解除合同?

2. 乙公司的损失应由谁承担?

【案例评析】

1. 乙公司有权解除合同。当事人协商一致,可以解除合同,当事人可以约定一方解除合同的条件。解除合同的条件成立时,解除权人可以解除合同。本案例的双方当事人在合同中约定,租金必须按月付清,逾期未付,承租人承担滞纳金,超过30天仍不付清租金的,出租方有权解除合同。甲公司2023年2月1日起接车后,未付租金,乙公司两次通知其给付租金,并言明逾期将依约解除合同,甲公司仍未付,至2023年6月10日长达4个月时间,合同约定的解除条件已成就,所以乙公司有权单方解除合同。当事人一方依法主张解除合同的,应当通知对方。乙公司通知兴达公司解除合同的做法也是合法的。

2. 乙公司的损失应由甲公司承担赔偿责任。合同解除后,尚未履行的,终止履行;已经履行的,根据履行情况和合同性质,当事人可以要求恢复原状,采取其他补救措施,并有权要求赔偿损失。据此,乙公司有权要求甲公司赔偿损失。甲公司应承担乙公司损失的赔偿责任。

任务5.4

违约责任与合同争议的解决

违约及违约
责任

一 违约责任

违约责任是指合同当事人违反合同约定，不履行义务或者履行义务不符合约定所承担的责任。违约责任制度是保证当事人履行合同义务的重要措施，有利于促进合同的全部履行。

《民法典》第五百七十七条规定："当事人一方不履行合同义务或者履行合同义务不符合约定的，应当承担继续履行、采取补救措施或者赔偿损失等违约责任。"

（一）违约责任的承担方式

违约责任的具体承担方式包括：

（1）继续履行。

（2）修理、重作、更换。

（3）采取其他补救措施，包括退货、减少价款或者报酬等。

（4）赔偿损失，包括法定的赔偿损失和违约金、定金等约定的赔偿损失。

例如，在公路工程施工中，因施工人的原因致使工程质量不符合约定的，发包人有权请求施工人在合理期限内无偿修理或者返工、改建。经过修理或者返工、改建后，造成逾期交付的，施工人应当承担违约责任。因承包人的原因致使建设工程在合理使用期限内造成人身损害和财产损失的，承包人应当承担赔偿责任。发包人未按照约定的时间和要求提供原材料、设备、场地、资金、技术资料的，承包人可以顺延工程日期，并有权请求赔偿停工、窝工等损失。

（二）违约责任的免除

不可抗力是指不能预见、不能避免和不能克服的客观情况，当事人一方因不可抗力不能履行合同的，根据不可抗力的影响，部分或全部免除责任，但是法律另有规定的除外。不可抗力发生后可能引起的三种法律后果见表5-8。

不可抗力发生后可能引起三种法律后果　　　　　　　　　表5-8

合同全部不能履行	当事人可以解除合同，并免除全部责任
合同部分不能履行	当事人可以部分履行合同，并免除其不履行部分的责任
合同不能按期履行	当事人可延期履行合同，并免除其迟延履行的责任

但是，当事人迟延履行后发生不可抗力的，不能免除责任。

因不可抗力不能履行合同的，应当及时通知对方，以减轻可能给对方造成的损失，并应当在合理期限内提供证明。

应用案例5-10

【案例概况】

2022年5月5日，甲公司给乙公司发电称："本公司有一批特定货物出售，每吨价款2000元，如同意购买请速回电与本公司联系以便进一步协商。"乙接电后回电："愿意购买100t，总价200000元，请在2022年5月30日前回电。"但甲到了2022年7月10日才回电称："由于该货物发生市场价格上涨的不可抗力,不能以原价卖出,本公司在2022年6月已以高于原价的价格将货物卖给了他人。"乙认为甲违反了合同的约定,应当承担违约责任及赔偿为筹集货款而支付的10000元费用损失。

【问题】

1.甲给乙的第一次发电属于什么行为,为什么?

2.乙给甲的回电属于什么行为,为什么?

3.甲第二次给乙回电所称的不可抗力是否成立,为什么?

4.甲是否承担违约责任,为什么?

5.甲是否承担其他责任? 若承担应承担哪方面的责任?

【案例评析】

1.甲给乙的第一次发电属于要约引诱,因为一个有效的要约必须有订立合同的意思,而甲并没有明确表达订立合同的意图。

2.乙给甲的回电属于要约,因为乙的回电内容确定、完整,而且有明确的订立合同的意图。

3.甲第二次给乙的回电所称的不可抗力不成立,市场价格的变动是商人应当能够预见的,而不是不可预见的。

4.甲不承担违约责任,因为甲未在乙规定的时间作出承诺,要约已经失效。

5.甲应当承担其他责任,主要承担的责任是缔约过失责任。

二 合同争议的解决

合同争议是指当事人双方对合同订立和履行情况以及不履行合同的后果所产生的纠纷。合同争议的解决通常有如下几种处理方式。

(一)和解

合同当事人依据有关的法律规定和合同约定,在互谅互让的基础上,经过谈判和磋商,自愿对争议事项达成协议,从而解决合同争议。和解无须第三者介入,简便易行,能及时解决争议,并有利于双方的协作和合同的继续履行。但由于和解必须以双方自愿为前提,因此,当双方分歧严重,以及一方或双方不愿协商解决争议时,和解方式受到局限。

(二)调解

合同当事人在第三方的主持下,通过其劝说引导,在互谅互让的基础上自愿达成协议,以解决合同争议。在实践中,根据调解人的不同,合同的调解有民间调解、仲裁机构调解和法庭调解三种。但如果当事人不愿调解,或调解不成时,则应及时采取仲裁或诉讼以最终解决合同争议。

（三）仲裁

双方当事人，根据争议发生前或争议发生后所达成的协议，自愿将该争议提交第三人进行裁判的争议解决制度和方式。仲裁基本要求见表5-9。

仲裁基本要求   表5-9

仲裁委员会	可以在直辖市和省、自治区人民政府所在地的市设立，也可以根据需要在其他设区的市设立，不按行政区划层层设立
仲裁规则	可以由仲裁机构制定，某些内容也可以允许当事人自行约定，但是仲裁规则不得违反程序方面的强制性规定。一般来说，仲裁规则由仲裁委员会自己制定
仲裁协议	以书面形式作出。内容包括：仲裁事项；提交仲裁的争议范围；选定的仲裁委员会

（四）诉讼

合同当事人向人民法院提出诉讼请求，人民法院在双方当事人和其他诉讼参与人的参加下，依法审理和裁判民事争议的程序和制度。

1. 诉讼时效

诉讼时效是指民事权利受到侵害的权利人在法定的时效期间内不行使权利，当时效期间届满时，人民法院对权利人的权利不再进行保护的制度（消灭胜诉权）。普通诉讼时效期间为3年。

诉讼时效期间自权利人知道或者应当知道权利受到损害以及义务人之日起计算。法律另有规定的，依照其规定。但是，自权利受到损害之日起超过20年的，人民法院不予保护，有特殊情况的，人民法院可以根据权利人的申请决定延长。

2. 诉讼时效中止

在诉讼时效期间的最后6个月内，因下列障碍，不能行使请求权的，诉讼时效中止：

（1）不可抗力。

（2）无民事行为能力人或者限制民事行为能力人没有法定代理人。

（3）权利人被义务人或者其他人控制。

（4）其他导致权利人不能行使请求权的障碍。

自中止时效的原因消除之日起满6个月，诉讼时效期间届满。

3. 诉讼时效中断

有下列情形之一的，诉讼时效中断，从中断、有关程序终结时起，诉讼时效期间重新计算：

（1）权利人向义务人提出履行请求。

（2）义务人同意履行义务。

（3）权利人提起诉讼或者申请仲裁。

（4）与提起诉讼或者申请仲裁具有同等效力的其他情形。

例如，按照施工合同的约定，2020年1月1日建设单位应该向承包人支付工程款，但是却没有支付。2020年7月1日至8月1日，当地发生了特大洪水，导致承包人不能行使请求权。2020年12月1日，承包人向法院提起诉讼，请求建设单位支付拖欠的工程款。2020年12月1日起诉讼时效中断；并且由于承包人提起诉讼，诉讼时效将可至2023年12月1日；如果承包人一直没有提出索要工程款的要求，建设单位也没有主动提出支付工程款，则截止于2023年1月1日，承包人丧失胜诉权。

应用案例5-11

【案例概况】

建设单位甲公司将某工程发包给施工单位乙公司施工，工程竣工后，双方发生工程款纠纷，乙公司因纠纷不向甲公司提交相关施工资料，甲公司以乙公司为被告诉至法院，其中的诉求之一是要求乙公司提供其办理验收所需施工单位提交的全部资料，一审予以支持。

二审经审查认为，在本案中，甲公司的诉讼请求为要求乙公司提供其办理验收所需施工单位提交的全部资料。建设工程施工合同中约定需由施工方交付的施工资料应系特定物，而非种类物，涉案建设工程施工合同中并未就涉案工程竣工后施工方需提交哪些施工资料作出明确约定，甲公司也未提供证据证明涉案工程在建设过程中形成了哪些施工资料，甲公司在涉案工程尚未办理竣工验收手续的情况下提起该诉求，应视为其诉讼请求不明确，其起诉不具备上述法律规定的条件。原审对本案进行实体审理不当，二审依法予以纠正，裁定撤销原判，驳回起诉。

【案例评析】

施工资料是建设工程竣工验收备案时，建设单位按照建设行政主管部门的要求提交的书面材料，其目的在于证明施工程序合法，质量已经检验合格。实践中，承包人出于各种原因往往不能提交全部施工资料，直接导致验收备案受阻，建设单位无法办理权属证书，为此，建设单位往往通过诉讼来解决。但由于施工资料数量较多，种类繁杂，建设单位的诉讼请求往往仅用"有关资料""全部资料"等概述，提交不出具体明细，导致裁判主文难以全面表述，而且此类标的物均为特定物，不宜执行，所以二审作裁定驳回处理。

此案例提醒建设单位，在履行建设工程施工合同过程中要重视参建过程留痕留档，建立相关档案台账，以防发生诉讼时诉求不明或举证不能。建设单位也可在缔约时，与施工单位明确约定好逾期提交施工资料时应承担的违约责任，遇到此类纠纷时，可通过提起违约之诉或损害赔偿之诉的方式实现权利救济。

职业素养提升

任务1 请思考如何规避公路工程承包合同签订及履行中的法律风险，树立合规经营意识，提升工程施工单位依法治企能力。请列出5条以上的风险点，并提出相应措施。

任务2 中交一公局推行基层项目"法治驿站"建设，严把生产一线法治合规关；严格开展合同管理，分级分类开展合同法律审核和监督检查；深入落实对重大项目的前置审核和法律论证与支撑，专业履行投评委员会职责，严格投标、投资评审，深度参与项目前期法律策划，不断织密横向到边、纵向到底的风险防控网。请查询依法治企的有关具体措施，书写不少于800字的调研情况。

模块小结

本模块学习了合同的订立、效力、履行、担保、变更、转让、终止与违约责任、合同争议的解决。要求学生能正确地运用合同的有关知识分析相关的案例。

1. 当事人订立合同，可以采用书面形式、口头形式或者其他形式。依法成立的合同，自成立时生效，但是法律另有规定或者当事人另有约定的除外。当事人应当遵循诚实信用原则，根据合同的性质、目的和交易习惯履行通知、协助、保密等义务。

2. 当事人协商一致，可以变更合同。债权人在一定范围内可以将债权的全部或者部分转让给第三人。债权债务终止后，当事人应当遵循诚实信用等原则，根据交易习惯履行通知、协助、保密、旧物回收等义务。

3. 当事人一方不履行合同义务或者履行合同义务不符合约定的，应当承担继续履行、采取补救措施或者赔偿损失等违约责任。合同争议的解决通常有和解、调解、仲裁、诉讼等方式。

任务训练

一、单选题

1. 合同的( )是指合同双方或多方当事人已就合同的主要条款达成合意而被法律认为合同已经客观存在。

    A. 成立   B. 订立   C. 质押   D. 定金

2. ( )是当事人一方向另一方作出的以一定条件订立合同的意思表示。

    A. 承诺   B. 要约   C. 留置   D. 定金

3. ( )是债务人或第三人将其动产或者权利作为担保物的合同担保方式。

    A. 质押   B. 定金   C. 债务的免除   D. 债务的混同

4. ( )是依据法律的规定或合同的约定，合同当事人一方（债权人）有权留存所占有的对方的财产，以保护自己的合法权益。

    A. 债权人免除债务   B. 定金   C. 抵押   D. 留置

5. ( )是指当事人一方依法将其合同权利和义务的部分或者全部转让给第三人的法律行为。

    A. 合同的变更   B. 合同的订立   C. 合同的终止   D. 合同的转让

6. ( )是指合同当事人之间的债权债务关系归于消灭而不复存在。

    A. 合同的变更   B. 合同的订立   C. 合同的终止   D. 合同的转让

7. 索赔必须以( )为依据。

　　A.工程预算　　　　B.结算资料　　　　C.工程变更　　　　D.合同

8.(　　)是指受要约人同意要约的意思表示。

　　A.要约　　　　　　B.承诺　　　　　　C.留置　　　　　　D.定金

9.(　　)是合同当事人一方为了证明合同的成立和保证履行合同,按合同规定在合同履行前预先向对方给付的一定数额的货币。

　　A.留置　　　　　　B.承诺　　　　　　C.定金　　　　　　D.要约

10.(　　)是指承包人提出的索赔要求虽然在合同条件中没有相应的文字规定,但可以根据合同的某些条款的含义推断出承包人有索赔权。这种索赔要求同样有法律效力,有权得到相应的经济补偿。

　　A.合同中明示的索赔　　　　　　　B.合同中默示的索赔

　　C.工期索赔　　　　　　　　　　　D.道义索赔

11.(　　)是在合同履行过程中,当事人一方就对方不履行或不完全履行合同义务,或者就可归责于对方的原因而造成的经济损失,向对方提出赔偿或补偿要求的行为。

　　A.变更　　　　　　B.终止　　　　　　C.反索赔　　　　　D.索赔

12.合同订立过程中,承诺自(　　)时生效。

　　A.发出　　　　　　　　　　　　　B.要约人了解其内容

　　C.合同生效　　　　　　　　　　　D.达到要约人

13.在合同订立过程中,有(　　)行为的,给对方造成损失的,行为人应当承担损害赔偿责任。

　　A.故意抬高价格的

　　B.合同订立过程中因情况变化而退出谈判的

　　C.合同谈判缺乏诚意

　　D.故意隐瞒与合同有关的重要事实

14.在下列合同中,(　　)合同是可撤销的合同。

　　A.当事人的意思表示不真实

　　B.恶意串通,损害国家、集体或者第三人利益的

　　C.一方以欺诈、胁迫手段订立合同,损害国家利益

　　D.违反法律强制规定的

15.(　　)是合同当事人双方权利义务共同指向的对象,即合同法律关系的客体。

　　A.标的　　　　　　B.货物　　　　　　C.质量　　　　　　D.数量

二、多选题

1.保证人要对债务人不履行合同的行为承担责任,因此,只有具有清偿能力的法人、其他组织或公民才可以充当保证人。以下不得做保证人的单位有(　　)。

　　A.国家机关(经国务院批准的为使用外国政府或国际经济组织的贷款进行转贷的政府行政法人可以做担保人)

　　B.学校、幼儿园、医院等公益事业单位

　　C.社会团体

D.企业法人的分支机构、职能部门(没有法人的书面授权)

E.银行

2.合同终止即合同权利义务的终止,是指合同当事人之间的债权债务关系归于消灭而不复存在。合同终止可能是当事人双方均履行完约定义务后的正常终止,也可以是在双方约定的义务未履行完时,由于某一事件的发生而被迫终止。《民法典》规定了如下几种合同终止的情况(   )。

A.债务已经按照约定履行　　　　　　　B.合同解除

C.债务相互抵销　　　　　　　　　　　D.债务人依法将标的物提存

E.债权人免除债务

3.根据《民法典》规定,合同无效的情形有(   )。

A.无民事行为能力人实施的

B.行为人与相对人以虚假的意思表示实施的

C.违反法律、行政法规的强制性规定

E.违背公序良俗的

F.行为人与相对人恶意串通,损害他人合法权益的

4.保证的方式包括(   )两种。

A.社会救济基金　　　　　　　　　　　B.养老保险基金

C.国家福利基金　　　　　　　　　　　D.一般保证

E.连带责任保证

5.合同的履行应遵循诚实信用原则全面履行约定的义务。如果当事人只履行合同约定的部分义务,则属于部分履行或不完全履行。如果当事人完全没有履行合同约定的义务,则属于合同未履行或不履行合同。当事人在遵循诚实信用原则履行合同的过程中应尽的基本义务有(   )。

A.通知　　　　　　　　　　　　　　　B.协助

C.保密　　　　　　　　　　　　　　　D.债务的免除

E.债务的丢失

6.对于无效合同的法律后果,无效合同中所涉及的财产可采取如下方式处理(   )。

A.返还原物　　　　　　　　　　　　　B.赔偿损失

C.收归国有或返还集体　　　　　　　　D.统一政策,分级管理

E.征收税金

7.合同的内容一般包括条款(   )。

A.当事人的名称或者姓名和住所　　　B.标的

C.数量　　　　　　　　　　　　　　　D.质量

E.价款或者报酬

8.合同法律关系的构成要素有(   )。

A.主体　　　　　　　　　　　　　　　B.内容

C.客体　　　　　　　　　　　　　　　D.权利

E.义务

9.下列哪些承诺行为不发生承诺的效力( )。

A.附条件的接受要约

B.撤回承诺的通知与承诺同时到达要约人

C.撤回承诺的通知因送达的原因后于承诺到达,要约人未及时将该情况通知承诺人

D.承诺因送达的原因于要约有效期限届满后到达要约人,要约人将情况通知了承诺人

10.甲、乙公司依法签订了一份买卖合同,该合同执行国家定价,在乙公司逾期交货的情况下,该产品的价格( )。

A.遇有价格上涨时,按原价格执行　　　B.遇有价格上涨时,按新价格执行

C.遇有价格下降时,按新价格执行　　　D.遇有价格下降时,按原价格执行

三、简答题

1.合同法的基本原则是什么?

2.合同生效应当具备的条件是什么?

3.签订合同必须经过哪些程序?

4.简述合同变更中应注意的问题。

四、案例分析题

1.甲某为某施工企业法定代表人,在企业合法经营范围内就一项施工任务与某公路项目的发包人签订了承包合同。事后,该施工企业通知该项目发包人:"根据公司章程规定,甲某无权独立对外签订施工合同,故甲某与贵方所签合同没有效力,对我公司没有约束力。"但事实上,在此之前,该项目发包人不知道而且不可能知道施工企业的这项规定。

【问题】

(1)你认为该施工企业的说法是否正确?

(2)试根据《民法典》的有关规定,说明理由。

(3)如果上述合同是甲某通过授权书委托乙某与发包人签订的,该合同是否有效?

(4)如果上述合同是施工企业职工乙某与发包人签订的,但未提供甲某签署的授权书,该合同是否对该施工企业发生效力?

2.某城市拟新建一立交桥,各有关部门组织成立建设项目法人,在项目建议书、可行性研究报告、设计任务书等经市计划主管部门审核后,报国家计委、国务院审批并向国务院计划主管部门申请国家重大建设工程立项。在审批过程中,项目法人以公开招标方式与3家中标的一级企业签订《建设工程总承包合同》,约定由该3家企业共同为立交桥主体工程承包人,承包形式为一次包干,估算工程总造价18亿元。但合同签订后,国务院计划主管部门公布该工程为国家重大建设工程项目,批准的投资计划中主体工程部分仅为15亿元。因此,该计划下达后,委托方(项目法人)要求企业修改合同,降低包干造价,施工企业不同意,委托方诉至法院,要求解除合同。

【问题】

(1)项目法人与3家中标企业签订的《建设工程总承包合同》是否有效?

(2)试分析法院应如何判决该案例。

专项实训

某公路工程施工合同履行过程的争议处理模拟

【实训目标】

结合本书前面模块的学习内容,模拟完整的公路工程施工合同的争议处理过程,进而掌握公路工程施工合同的变更、履行、违约责任和合同争议的处理过程和方法,提升利用法律手段处理合同管理的技能,具备一定的组织协调能力、团队合作能力、语言表达能力和写作能力。

【实训过程】

1.岗位分配。根据班级情况分组,可分为施工单位组、监理单位组、业主单位组、律师援助组4大类。各组明确各自工作任务,团队协作,完成实训任务。

2.各组查阅教师提供的完整施工合同争议案例。

3.各组从各自角色出发,利用法律和法规进行分析案例涉及的问题。

4.各组阐述合理的处理方法和方式。

5.教师进行适当的引导和分析,填写相关表格。

【实训成果】

1.写出给定施工合同争议涉及的各类具体依据。

_____

_____

2.写出该案例合同纠纷的处理方法。

_____

_____

(可自行加页)

在线测评

模块5
在线测评

课程思政学习资源

模块5 课程思政
学习资源

模块6

公路工程施工合同管理

学习导航

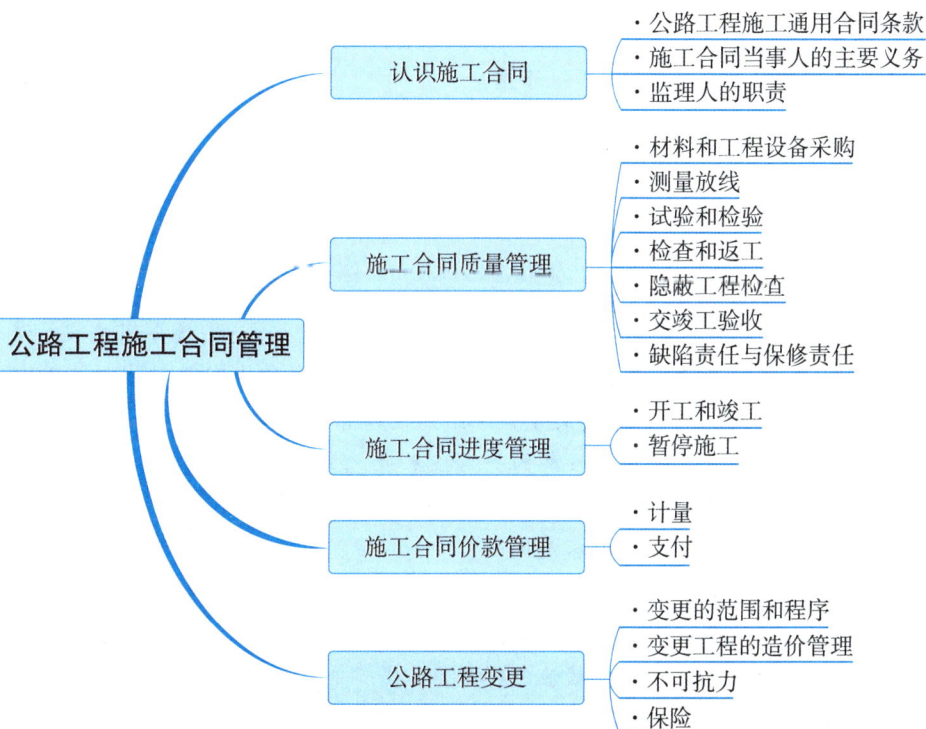

公路工程施工合同管理

- **认识施工合同**
  - ·公路工程施工通用合同条款
  - ·施工合同当事人的主要义务
  - ·监理人的职责

- **施工合同质量管理**
  - ·材料和工程设备采购
  - ·测量放线
  - ·试验和检验
  - ·检查和返工
  - ·隐蔽工程检查
  - ·交竣工验收
  - ·缺陷责任与保修责任

- **施工合同进度管理**
  - ·开工和竣工
  - ·暂停施工

- **施工合同价款管理**
  - ·计量
  - ·支付

- **公路工程变更**
  - ·变更的范围和程序
  - ·变更工程的造价管理
  - ·不可抗力
  - ·保险

知识目标

1. 了解施工合同的特点和类型，承、发包双方主要义务；
2. 熟悉公路工程施工合同的主要内容；
3. 掌握施工合同质量管理、进度管理、价款管理的内容与要求；
4. 掌握工程变更的工作程序及变更价款管理。

能力目标

1. 能够区分施工合同的种类；
2. 能够明确施工合同中各方的权利和义务；
3. 能够利用公路工程施工合同对施工中发生的具体情况进行处理。

素质目标

1. 自觉遵守和履行合同义务，遵纪守法；
2. 坚定诚实守信、积极向上的职业精神和学习态度；
3. 求真务实地执行行业标准，注重安全和劳动保护。

工作任务

　　某承包人与某发包人签订了某公路项目的路基工程施工合同，按合同工程量清单进行计量支付。承包人必须严格按照施工图及施工合同规定的内容及技术要求施工。工程开工前，承包人向监理工程师提交了施工组织设计并得到批准。

　　假设你是中标的施工企业项目部的一名技术员，请做好以下工作：

1. 列出在工程施工合同实施过程中，施工方应做的工作。
2. 公路工程施工合同主要内容是什么？
3. 在工程施工合同中，如何做好施工合同的质量管理、进度管理、价款管理？
4. 在工程施工过程中，承包人根据监理工程师指示就部分工程进行了工程变更施工。请思考工程变更部分合同价款应怎样确定？
5. 在开挖土方过程中，有两项重大事件使工期发生较大的延误：一是土方开挖时遇到了一些工程地质勘查没有探明的孤石，排除孤石拖延了一定工期；二是施工过程中遇到数天季节性大雨后又转为特大暴雨引起山洪暴发，造成现场临时道路、管网和施工用房等设施及已施工的部分基础被冲坏，运进现场的部分材料被冲走。雨后承包人花费较多工时清理现场和恢复施工条件。请做好延长工期和费用补偿工作。

任务 6.1
认识施工合同

《民法典》规定,建设工程合同是承包人进行工程建设,发包人支付价款的合同。建设工程合同包括工程勘察、设计、施工合同。施工合同是建设工程合同中的重要部分,是指施工人(承包人)根据发包人的委托,完成建设工程项目的施工工作,发包人接受工作成果并支付报酬的合同。

由于建设工程施工合同具有标的特殊、施工内容复杂、履行期限长、涉及面广等特点,为了规范和指导合同双方的行为,我国共计制定了 3 版示范文本,为非强制性使用文本,现行《建设工程施工合同(示范文本)》(GF—2017—0201)(以下简称《示范文本》)适用于房屋建筑工程、土木工程等建设工程的施工承发包活动,可供签订公路施工承包合同参考。

《示范文本》由合同协议书、通用合同条款和专用合同条款三部分组成,并附有 11 个常用附件。通用合同条款是根据《建筑法》《民法典》等法律法规,针对工程建设的实施,对合同双方权利义务做出的原则性约定,使用时一般不做修改;专用合同条款是对通用合同条款原则性约定的细化、完善、补充、修改或另行约定,可以根据不同工程项目的特点及具体情况,通过双方的谈判、协商对相应的专用合同条款进行修改补充。

一 公路工程施工通用合同条款

《公路工程标准施工招标文件》的合同条款包括通用合同条款、专用合同条款和合同附件格式三部分。

通用合同条款共计 20 条,具体条款分别为一般约定、发包人、承包人、监理人、工程质量、安全文明施工与环境保护、工期和进度、材料与设备、试验与检验、变更、价格调整、合同价格、计量与支付、验收和工程试车、竣工结算、缺陷责任与保修、违约、不可抗力、保险、索赔和争议解决。根据现行法律法规对工程建设的有关要求,以及建设工程施工管理的特殊需要,在编制合同条款时,通用合同条款原则上不做变动。

(一)合同主要词语定义

通用合同条款、专用合同条款中的下列词语应具有本款所赋予的含义。

1. 合同(表 6-1)

合同 表 6-1

序号	名称	定义
a	合同文件(或称合同)	合同协议书、中标通知书、投标函及投标函附录、专用合同条款、通用合同条款、技术标准和要求、图纸、已标价工程量清单,以及其他合同文件

续上表

序号	名称	定义
b	合同协议书	通用合同条款所指的合同协议书。承包人按中标通知书规定的时间与发包人签订合同协议书。除法律另有规定或合同另有约定外，发包人和承包人的法定代表人或其委托代理人在合同协议书上签字并盖单位章后，合同生效
c	中标通知书	发包人通知承包人中标的函件
d	投标函	构成合同文件组成部分的由承包人填写并签署的投标函
e	投标函附录	附在投标函后构成合同文件的投标函附录
f	技术标准和要求	构成合同文件组成部分的名为技术标准和要求的文件，包括合同双方当事人约定对其所做的修改或补充
g	图纸	包含在合同中的工程图纸，以及由发包人按合同约定提供的任何补充和修改的图纸，包括配套的说明
h	已标价工程量清单	构成合同文件组成部分的由承包人按照规定的格式和要求填写并标明价格的工程量清单
i	其他合同文件	经合同双方当事人确认构成合同文件的其他文件

2. 合同当事人和人员（表6-2）

合同当事人和人员　　　　　　　　　　　　　　表6-2

序号	名称	定义
a	合同当事人	发包人和（或）承包人
b	发包人	专用合同条款中指明并与承包人在合同协议书中签字的当事人
c	承包人	与发包人签订合同协议书的当事人
d	承包人项目经理	承包人派驻施工场地的全权负责人
e	分包人	从承包人处分包合同中某一部分工程，并与其签订分包合同的分包人
f	监理人	在专用合同条款中指明的，受发包人委托对合同履行实施管理的法人或其他组织
g	总监理工程师（总监）	由监理人委派常驻施工场地对合同履行实施管理的全权负责人

3. 工程和设备（表6-3）

工程和设备　　　　　　　　　　　　　　表6-3

序号	名称	定义
a	工程	永久工程和（或）临时工程
b	永久工程	按合同约定建造并移交给发包人的工程，包括工程设备
c	临时工程	为完成合同约定的永久工程所修建的各类临时性工程，不包括施工设备
d	单位工程	专用合同条款中指明特定范围的永久工程

序号	名称	定义
e	工程设备	构成或计划构成永久工程一部分的机电设备、金属结构设备、仪器装置及其他类似的设备和装置
f	施工设备	为完成合同约定的各项工作所需的设备、器具和其他物品,不包括临时工程和材料
g	临时设施	为完成合同约定的各项工作所服务的临时性生产和生活设施
h	承包人设备	承包人自带的施工设备
i	施工场地（或称工地、现场）	用于合同工程施工的场所,以及在合同中指定作为施工场地组成部分的其他场所,包括永久占地和临时占地
j	永久占地	专用合同条款中指明为实施合同工程需要永久占用的土地
k	临时占地	专用合同条款中指明为实施合同工程需要临时占用的土地

4.日期(表6-4)

日期　　　　　　　　　　　　　　　　表6-4

序号	名称	定义
a	开工通知	监理人按"开工"通知承包人开工的函件
b	开工日期	监理人按"开工"发出的开工通知中写明的开工日期
c	工期	承包人在投标函中承诺的完成合同工程所需的期限,包括按"发包人的工期延误""异常恶劣的气候条件"和"工期提前"约定所做的变更
d	竣工日期	本表c项"工期"约定工期届满时的日期。实际竣工日期以工程接收证书中写明的日期为准
e	缺陷责任期	"缺陷责任"约定的缺陷责任的期限,具体期限由专用合同条款约定,包括根据"缺陷责任期的延长"约定所做的延长
f	基准日期	投标截止时间前28天的日期
g	天	除特别指明外,指日历天。合同中按天计算时间的,开始当天不计入,从次日开始计算。期限最后一天的截止时间为当天24:00

5.合同价格和费用(表6-5)

合同价格和费用　　　　　　　　　　　　表6-5

序号	名称	定义
a	签约合同价	签订合同时合同协议书中写明的,包括了暂列金额、暂估价的合同总金额
b	合同价格	承包人按合同约定完成包括缺陷责任期内的全部承包工作后,发包人应付给承包人的金额,包括在履行合同过程中按合同约定进行的变更和调整

续上表

序号	名称	定义
c	费用	为履行合同所发生的或将要发生的所有合理开支，包括管理费和应分摊的其他费用，但不包括利润
d	暂列金额	已标价工程量清单中所列的暂列金额，用于在签订协议书时尚未确定或不可预见变更的施工及其所需材料、工程设备、服务等的金额，包括以计日工方式支付的金额
e	暂估价	发包人在工程量清单中给定的用于支付必然发生但暂时不能确定价格的材料、设备以及专业工程的金额
f	计日工	对零星工作采取的一种计价方式，按合同中的计日工子目及其单价计价付款
g	质量保证金（或称保留金）	按约定用于保证在缺陷责任期内履行缺陷修复义务的金额

6.其他（表6-6）

其他 表6-6

序号	名称	定义
a	书面形式	合同文件、信函、电报、传真等可以有形地表现所载内容的形式

（二）合同文件的优先顺序

组成合同的各项文件应互相解释、互为说明。除专用合同条款另有约定外，解释合同文件的优先顺序见表6-7。

合同文件的优先顺序 表6-7

序号	合同文件名称	序号	合同文件名称
1	合同协议书	6	技术标准和要求
2	中标通知书	7	图纸
3	投标函及投标函附录	8	已标价工程量清单
4	专用合同条款	9	其他合同文件
5	通用合同条款		

（三）合同协议书

承包人按中标通知书规定的时间与发包人签订合同协议书。除法律另有规定或合同另有约定外，发包人和承包人的法定代表人或其委托代理人在合同协议书上签字并盖单位章后，合同生效。

应用案例6-1

【案例概况】

合同协议书

_____（发包人名称，以下简称"发包人"）为实施_____（项目名称），已接受（承包人名称，以下简称"承包人"）对该项目_____标段施工的投标。发包人和承包人共同达成如下协议。

1. 第_____标段由K_____+_____~K_____+_____，长约_____km，公路等级为_____，设计时速为_____，_____路面，有_____立交_____处；特大桥_____座，计长_____m；大中桥_____座，计长_____m；隧道_____座，计长_____m以及其他构造物工程等。

2. 下列文件应视为构成合同文件的组成部分：

（1）合同协议书及各种合同附件（含廉政合同、安全生产合同、工程质量责任合同、工程资金监管协议及评标期间和合同谈判过程中的澄清文件及补充资料）。

（2）中标通知书。

（3）投标函及投标函附录。

（4）项目专用合同条款（含招标文件补遗书中与此有关的部分）。

（5）公路工程专用合同条款。

（6）通用合同条款。

（7）工程量清单计量规则（含招标文件补遗书中与此有关的部分）。

（8）项目专用技术规范（含招标文件补遗书中与此有关的部分）。

（9）通用技术规范。

（10）图纸（含招标文件补遗书中与此有关的部分）。

（11）已标价工程量清单。

（12）承包人有关人员、设备投入的承诺及投标文件中的施工组织设计。

（13）其他合同文件。

上述合同文件互相补充和解释。如果合同文件之间存在矛盾或不一致之处，以上述排列顺序在先者为准。

3. 根据工程量清单所列的预计数量和单价或总额价计算的签约合同价：人民币（大写）_____元（¥_____）。

4. 承包人项目经理：_____。承包人项目技术负责人：_____。安全负责人：_____。

5. 工程质量符合_____标准。工程安全目标：_____。

6. 承包人承诺按合同约定承担工程的实施、完成及缺陷责任期缺陷修复。

7. 发包人承诺按合同约定的条件、时间和方式向承包人支付合同价款。

8. 承包人应按照监理人指示开工，工期为_____日历天。

9.本协议书在承包人提供履约保证金后,由双方法定代表人或其委托代理人签署并加盖单位章后生效。全部工程完工后经交工验收合格、缺陷责任期满签发缺陷责任终止证书后失效。

10.本协议书正本二份、副本_____份,合同双方各执正本一份,副本_____份,当正本与副本的内容不一致时,以正本为准。

11.合同未尽事宜,双方另行签订补充协议。补充协议是合同的组成部分。

发包人:_____（盖单位章）　　　　　承包人:_____（盖单位章）

法定代表人或其委托代理人:_____（签字）　　法定代表人或其委托代理人:_____（签字）

_____年_____月_____日　　　　　　　　_____年_____月_____日

S213龙青线大中修施工合同

二　施工合同当事人的主要义务

施工合同各方基本权利义务

（一）发包人的主要义务（表6-8）

发包人的主要义务　　　　　　　　　　　　　　　表6-8

不得违法发包	发包人不得将应当由一个承包人完成的建设工程分解成若干部分发包给数个承包人
提供必要施工条件	发包人未按照约定的时间和要求提供原材料、设备、场地、资金、技术资料的,承包人可以顺延工程日期,并有权请求赔偿停工、窝工等损失
及时检查隐蔽工程	隐蔽工程在隐蔽以前,承包人应当通知发包人检查。发包人没有及时检查的,承包人可以顺延工程日期,并有权请求赔偿停工、窝工等损失
及时验收工程	建设工程竣工后,发包人应当根据施工图纸及说明书、国家颁发的施工验收规范和质量检验标准及时进行验收
支付工程价款	发包人应当按照合同约定的时间、地点和方式等,向承包人支付工程价款

(二)承包人的主要义务(表6-9)

承包人的主要义务　　　　　　　　　　　　　　　　　　　表6-9

不得转包和违法分包工程	承包人不得将其承包的全部建设工程转包给第三人或者将其承包的全部建设工程分解以后,以分包的名义分别转包给第三人。禁止承包人将工程分包给不具备相应资质条件的单位。禁止分包单位将其承包的工程再分包
自行完成工程主体结构施工	建设工程主体结构的施工必须由承包人自行完成。承包人将建设工程主体结构的施工分给第三人的,该分包合同无效
接受发包人有关检查	发包人在不妨碍承包人正常作业的情况下,可以随时对作业进度、质量进行检查。隐蔽工程在隐蔽以前,承包人应当通知发包人检查
交付竣工验收合格的工程	工程竣工经验收合格后,方可交付使用;未经验收或者验收不合格的,不得交付使用
工程质量不符合约定的无偿修理	因施工人的原因致使工程质量不符合约定的,发包人有权请求施工人在合理期限内无偿修理或者返工、改建。经过修理或者返工、改建后,造成逾期交付的,施工人应当承担违约责任

项目经理的主要职责如图6-1所示。

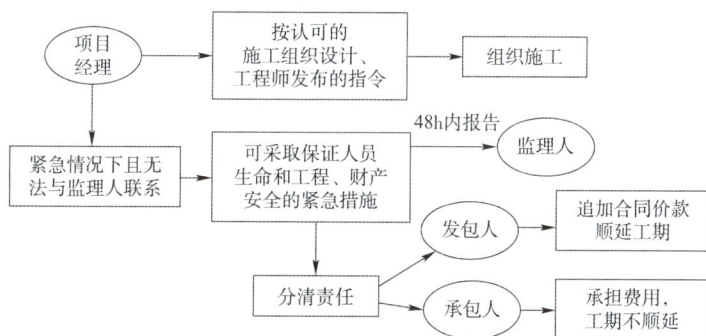

图6-1　项目经理的主要职责

三　监理人的职责

(一)受发包人委托对施工合同的履行进行管理

(1)在发包人授权范围内,负责发出指示、检查施工质量、控制进度等现场管理工作。

(2)在发包人授权范围内独立处理合同履行过程中的有关事项,行使通用条款规定的,以及具体施工合同专用条款中说明的权利。

(3)承包人收到监理人发出的任何指示,视为已得到发包人的批准,应遵照执行。

(4)在合同规定的权限范围内,独立处理或决定有关事项,如单价的合理调整、变更估价、索赔等。

（二）居于施工合同履行管理的核心地位

（1）监理人应按照合同条款的约定,公平、合理地处理合同履行过程中涉及的有关事项。

（2）除合同另有约定外,承包人只从总监理工程师或被授权的监理人员处取得指示。为了使工程施工顺利开展,避免指令冲突及尽量减少合同争议,发包人对施工工程的所有想法通过监理人的协调指令来实现;承包人的各种问题也首先提交监理人,尽量减少发包人和承包人分别站在各自立场解释合同导致争议。

（3）总监理工程师在协调处理合同履行过程中的有关事项时,应首先与合同当事人协商,尽量达成共识。当不能达成共识时,应认真研究、审慎确定后通知当事人双方并附详细依据。

（三）监理人给承包人发出的指示,承包人应遵照执行

（1）监理人未能按合同约定发出指示、指示延误或指示错误而导致承包人施工成本增加和(或)工期延误,由发包人承担赔偿责任。

（2）监理人无权免除或变更合同约定的发包人和承包人权利、义务和责任。由于监理人不是合同当事人,因此合同约定应由承包人承担的义务和责任,不因监理人对承包人提交文件的审查或批准,对工程、材料和设备的检查和检验,以及为实施监理做出的指示等职务行为而减轻或解除。

监理人的主要职责如图6-2所示。

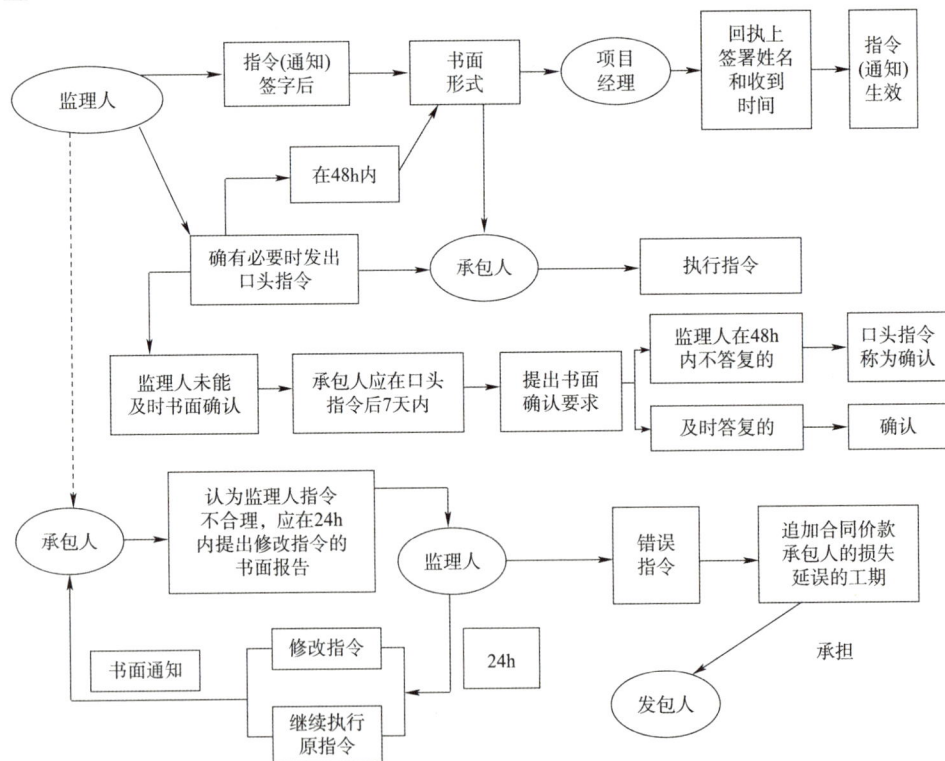

图6-2　监理人的主要职责

应用案例6-2

【案例概况】

某高速公路施工承包人在进行通道箱涵的施工时,发现合同文件中技术规范与图纸的规定不一致。技术规范要求回填料为宽度不小于50cm、塑性指数不大于12的土。而图纸中规定回填料为宽度不小于2m的天然砂砾。承包人认为投标报价是按技术规范进行的,按技术规范施工符合合同要求;而业主认为按设计图纸施工有利于保证工程质量,且招标文件是由业主编制的,在出现观点不一致的情况下应由业主解释。因此,业主要求承包人按图纸施工。

【问题】

根据《公路工程标准施工招标文件(2018年版)》规定,对承包人和建设单位的争议,哪一个观点符合合同规定?为什么?

【案例评析】

承包人的观点符合合同规定。按合同规定的合同文件优先次序,技术规范优先于图纸,因此,在二者发生矛盾时,应以技术规范为准。建设单位的解释和要求不符合合同优先次序的原则。

任务6.2

施工合同质量管理

工程质量验收按合同约定验收标准执行。因承包人原因造成工程质量达不到合同约定验收标准的,监理人有权要求承包人返工直至符合合同要求为止,由此造成的费用增加和(或)工期延误由承包人承担。因发包人原因造成工程质量达不到合同约定验收标准的,发包人应承担由于承包人返工造成的费用增加和(或)工期延误,并支付承包人合理利润。

施工合同中的质量管理

一 材料和工程设备采购

(一)承包人采购材料与工程设备

承包人应按照设计和有关标准要求采购,并提供产品合格证明及出厂证明,对材料、工程设备质量负责。

承包人应保证产品质量合格,应在材料和工程设备到货前24h通知监理人检验。承包人采购的材料和工程设备不符合设计或有关标准要求时,承包人应在监理人要求的合理期限内将不符合设计或有关标准要求的材料、工程设备运出施工现场,并重新采购符合要求的材料、工程设备,由此增加的费用和(或)延误的工期,由承包人承担。

承包人采购的材料和工程设备由承包人妥善保管,保管费用由承包人承担。法律规定材料和工程设备使用前必须进行检验或试验的,承包人应按监理人的要求进行检验或试验,检验或试验费用由承包人承担,不合格的不得使用。承包人负责采购材料设备流程如图6-3所示。

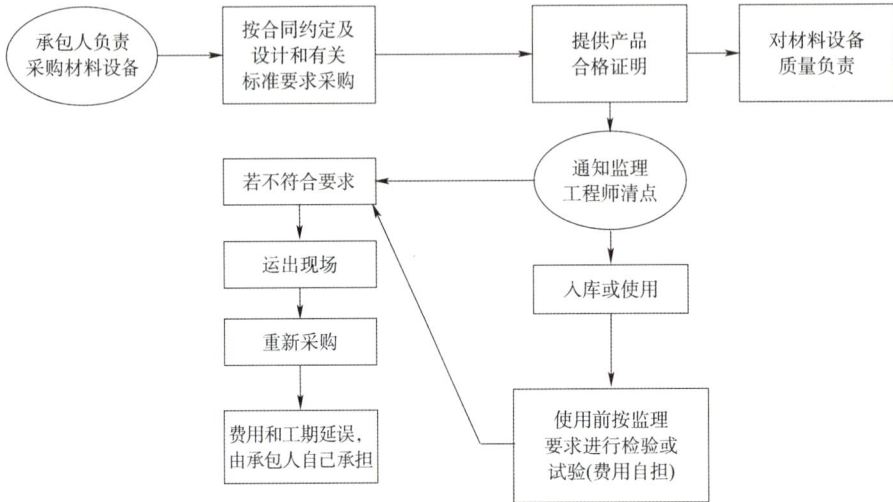

图6-3　承包人负责采购材料设备流程

（二）发包人采购材料与工程设备

发包人应按合同约定提供材料和工程设备,并向承包人提供产品合格证明及出厂证明,对其质量负责。发包人应提前24h以书面形式通知承包人、监理人材料和工程设备到货时间,承包人负责材料和工程设备的清点、检验和接收。

发包人供应的材料和工程设备,承包人清点后由承包人妥善保管,保管费用由发包人承担。因承包人原因发生丢失毁损的,由承包人负责赔偿。

发包人供应的材料和工程设备使用前,由承包人负责检验,检验费用由发包人承担,不合格的不得使用。

二　测量放线

发包人应在至迟不得晚于开工通知载明的开工日期前7天通过监理人向承包人提供测量基准点、基准线和水准点及其书面资料。发包人应对其提供的测量基准点、基准线和水准点及其书面资料的真实性、准确性和完整性负责。

承包人发现发包人提供的测量基准点、基准线和水准点及其书面资料存在错误或疏漏的,应及时通知监理人。监理人应及时报告发包人,并会同发包人和承包人予以核实。发包人应就如何处理和是否继续施工作出决定,并通知监理人和承包人。

承包人负责施工过程中的全部施工测量放线工作,并配置具有相应资质的人员、合格的仪器、设备和其他物品。承包人应矫正工程的位置、高程、尺寸或准线中出现的任何差错,并对工程各部分的定位负责。

应用案例6-3

【案例概况】

某工程在施工过程中发生如下事件:

事件1:项目监理机构收到施工单位报送的施工控制测量成果报验表后,安排监理员检查、复核报验表所附的测量人员资格证书、施工平面控制网和临时水准点的测量成果,并签署意见。

事件2:由建设单位负责采购的一批钢筋进场后,施工单位发现其规格型号与合同约定不符,项目监理机构按程序对这批钢筋进行了处置。

【问题】

1.写出事件1中的不妥之处,并说明理由。项目监理机构对施工控制测量成果的检查、复核还应包括哪些内容?

2.事件2中,项目监理机构应如何处置该批钢筋?

【案例评析】

1.事件1中,项目监理机构的不妥之处有安排监理员检查、复核与签署监理意见。正确做法:安排专业监理工程师检查、复核与签署监理意见。项目监理机构对施工控制测量成果的检查、复核内容还应包括测量设备的检定证书、高程控制网和控制桩的保护措施。

2.事件2中,项目监理机构应采用以下方式处置该批钢筋:报告建设单位,经建设单位同意后与施工单位协商,能够用于本工程的,按程序办理相关手续;不能用于本工程的,要求限期清出现场。

三 试验和检验

承包人应按合同约定进行材料、工程设备以及工程的试验和检验,并为监理人对上述材料、工程设备和工程的质量检查提供必要的试验资料和原始记录。按合同约定,应由监理人与承包人共同进行试验和检验的,由承包人负责提供必要的试验资料和原始记录。

监理人未按合同约定派员参加试验和检验的,除监理人另有指示外,承包人可自行试验和检验,并应立即将试验和检验结果报送监理人,监理人应签字确认。

监理人对承包人的试验和检验结果有疑问的,或为查清承包人试验和检验成果的可靠性要求承包人重新试验和检验的,可按合同约定由监理人与承包人共同进行。重新试验和检验的结果证明该项材料、工程设备或工程的质量不符合合同要求的,由此增加的费用和(或)工期延误由承包人承担;重新试验和检验结果证明该项材料、工程设备和工程符合合同要求,由发包人承担由此增加的费用和(或)工期延误,并支付承包人合理利润。

四 检查和返工

分部分项工程质量应符合国家有关工程施工验收规范、标准及合同约定,承包人应按照施工组织设计的要求完成分部分项工程施工。工程检查和返工流程如图6-4所示。

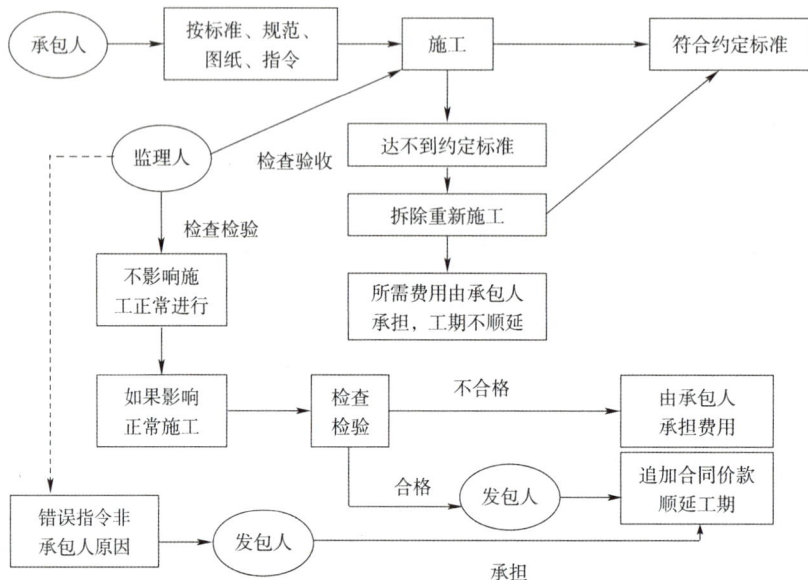

图6-4 工程检查和返工流程

五 隐蔽工程检查

(一)检查程序

工程隐蔽部位经承包人自检确认具备覆盖条件的,承包人应在共同检查前48h书面通知监理人检查,并应附有自检记录和必要的检查资料。

经监理人检查确认质量符合隐蔽要求,并在验收记录上签字后,承包人才能进行覆盖。经监理人检查质量不合格的,承包人应在监理人指示的时间内完成修复,并由监理人重新检查,由此增加的费用和(或)延误的工期由承包人承担。

(二)重新检查

承包人覆盖工程隐蔽部位后,发包人或监理人对质量有疑问的,可要求承包人对已覆盖的部位进行钻孔探测或揭开重新检查,承包人应遵照执行,并在检查后重新覆盖恢复原状。经检查证明工程质量符合合同要求的,由发包人承担由此增加的费用和(或)延误的工期,并支付承包人合理的利润;经检查证明工程质量不符合合同要求的,由此增加的费用和(或)延误的工期由承包人承担。监理人重新检验如图6-5所示。

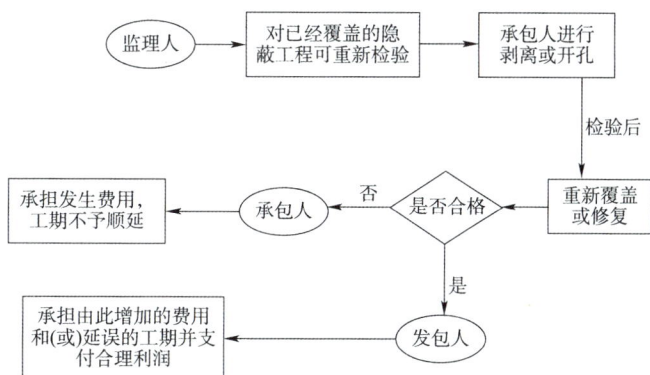

图6-5 监理人重新检验

应用案例6-4

【案例概况】

某公路梁桥,采用5×20m预应力空心板,空心板宽1.24m,预制空心板之间采用混凝土铰缝连接,桥面铺装设计为15cm水泥混凝土和10cm沥青混凝土,陆续进行了梁板预制、吊装和桥面铺装施工。在施工过程中,发生了下列事件:

事件1:预制20m空心板梁按期施工完成,但因为桥梁基础和下部结构施工较慢,存梁6个月后,准备架梁,采用起重机将工人运至盖梁顶,进行架梁前的准备工作。

事件2:监理工程师接到吊装开工申请后,审阅了开工申请和检查了施工准备情况,不同意梁板架设,理由是施工单位没有提交专项施工方案。

【问题】

1.事件1中,请写出施工单位不符合施工规范要求的行为,并说明理由。

2.事件2中,监理工程师做法是否正确?请说明理由。

3.张拉用的千斤顶与压力表应配套标定、配套使用,当处于什么情况时,应重新进行标定?

【案例评析】

1.不妥之处一:预制梁存放达到6个月。

理由:预制梁存放时间宜不超过3个月,特殊情况下不应超过5个月。

不妥之处二:采用起重机将工人运至盖梁顶,进行架梁前的准备工作。

理由:禁止采用起重机运送工人。

2.监理工程师做法正确。编制专项施工方案,并报监理工程师进行审查。

采用起重机械进行安装的工程也需要编制专项施工方案。(该工程规模未达到需专家论证、审查的条件)

3.张拉用的千斤顶与压力表应配套标定、配套使用,标定应在经国家授权的法定计量技术机构定期进行,标定时千斤顶活塞的运行方向应与实际张拉工作状态一致。当处于以下情况时，应重新进行标定：

(1)使用时间超过6个月。

(2)张拉次数超过300次。

(3)使用过程中千斤顶或压力表出现异常情况。

(4)千斤顶检修或更换配件后。

六　交竣工验收

（一）竣工验收申请报告

当工程具备以下条件时，承包人即可向监理人报送竣工验收申请报告：

(1)除监理人同意列入缺陷责任期内完成的尾工（甩项）工程和缺陷修补工作外，合同范围内的全部单位工程以及有关工作（包括合同要求的试验、试运行以及检验和验收）均已完成，并符合合同要求。

(2)已按合同约定的内容和份数备齐了符合要求的竣工资料。

(3)已按监理人的要求编制了在缺陷责任期内完成的尾工（甩项）工程和缺陷修补工作清单以及相应施工计划。

(4)监理人要求在竣工验收前应完成的其他工作。

(5)监理人要求提交的竣工验收资料清单。

（二）验收

监理人收到承包人提交的竣工验收申请报告后，应审查各项内容，并按以下不同情况进行处理：

(1)监理人审查后认为尚不具备竣工验收条件的，应在收到竣工验收申请报告后的28天内通知承包人，指出在颁发接收证书前承包人还需进行的工作内容。承包人完成监理人通知的全部工作内容后，应再次提交竣工验收申请报告，直至监理人同意为止。

(2)监理人经审查后认为已具备竣工验收条件的，应在收到竣工验收申请报告后的28天内提请发包人进行工程验收。

(3)发包人经过验收后同意接受工程的，应在监理人收到竣工验收申请报告后的56天内，由监理人向承包人出具经发包人签认的工程接收证书。发包人验收后同意接收工程但提出整修和完善要求的，限期修好，并缓发工程接收证书。整修和完善工作完成后，监理人复查符合要求的，经发包人同意后，再向承包人出具工程接收证书。

(4)发包人验收后不同意接收工程的，监理人应按照发包人的验收意见发出指示，要求承包人对不合格工程认真返工重做或进行补救处理，并承担由此产生的费用。承包人在完成不合格工程的返工重做或补救工作后，应重新提交竣工验收申请报告，按第(1)项、第(2)项和第(3)项的约定进行。

（5）除专用合同条款另有约定外,经验收合格工程的实际竣工日期,以提交竣工验收申请报告的日期为准,并在工程接收证书中写明。

（6）发包人在收到承包人竣工验收申请报告56天后未进行验收的,视为验收合格;实际竣工日期以提交竣工验收申请报告的日期为准,但发包人由于不可抗力不能进行验收的除外。

交竣工验收流程如图6-6所示。

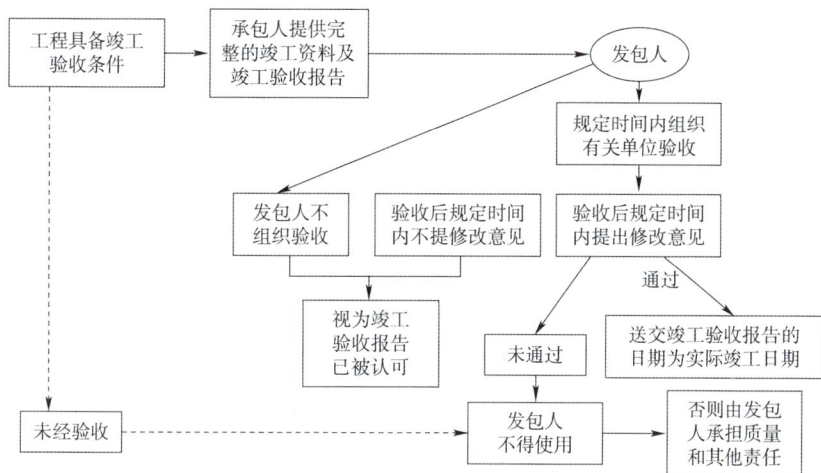

图6-6 交竣工验收流程

七 缺陷责任与保修责任

（一）缺陷责任期的起算时间

缺陷责任期自实际竣工日期起计算。在全部工程竣工验收前,已经发包人提前验收的单位工程,其缺陷责任期的起算日期相应提前。

（二）缺陷责任

（1）承包人应在缺陷责任期内对已交付使用的工程承担缺陷责任。

（2）在缺陷责任期内,发包人对已接收使用的工程负责日常维护工作。发包人在使用过程中,发现已接收的工程存在新的缺陷或已修复的缺陷部位(部件)又遭损坏的,承包人应负责修复,直至检验合格为止。

（3）监理人和承包人应共同查清缺陷和(或)损坏的原因。经查明属承包人原因造成的,应由承包人承担修复和查验的费用;经查验属发包人原因造成的,发包人应承担修复和查验的费用,并支付承包人合理利润。

（4）承包人不能在合理时间内修复缺陷的,发包人可自行修复或委托其他人修复,所需费用和利润的承担,按第(3)项约定办理。

（三）缺陷责任期的延长

由于承包人原因造成某项缺陷或损坏使某项工程或工程设备不能按原定目标使用而需

要再次检查、检验和修复的,发包人有权要求承包人相应延长缺陷责任期,但缺陷责任期最长不超过2年。

(四)进一步试验和试运行

任何一项缺陷和(或)损坏修复后,经检查证明其影响了工程或工程设备的使用性能,承包人应重新进行合同约定的试验和试运行,试验和试运行的全部费用应由责任方承担。

(五)承包人的进入权

缺陷责任期内承包人为缺陷修复工作需要,有权进入工程现场,但应遵守发包人的保安和保密规定。

(六)缺陷责任期终止证书

约定的缺陷责任期,包括根据第(3)项延长的期限终止后14天内,由监理人向承包人出具经发包人签认的缺陷责任期终止证书,并退还剩余的质量保证金。

(七)保修责任

合同当事人根据有关法律法规规定,在专用合同条款中约定工程质量保修范围、期限和责任。保修期自实际竣工日期起计算。在全部工程竣工验收前,已经发包人提前验收的单位工程,其保修期的起算日期相应提前。

应用案例6-5

【案例概况】

某二级公路工程项目,在施工招标文件中,按工期定额计算工期为550天,但在施工合同中,开工日期为2020年12月15日,竣工日期为2022年7月20日,日历天数为582天。

【问题】

1.合同工期应该为多少天?为什么?

2.施工合同规定,发包人给承包人提供图纸7套,承包人在施工或要求发包人再提供3套图纸,施工图纸的费用由谁来承担?

3.该项目一处挡土墙基础施工完成后,承包人应通知监理人到场验收,监理人按约定时间验收,并确认质量合格。3个月后,该挡土墙完工,监理人对其整体验收时,要求承包人开挖一处基础位置,重新检验基础质量。请问该项检查费用应由谁承担?

【案例评析】

1.按照合同文件的解释顺序,协议条款与招标文件在内容上有矛盾时,应以协议条款为准。因此该工程项目的合同工期为582天。

2.承包人要求发包人再提供3套图纸,费用应由承包人承担。

3.该项基础若重新检验质量合格,检查费用及工期延误应由发包人承担。该项基础若重新检验不合格,则检查费用及工期延误由承包人承担。

任务6.3
施工合同进度管理

承包人应按专用合同条款约定的内容和期限,编制详细的施工进度计划和施工方案说明报送监理人。监理人应在约定的期限内批复或提出修改意见,否则,该进度计划视为已得到批准。工程进度计划实施如图6-7所示。经监理人批准的施工进度计划称合同进度计划,是控制合同工程进度的依据。承包人还应根据合同进度计划,编制更为详细的分阶段计划或分项进度计划,并报监理人审批。

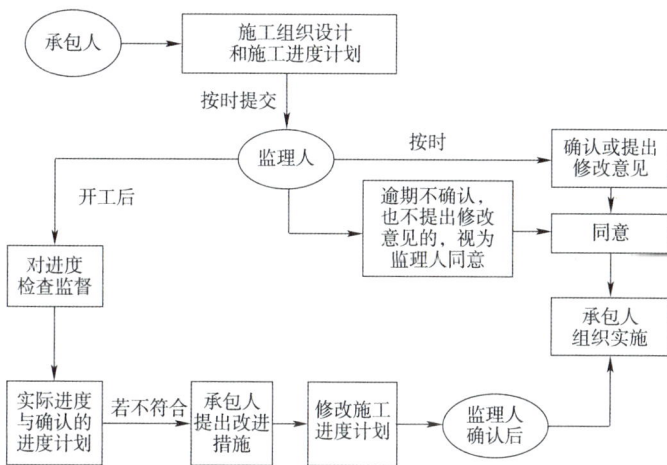

施工合同中的
进度管理

图6-7 工程进度计划实施

一 开工和竣工

(一)开工

监理人应在开工日期7天前向承包人发出开工通知。监理人在发出开工通知前应获得发包人同意。工期自监理人发出的开工通知中载明的开工日期起计算。承包人应在开工日期后尽快施工。延期开工如图6-8所示。

承包人应按约定的合同进度计划,向监理人提交工程开工报审表,经监理人审批后执行。工程开工报审表应详细说明按合同进度计划正常施工所需的施工道路、临时设施、材料设备、施工人员等施工组织措施的落实情况以及工程的进度安排。

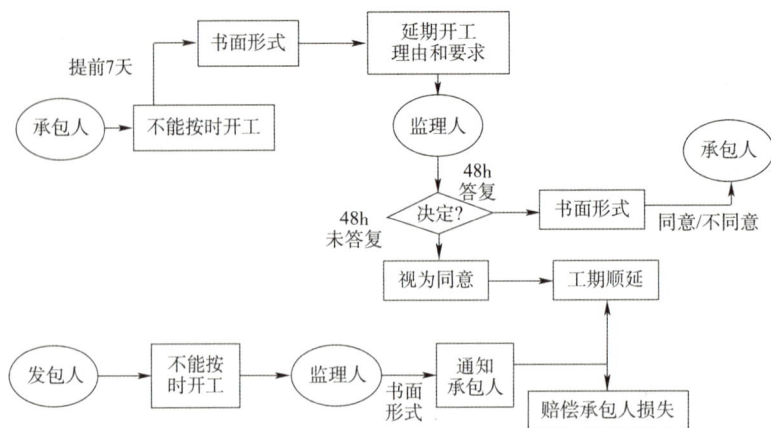

图 6-8　延期开工

（二）竣工

承包人应在约定的期限内完成合同工程。实际竣工日期在接收证书中写明。

（三）发包人的工期延误

在履行合同过程中，由于发包人的下列原因造成工期延误的，承包人有权要求发包人延长工期和（或）增加费用，并支付合理利润：

（1）增加合同工作内容。

（2）改变合同中任何一项工作的质量要求或其他特性。

（3）发包人迟延提供材料、工程设备或变更交货地点的。

（4）因发包人原因导致的暂停施工。

（5）提供图纸延误。

（6）未按合同约定及时支付预付款、进度款。

（7）发包人造成工期延误的其他原因。

（四）异常恶劣的气候条件

由于出现专用合同条款规定的异常恶劣气候的条件导致工期延误的，承包人有权要求发包人延长工期。

（五）承包人的工期延误

因承包人原因，未能按合同进度计划完成工作，或监理人认为承包人施工进度不能满足合同工期要求的，承包人应采取措施加快进度，并承担加快进度所增加的费用。因承包人原因造成工期延误，承包人应支付逾期竣工违约金。逾期竣工违约金的计算方法在专用合同条款中约定。承包人支付逾期竣工违约金，不免除承包人完成工程及修补缺陷的义务。

(六)工期提前

发包人要求承包人提前竣工或承包人提出提前竣工的建议能够给发包人带来效益的,应由监理人与承包人协商采取加快工程进度的措施和修订合同进度计划。发包人应承担承包人由此增加的费用,并向承包人支付专用合同条款约定的相应奖金。

应用案例 6-6

【案例概况】

某施工单位承接了某高速公路合同段的施工任务,项目开工前,施工单位编制了实施性施工组织设计,确定了主要分部分项工程的施工方法、施工机械配备等,制定了进度计划,并经监理工程师批准,双代号网络计划如下图所示。

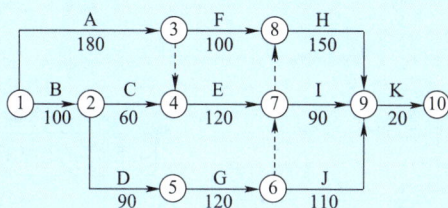

在合同履行过程中,先后出现了3种可能影响工期的情况:

(1)因设计变更,工作(B)的工程量由50000m增加至60000m。

(2)工作(D)结束后,业主指令在工作(C)之前增加一项工程,完成该新增工程需要30天。

(3)因业主供应某主要材料检验不合格,导致工作(I)开始时间推迟40天。

施工单位按合同约定分别就以上3个情形向业主提出工期索赔。

【问题】

1.计算网络计划工期,指出关键线路。

2.3种情况下可索赔工期分别为多少天?索赔后总工期为多少天?

【案例评析】

1.网络计划工期480天;关键线路:B→D→G→H→K(①→②→⑤→⑥→⑦→⑧→⑩)。

2.(1)可索赔20天;(60000 − 50000)÷(50000÷100)= 20(天),设计变更属于非施工单位责任,且工作B为关键工作。

(2)可索赔30天;增加工作处于关键线路上,业主原因。

(3)不可索赔工期;工作(I)为非关键工作,且该工作自由时差为60天,推迟40天既不影响紧后期工作也不影响总工期。

综上所述,索赔工期为20 + 30 = 50(天),索赔后总工期为480 + 50 = 530(天)。

二 暂停施工

暂停施工如图6-9所示。

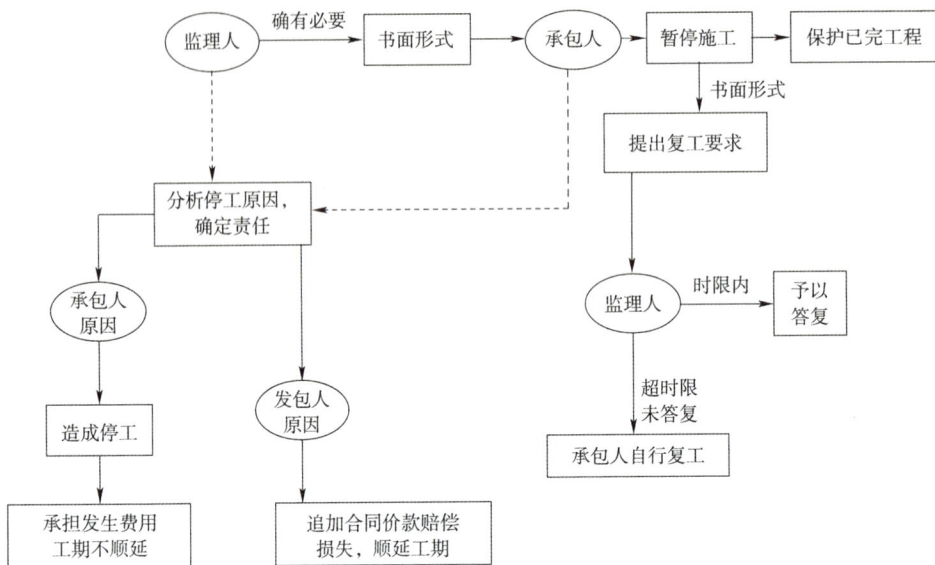

图6-9 暂停施工

（一）承包人暂停施工的责任

因下列暂停施工增加的费用和(或)工期延误由承包人承担：

(1)承包人违约引起的暂停施工。

(2)因承包人原因为工程合理施工和安全保障所必需的暂停施工。

(3)承包人擅自暂停施工。

(4)承包人其他原因引起的暂停施工。

(5)专用合同条款约定由承包人承担的其他暂停施工。

（二）发包人暂停施工的责任

因发包人原因引起的暂停施工造成工期延误的,承包人有权要求发包人延长工期和(或)增加费用,并支付合理利润。

（三）监理人暂停施工指示

监理人认为有必要时,可向承包人作出暂停施工的指示,承包人应按监理人指示暂停施工。不论是何种原因引起的暂停施工,暂停施工期间承包人应负责妥善保护工程并提供安全保障。

因发包人的原因发生暂停施工的紧急情况,而且监理人未及时下达暂停施工指示的,承包人可先暂停施工,并及时向监理人提出暂停施工的书面请求。监理人应在接到书面请求后的24h内予以答复,逾期未答复的,视为同意承包人的暂停施工请求。

(四)暂停施工后的复工

暂停施工后,监理人应与发包人和承包人协商,采取有效措施积极消除暂停施工的影响。当工程具备复工条件时,监理人应立即向承包人发出复工通知。承包人收到复工通知后,应在监理人指定的期限内复工。

承包人无故拖延和拒绝复工的,由此增加的费用和工期延误由承包人承担;因发包人原因无法按时复工的,承包人有权要求发包人延长工期和(或)增加费用,并支付合理利润。

(五)暂停施工持续56天以上

监理人发出暂停施工指示后56天内未向承包人发出复工通知,除该项停工属于"承包人原因引起的暂停施工"及"不可抗力"情形外,承包人可向发包人提交书面通知,要求发包人在收到书面通知后28天内准许已暂停施工的部分或全部工程继续施工。发包人逾期不予批准的,则承包人可以通知发包人,将工程受影响的部分视为可取消工作。

由于承包人责任引起的暂停施工,如承包人在收到监理人暂停施工指示后56天内不认真采取有效的复工措施而造成工期延误,可视为承包人违约。

📝 应用案例6-7

【案例概况】

某高速公路项目,承包人为了避免今后可能支付延误赔偿金的风险,要求将路基的完工时间延长6周,承包人的理由如下:

(1)特别严重的降雨。

(2)现场劳务不足。

(3)发包人在原工地现场之外的另一地方追加了一项额外工作。

(4)无法预见的恶劣土质条件。

【问题】

以上哪些原因引起的延误是非承包人承担风险的延误,承包人可申请延长工期吗?

【案例评析】

根据通用合同条款的要求,上述(1)(3)(4)所述原因引起的延误是非承包人承担风险的延误,承包人可申请延长工期。

任务6.4
施工合同价款管理

施工合同中的
造价管理

一　计量

（一）计量周期

除专用合同条款另有约定外,单价子目已完成工程量按月计量,总价子目的计量周期按批准的支付分解报告确定。

（二）单价子目的计量

(1)已标价工程量清单中的单价子目工程量为估算工程量。结算工程量是承包人实际完成的,并按合同约定的计量方法进行计量的工程量。

(2)承包人对已完成的工程进行计量,向监理人提交进度付款申请单、已完成工程量报表和有关计量资料。

(3)监理人对承包人提交的工程量报表进行复核,以确定实际完成的工程量。对数量有异议的,可要求承包人按"施工测量"约定进行共同复核和抽样复测。承包人应协助监理人进行复核并按监理人要求提供补充计量资料。承包人未按监理人要求参加复核,监理人复核或修正的工程量视为承包人实际完成的工程量。

(4)监理人认为有必要时,可通知承包人共同进行联合测量、计量,承包人应遵照执行。

(5)承包人完成工程量清单中每个子目的工程量后,监理人应要求承包人派员共同对每个子目的历次计量报表进行汇总,以核实最终结算工程量。监理人可要求承包人提供补充计量资料,以确定最后一次进度付款的准确工程量。承包人未按监理人要求派员参加的,监理人最终核实的工程量视为承包人完成该子目的准确工程量。

(6)监理人应在收到承包人提交的工程量报表后的7天内进行复核,监理人未在约定时间内复核的,承包人提交的工程量报表中的工程量视为承包人实际完成的工程量,据此计算工程价款。

（三）总价子目的计量

除专用合同条款另有约定外，总价子目的分解和计量按照下述约定进行：

（1）总价子目的计量和支付应以总价为基础，不因通用合同条款"因价格波动引起的价格调整"中的因素而进行调整。承包人实际完成的工程量是进行工程目标管理和控制进度支付的依据。

（2）承包人在合同约定的每个计量周期内，对已完成的工程进行计量，并向监理人提交进度付款申请单、专用合同条款约定的合同总价支付分解表所表示的阶段性或分项计量的支持性资料，以及所达到工程形象目标或分阶段需完成的工程量和有关计量资料。

（3）监理人对承包人提交的上述资料进行复核，以确定分阶段实际完成的工程量和工程形象目标。对其有异议的，可要求承包人按"施工测量"约定进行共同复核和抽样复测。

（4）除按照"变更"约定的变更外，总价子目的工程量是承包人用于结算的最终工程量。

应用案例6-8

【案例概况】

某高速公路沥青混凝土路面标段 K0 +000 ~ K30 +000，路段长30km，路面宽22.5m，其中 K26 +000 ~ K30 +000 段为隧道。路基段路面面层分别为4cm 厚细粒式改性沥青玛琋脂碎石混凝土 SMA-13 上面层，6cm 厚中粒式改性沥青混凝土 AC-20 中面层，8cm 厚粗粒式沥青混凝土 AC-25 下面层。基层上设乳化沥青透层（宽23.2m），沥青混凝土层间设乳化沥青黏层。隧道段沥青路面面层分别为4cm 厚细粒式改性沥青玛琋脂碎石混凝土 SMA-13 上面层和6cm 厚中粒式改性沥青混凝土 AC-20 下面层，水泥混凝土层上设乳化沥青黏层，沥青混凝土层间设乳化沥青黏层。

【问题】
计算路基段、隧道段路面各层工程量，计算结果保留整数。

【案例评析】

1. 路基段

（1）4cm 厚 SMA-13 上面层：

①面积：$(30000 - 4000) \times 22.5 = 585000 (m^2)$

②体积：$585000 \times 0.04 = 23400 (m^3)$

（2）6cm 厚 AC-20 中面层：

①面积：$(30000 - 4000) \times 22.5 = 585000 (m^2)$

②体积：$585000 \times 0.06 = 35100 (m^3)$

（3）8cm 厚 AC-25 下面层：

①面积：$(30000 - 4000) \times 22.5 = 585000 (m^2)$

②体积：$585000 \times 0.08 = 46800(\text{m}^3)$

③透层：$(30000 - 4000) \times 23.2 = 603200(\text{m}^2)$

④黏层：$(30000 - 4000) \times 22.5 \times 2 = 1170000(\text{m}^2)$

2. 隧道段

(1) 4cm 厚 SMA-13 上面层：

①面积：$4000 \times 22.5 = 90000(\text{m}^2)$

②体积：$90000 \times 0.04 = 3600(\text{m}^3)$

(2) 6cm 厚 AC-20 下面层：

①面积：$4000 \times 22.5 = 90000(\text{m}^2)$

②体积：$90000 \times 0.06 = 5400(\text{m}^3)$

(3) 黏层：

①水泥混凝土上：$4000 \times 22.5 = 90000(\text{m}^2)$

②沥青层间：$4000 \times 22.5 = 90000(\text{m}^2)$

合计：180000m^2

二 支付

（一）预付款

（1）预付款用于承包人为合同工程施工购置材料、工程设备、施工设备、修建临时设施，以及组织施工队伍进场等。预付款的额度和预付办法在专用合同条款中约定。预付款必须专用于合同工程。

（2）预付款保函。除专用合同条款另有约定外，承包人应在收到预付款的同时向发包人提交预付款保函。预付款保函的担保金额应与预付款金额相同。保函的担保金额可根据预付款扣回的金额相应递减。

（3）预付款的扣回与还清。预付款在进度付款中扣回，扣回办法在专用合同条款中约定。在颁发工程接收证书前，由于不可抗力或其他原因解除合同时，预付款尚未扣清的，尚未扣清的预付款余额应作为承包人的到期应付款。

（二）工程进度付款

（1）付款周期。付款周期同计量周期。

（2）进度付款申请单。承包人应在每个付款周期末，按监理人批准的格式和专用合同条款约定的份数向监理人提交进度付款申请单，并附相应的支持性证明文件。除专用合同条款另有约定外，进度付款申请单应包括下列内容：

①截至本次付款周期末已实施工程的价款。

②应增加和扣减的变更金额。

③应增加和扣减的索赔金额。

④应支付的预付款和扣减的返还预付款。

⑤应扣减的质量保证金。

⑥根据合同应增加和扣减的其他金额。

（3）进度付款证书和支付时间。

①监理人在收到承包人进度付款申请单以及相应的支持性证明文件后的14天内完成核查，提出发包人到期应支付给承包人的金额以及相应的支持性材料，经发包人审查同意后，由监理人向承包人出具经发包人签认的进度付款证书。监理人有权扣发承包人未能按照合同要求履行任何工作或义务的相应金额。

②发包人应在监理人收到进度付款申请单后的28天内，将进度应付款支付给承包人。发包人不按期支付的，按专用合同条款的约定支付逾期付款违约金。

③监理人出具进度付款证书，不应视为监理人已同意、批准或接受了承包人完成的该部分工作。

④进度付款涉及政府投资资金的，按照国库集中支付等国家相关规定和专用合同条款约定办理。

（4）工程进度付款的修正。

在对以往历次已签发的进度付款证书进行汇总和复核中发现错、漏或重复的，监理人有权予以修正，承包人也有权提出修正申请。经双方复核同意的修正，应在本次进度付款中支付或扣除。

（三）质量保证金

（1）监理人应从第一个付款周期开始，在发包人的进度付款中，按专用合同条款的约定扣留质量保证金，直至扣留的质量保证金总额达到专用合同条款约定的金额或比例为止。质量保证金的计算额度不包括预付款的支付、扣回以及价格调整的金额。

（2）在约定的缺陷责任期满时，承包人向发包人申请到期应返还承包人剩余的质量保证金金额，发包人应在14天内会同承包人按照合同约定的内容核实承包人是否完成缺陷责任。如无异议，发包人应当在核实后将剩余的质量保证金返还承包人。

（3）在约定的缺陷责任期满时，承包人没有完成缺陷责任的，发包人有权扣留与未履行责任剩余工作所需金额相应的质量保证金余额，并有权根据"缺陷责任期的延长"约定要求延长缺陷责任期，直至完成剩余工作为止。

应用案例6-9

【案例概况】

某工程合同约定，当清单细目结算工程量高于合同清单细目工程量的25%时，超出部分的工程量单价调减；当清单细目结算工程量低于合同清单细目工程量的75%时，该清单细目单价调增，具体调整由承包人与监理人、业主商定。

该工程中桥梁钢筋混凝土清单细目，单价 1000 元/m³，合同清单数量 8300m³，由于工程变更，结算工程量为 12500m³，因此承包人在规定的时限内提出了书面的调整通知。

【问题】

通过承包人、监理人和业主商定，超出部分的钢筋混凝土单价为 900 元/m³。请问业主应付给承包人总计多少元？

【案例评析】

1. 工程量的变化：

增加的工程量：$12500 - 8300 = 4200（m^3）$；

工程量变化比例：$4200 \div 8300 = 50.6\%$；

增加的工程量已超过原工程量的 25%，25% 以内的钢筋混凝土按原合同单价计算，25% 以外的钢筋混凝土按新单价计算。

2. 费用：

$8300 \times (1 + 0.25) \times 1000 + [12500 - 8300 \times (1 + 0.25)] \times 900 = 12287500（元）$

（四）竣工结算

1. 竣工付款申请单

（1）工程接收证书颁发后，承包人应按专用合同条款约定的份数和期限向监理人提交竣工付款申请单，并提供相关证明材料。除专用合同条款另有约定外，竣工付款申请单应包括竣工结算合同总价、发包人已支付承包人的工程价款、应扣质量保证金、应支付的竣工付款金额等内容。

（2）监理人对竣工付款申请单有异议的，有权要求承包人进行修正和提供补充资料。经监理人和承包人协商后，由承包人向监理人提交修正后的竣工付款申请单。

2. 竣工付款证书及支付时间

（1）监理人在收到承包人提交的竣工付款申请单后的 14 天内完成核查，提出发包人到期应支付给承包人的价款送发包人审核并抄送承包人。发包人应在收到后 14 天内审核完毕，由监理人向承包人出具经发包人签认的竣工付款证书。监理人未在约定时间内核查，又未提出具体意见的，视为承包人提交的竣工付款申请单已经监理人核查同意；发包人未在约定时间内审核又未提出具体意见的，监理人提出发包人到期应支付给承包人的价款视为已经发包人同意。

（2）发包人应在监理人出具竣工付款证书后的 14 天内，将应支付款支付给承包人。发包人不按期支付的，将逾期付款违约金支付给承包人。

（3）承包人对发包人签认的竣工付款证书有异议的，发包人可出具竣工付款申请单中承包人已同意部分的临时付款证书。

（4）竣工付款涉及政府投资资金的，按约定办理。

📝 **应用案例6-10**

【案例概况】

某公路工程项目合同中发包人承诺的合同价款支付期限与方式如下：

(1)工程预付款：发包人在开工前7天向承包人支付工程预付款，承包人应在签认合同时向发包人提交预付款保函。

(2)工程进度款：发包人按每月承包人提交并经监理人审查的计量支付结算证书支付，为确保工程如期竣工，承包人不得因发包人资金的暂时不到位而停工和拖延工期。

(3)竣工结算：工程竣工验收后，进行竣工结算。质量保证金无条件全部返还承包人。

【问题】

该合同签订的条款有哪些不妥之处？该如何修改？

【案例评析】

(1)工程预付款保函提交时间不合理。根据通用合同条款的有关规定，承包人应在收到预付款的同时向发包人提交预付款保函。

(2)"承包人不得因发包人资金的暂时不到位而停工和拖延工期"显失公平，应说明发包人资金不到位时在什么期限内承包人不得停工和拖延工期，逾期发包人应支付的利息如何计算。

(3)质量保证金的无条件返还不妥。缺陷责任期满时，承包人向发包人申请到期应返还承包人剩余的质量保证金金额，发包人应在14天内会同承包人按照合同约定的内容核实承包人是否完成缺陷责任。如无异议，发包人应当在核实后将剩余的质量保证金返还承包人。承包人若没有完成缺陷责任的，发包人有权扣留与未履行责任剩余工作所需金额相应的质量保证金余额。

任务 6.5
公路工程变更

一 变更的范围和程序

(一)变更的范围

在履行合同过程中，经发包人同意，监理人可按"变更程序"的约定向承包人作出变更指示,承包人应遵照执行。没有监理人的变更指示,承包人不得擅自变更。除专用合同条款另有约定外,在履行合同中发生以下情形之一,应按照规定进行变更:

(1)取消合同中任何一项工作,但被取消的工作不能转由发包人或其他人实施。

(2)改变合同中任何一项工作的质量或其他特性。

(3)改变合同工程的基线、高程、位置或尺寸。

(4)改变合同中任何一项工作的施工时间或改变已批准的施工工艺或顺序。

(5)为完成工程需要追加的额外工作。

（二）工程变更程序

工程变更程序如图 6-10 所示。

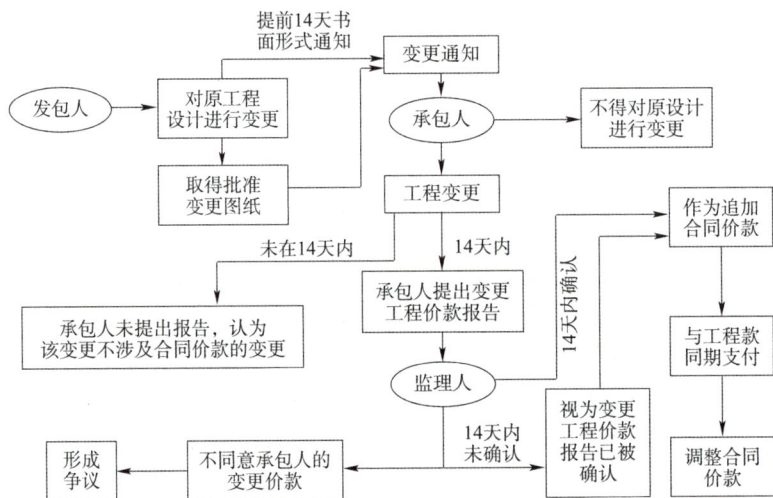

图 6-10　工程变更程序

1.变更的提出

监理人可向承包人发出变更意向书,说明变更的具体内容和发包人对变更的时间要求,并附必要的图纸和相关资料。变更意向书应要求承包人提交包括拟实施变更工作的计划、措施和竣工时间等内容的实施方案,发包人同意变更实施方案的,由监理人按"变更指示"约定发出变更指示。

在合同履行过程中,发生"变更的范围和内容"约定情形的,监理人应按照"变更指示"约定向承包人发出变更指示。

承包人收到监理人按合同约定发出的图纸和文件,经检查认为其中存在"变更的范围和内容"约定情形的,可向监理人提出书面变更建议。变更建议应阐明要求变更的依据,并附必要的图纸和说明。监理人收到承包人书面建议后,应与发包人共同研究,确认存在变更的,应在收到承包人书面建议后的 14 天内作出变更指示。经研究后不同意作为变更的,应由监理人书面答复承包人。

若承包人收到监理人的变更意向书后认为难以实施此项变更,应立即通知监理人,说明原因并附详细依据。监理人与承包人和发包人协商后确定撤销、改变或不改变原变更意向书。

2. 承包人的合理化建议

在履行合同过程中,承包人对发包人提供的图纸、技术要求以及其他方面提出的合理化建议,均应以书面形式提交监理工程师合理化建议书的内容应包括建议工作的详细说明、进度计划和效益以及与其他工作的协调等,并附必要的设计文件监理工程师应与发包人协商是否采纳建议建议被采纳并构成变更的,应按合同约定向承包人发出变更指示。

承包人提出的合理化建议缩短了工期,发包人按合同条款中"工期提前"的规定给予奖励;承包人提出的合理化建议降低了合同价格或者提高了工程经济效益的,发包人按项目专用合同条款数据表中规定的金额给予奖励。

二 变更工程的造价管理

(一)变更估价

除专用合同条款对期限另有约定外,承包人应在收到变更指示或变更意向书后的 14 天内,向监理工程师提交变更报价书,报价内容应根据合同约定的估价原则,详细开列变更工作的价格组成及其依据,并附必要的施工方法说明和有关图纸。

变更工作影响工期的,承包人应提出调整工期的具体细节。监理工程师认为有必要时,可要求承包人提交要求提前或延长工期的施工进度计划及相应施工措施等详细资料。

除专用合同条款对期限另有约定外,监理工程师应在收到承包人变更报价书后的 14 天内,根据合同约定的估价原则,按照合同约定商定或确定变更价格。

(二)变更的估价原则

根据公路工程标准施工招标文件的有关规定,变更工程应根据其完成的数量及相应的单价来办理结算。变更工程的单价原则包括:约定优先原则和公平合理原则。

除专用合同条款另有约定外,因变更引起的价格调整按照如下约定处理:

(1)如果取消某项工作,则该项工作的总额价不予支付。

(2)已标价工程量清单中有适用于变更工作的子目的,采用该子目的单价。

(3)已标价工程量清单中无适用于变更工作的子目,但有类似子目的,可在合理范围内参照类似子目的单价,由监理工程师按合同约定商定或确定变更工作的单价。

(4)已标价工程量清单中无适用或类似子目的单价,可在综合考虑承包人在投标时所提供的单价分析表的基础上,由监理工程师按合同约定商定或确定变更工作的单价。

(5)如果本工程的变更指示是因承包人过错、承包人违反合同或承包人责任造成的,则这种违约引起的任何额外费用应由承包人承担。

应用案例6-11

【案例概况】

某施工单位(承包方)与某建设单位(发包方)签订了公路工程施工承包合同,合同价款1500万元,其中包括中桥一座,基础采用扩大基础,上部结构为预应力混凝土T梁。开工前,施工单位提交了详细的施工组织设计并得到批准,合同规定,变更工程超过合同总价的15%时,监理工程师应与业主和承包人协商确定一笔管理费调整额。

【问题】

1. 在进行桥梁工程基础开挖时,发现地基与设计不符,不能满足承载力的要求,承包人应该如何处理?

2. 在工程施工过程中,乙方根据监理工程师的指示就部分工程进行了变更施工,试问变更部分合同价款应遵循什么原则确定?

3. 签发交工证书时,监理工程师发现变更工程的价款累计金额为302万元,假设投标报价的管理费费率为直接费的10%,业主、监理工程师和承包人协商后确定管理费调整2%,在其他工程内容不变的情况下,请问工程价款应如何调整?

【案例评析】

该案例着重考虑承包人遇到工程地质条件发生变化时的工作程序以及工程价款的确定原则,当变更数量较大时管理费的调整方法。

1. 承包人应根据合同规定,及时通知甲方,要求对工程地质重新勘察并对设计进行变更,按变更后的设计图纸进行施工,并及时申报变更费用。

2. 变更部分合同价款根据下列原则确定:

(1)如果取消某项工作,则该项工作的总额价不予支付。

(2)已标价工程量清单中有适用于变更工作的子目的,采用该子目的单价。

(3)已标价工程量清单中无适用于变更工作的子目,但有类似子目的,可在合理范围内参照类似子目的单价,由监理工程师按合同约定商定或确定变更工作的单价。

(4)已标价工程量清单中无适用或类似子目的单价的,可在综合考虑承包人投标时所提供的单价分析表的基础上,由监理人按合同约定商定或确定变更工作的单价。

(5)如果本工程的变更指示是因承包人过错、承包人违反合同或承包人责任造成的,则这种违约引起的任何额外费用应由承包人承担。

3. 当变更工程超过合同总价的15%时,超过部分的管理费应下调2%。

管理费调整的起点:$1500 \times (1+15\%) = 1725$(万元)。

管理费调整部分的金额:$1500 + 302 - 1725 = 77$(万元)。

管理费调整部分的直接费:$77 \div (1+10\%) = 70$(万元)。

调整后的工程价款:$1725 + 70 \times (1+8\%) = 1800.6$(万元)。

三 不可抗力

（一）不可抗力的确认

（1）不可抗力是指承包人和发包人在订立合同时不可预见，在工程施工过程中不可避免发生并且不能克服的自然灾害和社会性突发事件，如地震、海啸、瘟疫、水灾、骚乱、暴动、战争和专用合同条款约定的其他情形。

（2）不可抗力发生后，发包人和承包人应及时、认真地统计所造成的损失，收集不可抗力造成损失的证据。合同双方对是否属于不可抗力或其损失的意见不一致的，由监理人按"通用合同条款"的规定进行商定或确定。当发生争议时，按"争议的解决"的约定办理。

（二）不可抗力的通知

（1）合同一方当事人遇到不可抗力事件，使其履行合同义务受到阻碍时，应立即通知合同另一方当事人和监理人，书面说明不可抗力和受阻碍的详细情况，并提供必要的证明。

（2）如不可抗力持续发生，合同一方当事人应及时向合同另一方当事人和监理人提交中间报告，说明不可抗力和履行合同受阻的情况，并于不可抗力事件结束后28天内提交最终报告及有关资料。

（三）不可抗力后果及其处理

1. 不可抗力造成损害的责任

除专用合同条款另有规定外，不可抗力导致的人员伤亡、财产损失、费用增加和（或）工期延误等后果，由合同双方按以下原则承担：

（1）永久工程，包括已运至施工场地的材料和工程设备的损害，以及因工程损害造成的第三者人员伤亡和财产损失由发包人承担。

（2）承包人设备的损坏由承包人承担。

（3）发包人和承包人各自承担其人员伤亡和其他财产损失及其相关费用。

（4）承包人的停工损失由承包人承担，但停工期间应监理人要求照管工程和清理、修复工程的金额由发包人承担。

（5）不能按期竣工的，应合理延长工期，承包人无须支付逾期竣工违约金。发包人要求赶工的，承包人应采取赶工措施，赶工费用由发包人承担。

2. 延迟履行期间发生的不可抗力

合同一方当事人迟延履行，在迟延履行期间发生不可抗力的，不免除其责任。

3. 避免和减少不可抗力损失

不可抗力发生后，发包人和承包人均应采取措施，尽量避免和减少损失的扩大，任何一方没有采取有效措施导致损失扩大的，应对扩大的损失承担责任。

4.因不可抗力解除合同

合同一方当事人因不可抗力不能履行合同的,应当及时通知对方解除合同。合同解除后,承包人应按"解除合同后的承包人撤离"约定撤离施工场地。已经订货的材料、设备由订货方负责退货或解除订货合同,不能退还的货款和因退货、解除订货合同发生的费用,由发包人承担,因未及时退货造成的损失由责任方承担。合同解除后的付款,参照"解除合同后的付款"约定,由监理人按通用合同条款的规定进行商定或确定。

应用案例6-12

【案例概况】

某工程建设项目,业主与施工单位签订施工合同,工程未进行投保。在工程施工过程中,由于遭受暴风雨不可抗力的袭击,造成了相应的损失,施工单位及时向监理工程师提出索赔要求,并附索赔有关的资料和证据。索赔报告的基本要求如下:

(1)遭暴风雨袭击是因非施工单位原因造成的损失,应由业主承担赔偿责任。

(2)给已建分部工程造成破坏,损失计18万元,应由业主承担修复的经济责任,施工单位不承担修复的经济责任。

(3)施工单位人员因此灾害数人受伤,处理伤病医疗费用和补偿金总计3万元,业主应给予赔偿。

(4)施工单位进场的在用机械、设备受到损坏,造成损失8万元,由于现场停工造成台班费损失4.2万元,业主应负担赔偿和修复的经济责任。工人窝工费3.8万元,业主应予支付。

(5)因暴风雨造成现场停工8天,要求合同工期顺延8天。

【问题】

对施工单位提出的要求如何处理?

【案例评析】

对施工单位提出的索赔要求的处理方法:

(1)经济损失由双方分别承担,工期延误应予签证顺延。

(2)工程修复、重建18万元工程款应由业主支付。

(3)3万元的索赔不予认可,由施工单位承担。

(4)16万元的索赔不予认可,由施工单位承担。

(5)认可顺延合同工期8天。

四 保险

除专用合同条款另有约定外,承包人应以发包人和承包人的共同名义向双方同意的保险人投保建筑工程一切险、安装工程一切险。其具体的投保内容、保险金额、保险费率、保险期限等有关内容在专用合同条款中约定。

（一）人员工伤事故的保险

（1）承包人员工伤事故的保险。承包人应依照有关法律规定参加工伤保险，为其履行合同所雇佣的全部人员，缴纳工伤保险费，并要求其分包人也进行此项保险。

（2）发包人员工伤事故的保险。发包人应依照有关法律规定参加工伤保险，为其现场机构雇佣的全部人员，缴纳工伤保险费，并要求其监理人也进行此项保险。

（二）人身意外伤害险

（1）发包人应在整个施工期间为其现场机构雇用的全部人员投保人身意外伤害险和缴纳保险费，并要求其监理人也进行此项保险。

（2）承包人应在整个施工期间为其现场机构雇用的全部人员投保人身意外伤害险和缴纳保险费，并要求其分包人也进行此项保险。

（三）第三者责任险

（1）第三者责任系指在保险期内，对因工程意外事故造成的、依法应由被保险人负责的工地上及毗邻地区的第三者人身伤亡、疾病或财产损失（本工程除外），以及被保险人因此而支付的诉讼费用和事先经保险人书面同意支付的其他费用等赔偿责任。

（2）在缺陷责任期终止证书颁发前，承包人应以承包人和发包人的共同名义，投保第（1）项约定的第三者责任险，其保险费率、保险金额等有关内容在专用合同条款中约定。

（四）其他保险

除专用合同条款另有约定外，承包人应为其施工设备、进场的材料和工程设备等办理保险。

职业素养提升

任务1　个别公路施工合同因基本要素缺失、内容审查不严，存在不利于甲方的条款；部分合同签订不合规，存在由未获得委托授权的人员代表甲方签订合同，或"先签约、后上会"或"先履约、后补签"等问题。

请思考：为规避以上问题的出现，合同管理人员需具备怎样的素质？

任务2　为推进公路基础设施全要素全周期数字化建设，路桥企业加快推进数字化基础设施升级改造，打造融合"云、网、安全"的数字技术赋能平台，夯实数字发展底座，为产业数字化和数字产业化提供一体化数据和服务支撑。

请自行查询数字化在施工合同管理中的应用情况，书写不少于800字的调研报告。

模块小结

1.通用合同条款使用时不能对本部分进行任何修改，专用合同条款是对通用合同条款原则性约定的细化、完善、补充、修改或另行约定的条款。

2.《公路工程标准施工招标文件》"通用合同条款"和"专用合同条款"对发包人、承包人、监理人、分包人的责任与义务做了要求。

3.因承包人原因造成工程质量达不到合同约定验收标准的，造成的费用增加和（或）工期延误由承包人承担。因发包人原因造成工程质量达不到合同约定验收标准的，发包人应承担由于承包人返工造成的费用增加和（或）工期延误，并支付承包人合理利润。

4.经监理人批准的施工进度计划称合同进度计划。合同进度计划是控制合同工程进度的依据。承包人还应根据合同进度计划，编制更为详细的分阶段或分项进度计划，报监理人审批。

5.计量与支付要严格遵守合同中的有关规定，明确技术规范中一些不单独计量与支付的项目，使每一项工程的计量和支付都符合合同要求。

6.承包人、监理和业主三方中任何一方都可以提出变更。工程变更经相应程序申报、批复后，应出具变更图纸，以便工程实施和竣工资料的整理。

任务训练

一、单选题

1.下列选项中关于合同文件优先顺序正确的是（　　）。

　　A.中标通知书—技术标准和要求—通用合同条款—专用合同条款

　　B.合同协议书—中标通知书—专用合同条款—通用合同条款

　　C.专用合同条款—通用合同条款—中标通知书—合同协议书

　　D.中标通知书—合同协议书—通用合同条款—专用合同条款

2.发包人在工程量清单中给定的用于支付必然发生但暂时不能确定价格的材料、设备以及专业工程的金额称为（　　）。

　　A.计日工　　　　B.合同金额　　　　C.质量保证金　　　D.暂估价

3.经承包人自检确认的工程隐蔽部位具备覆盖条件后，承包人应通知（　　）在约定的期限内检查。

　　A.承包人总工程师　B.业主　　　　　C.监理人　　　　　D.质量监督部门

4.缺陷责任期的起算时间自（　　）起计算。

　　A.实际竣工日期　　　　　　　　B.发包人接收日期

　　C.实际通车时间　　　　　　　　D.监理人确定的时间

5.若无其他特殊延长情况，监理人应在缺陷责任期终止后的（　　）内，向承包人出具经发包人签认的缺陷责任期终止证书。

　　A.7天　　　　　B.14天　　　　　C.28天　　　　　　D.30天

6.监理人在开工日期（　　）前向承包人发出开工通知。监理人发出开工通知前应获得发包人同意。

　　A.7天　　　　　B.14天　　　　　C.28天　　　　　　D.30天

7.发包人通知承包人中标的函件称为（　　）。

A. 合同协议书　　　　　　　　　　B. 中标通知书

C. 投标函　　　　　　　　　　　　D. 合同文件

8. 由监理人委派常驻施工场地对合同履行实施管理的全权负责人为(　　　)。

A. 监理工程师　　　　　　　　　　B. 总监理工程师

C. 专业监理工程师　　　　　　　　D. 监理人

9. 发包人应在监理人出具竣工付款证书后的(　　　)内,将应支付款支付给承包人。发包人不按期支付的,将逾期付款违约金支付给承包人。

A. 7 天　　　　　B. 14 天　　　　　C. 28 天　　　　　D. 30 天

10. 在保险期内,对因工程意外事故造成的、依法应由被保险人负责的工地上及毗邻地区的第三者人身伤亡、疾病或财产损失(本工程除外),以及被保险人因此而支付的诉讼费用和事先经保险人书面同意支付的其他费用等赔偿责任称为(　　　)。

A. 建设工程一切险　　　　　　　　B. 疾病伤亡险

C. 第三者责任险　　　　　　　　　D. 工程意外险

11. 承包人需要变动保险合同条款时,应事先征得(　　　)同意,并通知(　　　)。

A. 发包人　　　　B. 保险人　　　　C. 监理人　　　　D. 保险公司

12. 工程变更必须经(　　　)批准后,承包人才能实施工程变更。

A. 发包人　　　　B. 保险人　　　　C. 监理人　　　　D. 设计单位

13. 承包人不得将工程主体、关键性工作分包给第三人。经(　　　)同意,承包人可将工作的其他部分或工作分包给第三人。分包包括专业分包和劳务分包两种。

A. 发包人　　　　B. 承包人　　　　C. 监理人　　　　D. 设计单位

14. 监理工程师对分包工程实施现场监管,若发现分包工程在质量、进度等方面出现问题,应通过(　　　)对分包工程施工采取措施处理。

A. 发包人　　　　B. 监理人　　　　C. 承包人　　　　D. 设计单位

15. 监理工程师不可以指示承包人进行如下工程变更(　　　)。

A. 改变工程线型　　　　　　　　　B. 增加某项附加工程

C. 改变承包人既定施工方法　　　　D. 改变工程施工顺序和时间安排

二、多选题

1. 施工合同的分类有(　　　)。

A. 监理合同　　　　　　　　　　　B. 施工总承包合同

C. 施工分包合同　　　　　　　　　D. 费用合同

2. 下列选项中属于发包人责任与义务的有(　　　)。

A. 发出开工通知　　　　　　　　　B. 提供施工场地

C. 组织竣工验收　　　　　　　　　D. 协助承包人办理证件和批件

3. 监理人若未按合同约定派员参加材料的试验和检验的,除监理人另有指示外,承包人应该如何处理?(　　　)

A. 可自行试验和检验

B. 待监理到场后再进行试验

C. 试验和检验后立即将结果报送监理人

D. 试验结果无须监理人签字认可

4. 在履行合同过程中,出现下列哪些情况,承包人有权要求发包人延长工期?（　　　）

A. 发包人提供图纸延误 　　　　　　 B. 增加合同工作内容

C. 季节性暴雨 　　　　　　 D. 改变合同中一项工作的质量要求

5. 在履行合同过程中,下列哪些情况产生的工期延误应由承包人自行承担?（　　　）

A. 承包人施工机械故障 　　　　　　 B. 承包人擅自停工

C. 季节性暴雨 　　　　　　 D. 改变合同中一项工作的质量要求

6. 下列哪些文件属于合同文件内容?（　　　）

A. 中标通知书 　　　　　　 B. 图纸

C. 通用合同条款 　　　　　　 D. 合同协议书

7. 下列选项中符合变更引起的价格调整的约定处理方法的有:（　　　）。

A. 已标价工程量清单中有适用于变更工作的子目的,采用该子目单价

B. 已标价工程量清单中无适用于变更工作的子目,但有类似子目的,可在合理范围内参照类似子目的单价,由监理人商定或确定变更工作的单价

C. 已标价的工程量清单中无适用或类似子目单价,可由监理人决定价格

D. 已标价的工程量清单中无适用或类似子目的单价,可由承包人决定价格,报监理人批准

8. 不可抗力导致的人员伤亡、财产损失、费用增加、工期延误等,合同双方承担的原则中正确的是（　　　）。

A. 承包人设备的损坏、人员伤亡及财产损失由发包人承担

B. 承包人的停工损失由承包人承担,但停工期间应监理人要求照管工程和清理、修复工程的金额由发包人承担

C. 不能按期竣工的,应合理延长工期,承包人不需支付逾期竣工违约金

D. 永久工程,包括已运至施工场地的材料和工程设备的损害由发包人承担

9. 工程在履行合同中,发生下列情形（　　　）应进行工程变更。

A. 取消合同中任何一项工作,但被取消的工作能转由发包人或其他人实施

B. 改变合同中任何一项工作的质量或其他特性

C. 改变合同工程的基线、高程、位置或尺寸

D. 为完成工程需要追加的额外工作。

10. 保险人作出保险合同条款变动的,承包人应在收到保险人通知后立即通知（　　　）。

A. 保险公司 　　　　 B. 发包人 　　　　 C. 承包人总公司 　　　　 D. 监理人

三、简答题

1. 请按优先顺序列举合同文件的组成。

2. 简述应由承包人自行承担责任的暂停施工。

3. 简述应由发包人承担责任的暂停施工。

4. 简述合同双方承担由不可抗力造成损害的原则。

四、案例分析题

1.【案例背景】某高速公路 N 合同段路基工程施工，工期 18 个月，其中 K23＋200～K32＋200 路段以填方为主，合同段附近地表土主要是高液限黏土，在较远地带分布有膨胀土、沼泽土、盐渍土、有机土、粉土、砂性土等。出于控制造价的考虑，业主要求就地取材。为此，施工单位针对高液限土填筑路堤做了试验路段，以确定其最大干密度和松铺厚度等指标。

场地清理完毕后，对路基横断面进行测量放样、动力触探，并绘制出横断面图，提交监理工程师复测，确认后开始填筑路基。

施工单位严格按照试验路段提供的数据指导施工，经过两个月的填筑，发现按试验路段数据控制施工，施工周期 K（每层的填筑周期超过 5 天，在雨期，填筑周期达到 15 天以上），无法满足工期要求。业主了解情况后，书面要求监理人指示施工单位在半个月后变更路堤填料，经过现场考查并征得监理人书面同意和设计单位确认后，选择了粉土与砂性土两种路堤填料，施工单位随即组织施工。由于变更后取用的路堤填料需增加较长运距，而在合同中没有该变更的价格，整个工程完工后，施工单位向业主提出了变更工程价款报告。

【问题】

（1）简述公路工程变更后合同价款的确定方法，再结合案例背景资料，说明本工程填料变更的变更价款应如何确定。

（2）施工单位提出变更工程价款的时间是否符合相关规定？请说明理由。

2.【案例背景】某公路项目 1 合同段，按我国施工合同示范文本签订的施工承包合同规定实际完成工程量计价。根据合同规定，承包人必须严格按照施工图及承包合同规定的内容及技术规范要求施工，工程价款根据承包人取得计量证书的工程量进行结算。

【问题】

（1）简述单价子目的计量程序和原则。

（2）在路基填筑施工时，承包人为确保路基边缘的压实度，在路基设计尺寸范围外加宽了 30cm 填筑，施工完成后，承包人将其实际完成量（含加宽填筑部分）向监理工程师提出计量付款要求，根据专用合同条款规定该如何处理？请说明理由。

专项实训

某公路工程施工合同的模拟签订

【实训目标】

结合模块 3 中学生编制的"G309 青兰线坊子流戈庄至潍城潘里段改建工程"投标文件，模块 2 中该项目的招标文件，编制一份实际工程的公路工程施工合同，进一步理解合同条款的内容，提高合同管理的综合能力，锻炼组织协调能力、团队合作能力、语言表达能力和写作能力。

【实训过程】

1. 结合模块 3 中编制的"G309 青兰线坊子流戈庄至潍城潘里段改建工程"投标文件和模块 2 中该项目的招标文件，依据教师提供的一份真实公路项目的中标通知书、投标函及投标函附录、工程量清单计量规则、技术规范、图纸、已标价工程量清单、承包人有关人员、设备投入的承诺及投标文件中的施工组织设计等材料。

2.岗位分配,分组进行讨论交流和调研,明确各自工作任务,团队协作完成实训任务。以小组为单位编制一份公路工程施工合同。

3.分组进行通用合同、专用合同、合同协议书等的编制,教师进行适当的引导。

4.小组互评、教师进行点评。

【实训成果】

1.各组讨论并填写通用合同条款5条。

_____

_____

_____

2.各组讨论并填写上述5条通用条款对应的专用合同条款。

_____

_____

_____

3.各组讨论并填写合同协议书。

_____

_____

_____

（可自行加页）

在线测评

模块6
在线测评

课程思政学习资源

模块6　课程思政
学习资源

模块7

公路工程施工索赔

学习导航

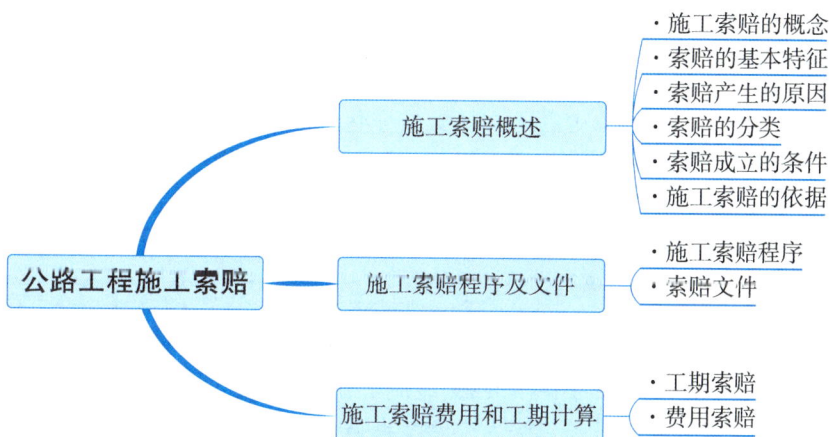

公路工程施工索赔
- 施工索赔概述
  - ·施工索赔的概念
  - ·索赔的基本特征
  - ·索赔产生的原因
  - ·索赔的分类
  - ·索赔成立的条件
  - ·施工索赔的依据
- 施工索赔程序及文件
  - ·施工索赔程序
  - ·索赔文件
- 施工索赔费用和工期计算
  - ·工期索赔
  - ·费用索赔

知识目标

1. 了解公路工程施工索赔的概念和产生原因；
2. 熟悉公路工程施工索赔的分类和程序；
3. 熟悉公路工程施工索赔文件的编制及相关规定；
4. 掌握公路工程施工索赔的费用和工期索赔判定与计算。

能力目标

1. 能够描述索赔的程序并能参与施工索赔；
2. 能够根据合同要求进行索赔事件分析、索赔证据列举等；
3. 能够进行公路工程工程索赔计算，并能结合案例进行实际应用；
4. 能够根据合同文件的要求进行索赔报告的编制。

素质目标

1. 遵守施工合同中的平等、自愿、公平、诚实守信、遵守法律等契约精神；
2. 培养科学分析问题，善于创新和总结经验，运用法治思维和法治方式维护自身权利、化解矛盾纠纷的能力。

工作任务

某公路工程项目，发包人与承包人按照《公路工程标准施工招标文件》签订了施工合同。在工程施工过程中，由于洪水袭击，造成了损失，承包人及时向监理工程师提出索赔要求，并附有索赔相关资料和证据。索赔报告如下：

（1）已建部分工程造成损坏的，损失共计10万元，应由发包人承担修复的责任。

（2）承包人人员受伤，处理伤病医疗费用和补偿总计3万元，发包人应给予赔偿；承包人机械、设备受到损坏，造成损失6万元，现场停工造成的台班损失2万元，工人窝工费3.5万元，发包人应承担赔偿责任。

（3）因洪水造成现场停工15天，承包人要求合同工期顺延15天。

（4）清理现场需要费用2.4万元，由发包人承担责任。

经发包人对承包人的索赔报告及索赔原因研究认为，发包人应承担遭受洪水后由发包人承担损失部分的赔偿费用，但承包人所提出的施工单位人员受伤所发生的费用和机械、设备的损坏修复费用等应由承包人自己承担。

假设你是中标施工企业项目部的一名技术员，请做好以下工作：

1. 该公路工程项目中，承包人的索赔要求是否合理？
2. 请逐项进行判定能否索赔并进行索赔计算。
3. 请计算索赔应由发包人承担的损失。
4. 请汇总该项目施工索赔的证据，并列举还有哪些可作为索赔证据。

任务 7.1
施工索赔概述

一 施工索赔的概念

索赔是当事人在合同实施过程中,根据法律、合同规定及惯例,对不应由自己承担责任情况造成的损失,向合同另一方当事人提出给予赔偿或补偿要求的行为。

施工索赔是指在施工阶段发生的索赔。索赔是要求给予补偿的权利主张,是以合同文件及适用法律规定为依据的,因此必须有切实的证据。

二 索赔的基本特征

(1)索赔是双向的,不仅承包人可以向发包人索赔,发包人也可以向承包人索赔。

(2)只有实际发生了经济损失或权利损害,一方才能向对方索赔。

(3)索赔的依据是合同文件及适用法律的规定,并且必须有切实证据。

(4)索赔是一种未经对方确认的单方行为,索赔的实现需要双方确认(如双方协商、谈判、调解或仲裁、诉讼)。

三 索赔产生的原因

引起索赔的原因是多种多样的,有的是因发包人违约或监理人的不当行为引起的,有的是因现场条件、工程变更、有关政策和法令变更等引起的。索赔产生的原因见表7-1。

索赔产生的原因

表 7-1

原因	释义
当事人违约	当事人没有按照合同约定履行自己的义务。例如,发包人未能按合同约定支付预付款或合同价款,或拖延、拒绝批准付款申请和支付凭证,导致付款延误的;监理人未能及时发出图纸、指令等
施工条件变化	出现与招标文件中描述的现场条件不同或有经验的承包人难以合理预见的现场条件,如发现地下古代建筑遗迹物或文物,遇到高腐蚀性水或毒气等
合同缺陷	合同文件规定不严谨甚至矛盾、合同中有遗漏或错误,包括商务条款中的缺陷及技术条款和图纸中的缺陷

续上表

原因	释义
合同变更	合同文件中"设计图纸""技术规范"或工程量清单的改变,常常表现为设计变更、施工方法变更、追加或取消某些工作、合同规定的其他变更等
不可抗力事件	出现合同订立时不能预见、不能避免并不能克服的自然事件和社会事件。自然事件主要包括自然灾害,如火灾、旱灾、地震、风灾、大雪、山崩等;社会事件包括国家政策、法律、法令的变更,如战争、动乱、罢工等
监理人指令	工程师指令承包人加速施工、进行某项工作、更换某些材料、采取某些措施等,且这些指令不是由于承包人的原因造成的
其他第三方原因	与工程有关的第三方的问题而引起的对本工程的不利影响

不可抗力

工期延误、暂停施工

应用案例7-1

【案例概况】

某工程发包人(甲方)与承包人(乙方)签订了某项公路工程的地基处理与基础工程施工合同。由于工程量无法准确确定,根据施工合同规定,按施工图预算方式计价。乙方必须严格按照施工图纸及合同规定的内容及技术要求施工,乙方的分项工程首先向监理人申请质量认证,取得质量认证后,向造价工程师提出计量申请和支付工程款。工程开工前,乙方提交了施工组织设计并得到批准。

在施工过程中,出现了如下事件:

事件1:在工程施工过程中,当进行到施工图所规定的处理范围边缘时,乙方为了使夯击质量得到保证,将夯击范围适当扩大。施工完成后,乙方将扩大范围内的施工工程量向造价工程师提出计量付款的要求,但遭到拒绝。

事件2:在工程施工过程中,乙方根据监理工程师指示就部分工程进行了变更施工。

事件3:在开挖土方过程中,有两项重大事件使工期发生较大的拖延:一是土方开挖时遇到了一些工程地质勘探没有探明的孤石,排除孤石拖延了一定的时间;二是施工过程中遇到数天季节性大雨后又转为特大暴雨引起山洪暴发,造成现场临时道路、管网和施工用房等设施以及已施工的部分基础被冲坏,施工设备损坏,运进现场的部分材料被冲走,乙方数名施工人员受伤,雨后乙方用了很多工时清理现场和恢复施工条件。为此,乙方按照索赔程序提出了延长工期和费用补偿要求。

【问题】

事件1:工程师拒绝承包人的要求是否合理?为什么?

事件2:试问承包人是否可就工程变更部分提出索赔,产生该索赔的原因是什么?合同价款应根据什么原则确定?

事件3:应如何处理?

【案例评析】

事件1:造价工程师的拒绝合理。其原因:该部分的工程量超出了施工图的要求,一般来讲,也就超出了工程合同约定的工程范围。对该部分的工程量可以认为是承包人的保证施工质量的技术措施,一般在甲方没有批准追加相应费用的情况下,技术措施费用应由乙方自己承担。

事件2:可以索赔,该索赔是由于合同执行过程中的变更引起的。工程变更价款的确定原则:①合同中已有适用于变更工程的价格,按合同已有的价格计算、变更合同价款;②合同中只有类似于变更工程的价格,可以参照类似价格变更合同价款;③合同中没有适用或类似于变更工程的价格,由承包人提出适当的变更价格,监理工程师批准执行,这一批准的变更价格,应与承包人达成一致,否则,按合同争议的处理方法解决。

事件3:造价工程师应对两项索赔事件作出处理如下:

(1)对处理孤石引起的索赔,这是预先无法估计的地质条件变化,属于甲方应承担的风险,应给予乙方工期顺延和费用补偿。

(2)对于天气条件变化引起的索赔应分两种情况处理:

①对于前期的季节性大雨,这是一个有经验的承包人预先能够合理估计的因素,应在合同工期内考虑,由此造成的时间和费用损失不能给予补偿。

②对于后期特大暴雨引起的山洪暴发不能视为一个有经验的承包人预先能够合理估计的因素,应按不可抗力处理由此引起的索赔问题。被冲坏的现场临时道路、管网和施工用房等设施以及已施工的部分基础、被冲走的部分材料、清理现场和恢复施工条件等经济损失,应由甲方承担;损坏的施工设备、受伤的施工人员以及由此造成的人员窝工和设备闲置等经济损失应由乙方承担;工期顺延。

四 索赔的分类

从不同的角度,按不同的方法和不同的标准,索赔有许多种分类方法。索赔分类方法见表7-2。

索赔分类方法　　　　　　　　　　　　　　　　　表7-2

分类的依据	内容	释义
索赔的依据	合同内索赔	索赔涉及的内容可以在合同条款中找到依据,并可根据合同规定明确划分责任
	合同外索赔	索赔的内容和权利难以在合同条款中找到依据,但可从合同引申含义和合同适用法律或政府颁发的有关法规中找到索赔的依据

分类的依据	内容	释义
索赔目的	工期索赔	承包人对施工中发生的非承包人直接或间接责任事件造成计划工期延误后,向发包人提出的赔偿要求
	费用索赔	承包人对施工中发生的非承包人直接或间接责任事件造成合同价款以外的费用支出,向发包人提出的赔偿要求
索赔事件的性质	工程延误索赔	因发包人未按合同要求提供施工条件或因发包人指令工程暂停或不可抗力事件等原因造成工期拖延
	工程变更索赔	由于发包人或监理人指令增加或减少工程量、增加附加工程、修改设计、变更工程顺序等,造成工期延长和费用增加
	合同被迫中止的索赔	由于发包人或承包人违约或不可抗力事件等原因造成合同非正常终止,无责任的受害方因其蒙受经济损失而向对方提出的索赔
	施工加速索赔	发包人或监理人指令承包人加快施工速度,缩短工期,引起承包人的人、财、物的额外开支
	意外风险和不可预见因素索赔	因人力不可抗拒的自然灾害、特殊风险以及一个有经验的承包人通常不能合理预见的不利施工条件或外界障碍
	其他索赔	如因货币贬值、汇率变化、物价上涨、政策法令变化等原因引起的索赔
索赔处理方式	单项索赔	某一干扰事件发生对承包人造成工期延长或额外费用支出,干扰事件发生时或发生后,由合同管理人员立即处理,并在合同规定的索赔有效期内向责任方提交索赔要求和报告
	综合索赔	在工程竣工前和工程移交前,承包人将工程实施过程中因各种原因未能及时解决的单项索赔集中起来进行综合考虑,提出一份综合索赔报告在工程交付前后由合同双方进行最终谈判,以一揽子方案解决索赔问题

应用案例7-2

【案例概况】

某高速公路建设项目,建设单位与施工单位签订了工程施工合同,工程未进行投保。在工程施工过程中,遭受特大暴风雨和洪水不可抗力影响,使工程遭受到大损失,施工单位及时向监理工程师提出索赔要求,并附有与索赔有关的资料和证据。索赔报告的基本内容如下:

(1)遭特大暴风雨和洪水袭击属不可抗力,是因非施工单位原因造成的损失,应由建设单位承担赔偿责任。

(2)给已建部分工程造成破坏,损失22万元,其修复费用应由建设单位承担,施工单位不承担修复的经济责任。

(3)施工单位人员因此灾害导致数人受伤,处理伤病医疗费用和补偿金总计25万元,建设单位应给予赔偿。

(4)施工单位进场的正在使用的机械、设备受到损坏,造成损失6万元,由于现场停工造成台班费损失3万元,建设单位应负担赔偿和修复的经济责任。工人窝工费3万元,建设单位应予以支付。

(5)因特大暴风雨和洪水造成工地停工10天,要求合同工期顺延10天。

(6)由于工程破坏,现场清理需费用2万元,建设单位应予支付。

【问题】

1.不可抗力发生风险承担的原则是什么?

2.对施工单位提出的要求如何处理?

【案例评析】

1.不可抗力风险承担责任的原则:

(1)工程本身的损害由建设单位承担。

(2)人员伤亡由其所属单位负责,并承担相应费用。

(3)造成施工单位机械、设备的损坏及停工等损失,由施工单位承担。

(4)所需清理工作的费用,由建设单位承担。

(5)工期给予顺延。

2.对索赔报告中六条的处理方法:

(1)经济损失由双方分别承担,工程延期应予签证顺延。

(2)工程修复,重建22万元工程款应由建设单位支付。

(3)索赔不认可,由施工单位承担。

(4)索赔不予认可,由施工单位承担。

(5)合同工期顺延10天。

(6)现场清理需费用2万元,由建设单位承担。

五 索赔成立的条件

索赔要求的成立必须同时具备以下四个条件:

(1)与合同相比较已经造成了实际的额外费用增加或工期损失。

(2)造成费用增加或工期损失的原因不是由于承包人自身的过失所造成。

(3)这种经济损失或权利损害也不是由承包人应承担的风险所造成。

(4)承包人在合同规定的期限内提交了书面的索赔意向通知和索赔文件。

上述四个条件没有先后主次之分,并且必须同时具备,承包人的索赔才能成立。索赔事件发生后,索赔的提出应当及时,如承包人的索赔意向通知书迟于索赔事件发生后28天,就丧失了要求赔偿的权利。

六 施工索赔的依据

（1）合同文件。

①协议书。

②中标通知书。

③投标文件及其附件。

④专用合同条款。

⑤通用合同条款。通用合同条款中承包人可引用的索赔条款见表7-3。

通用合同条款中承包人可引用的索赔条款   表7-3

序号	条款号	主要内容	可补偿内容		
			工期	费用	利润
1	1.10.1	施工过程发现文物、古迹以及其他遗迹、化石、钱币或物品	√	√	
2	4.11.2	承包人遇到不利物质条件	√	√	
3	5.2.4	发包人要求向承包人提前交付材料和工程设备		√	
4	5.2.6	发包人提供的材料和工程设备不符合合同要求	√	√	√
5	8.3	发包人提供基准资料错误导致承包人的返工或造成工程损失	√	√	√
6	11.3	发包人的原因造成工期延误	√	√	√
7	11.4	异常恶劣的气候条件	√		
8	11.6	发包人要求承包人提前竣工		√	
9	12.2	发包人原因引起的暂停施工	√	√	√
10	12.4.2	发包人原因造成暂停施工后无法达到按时复工	√	√	√
11	13.1.3	发包人原因造成工程质量达不到合同约定验收标准的	√	√	√
12	13.5.3	监理人对隐蔽工程重新检查，经检验证明工程质量符合合同要求的	√	√	√
13	16.2	法律变化引起的价格调整		√	
14	18.4.2	发包人在全部工程竣工前，使用已接收的单位工程导致承包人费用增加	√	√	√
15	18.6.2	发包人的原因导致试运行失败的		√	√
16	19.2	发包人的原因导致的工程缺陷或损失		√	√
17	21.3.1	不可抗力	√		

注：带有√符号的，代表此项可补偿。

⑥标准、规范及有关技术文件。

⑦工程设计图纸。

⑧工程量清单。

（2）施工日志。

（3）各项设计交底记录、变更图纸、变更施工指令等。

（4）经发包人和监理工程师签认的签证。

（5）来往信件、指令、通知、答复等。

（6）各项会议纪要。

（7）施工计划及现场实施情况记录。

（8）工程停电、停水和干扰事件影响的日期及恢复施工的日期。

（9）工程照片和工程声像资料。

（10）各种检查报告和技术鉴定报告等。

应用案例7-3

【案例概况】

某公路工程有一分部工程为一人行天桥工程，施工中发现原设计图纸错误，监理工程师通知施工单位暂停一部分工程，并下达了工程变更令，待图纸修改后再继续施工。另外，还由于增加额外工程，监理工程师又下达了变更令，施工单位对此两项延误，提出索赔要求。

【问题】

1. 施工单位应提出哪几种索赔？

2. 索赔依据是什么？

【案例评析】

1. 施工单位应提出两项索赔：一是延长工期的索赔；二是工程费用的索赔。

2. 由于建设单位提供图纸有误，及更正图纸等指示延误，对工程进度造成影响，根据《公路工程标准施工招标文件（2018年版）》第四章通用合同条款11.3款规定，属于发包人的原因造成工期延误，承包人有权要求发包人延长工期和（或）增加费用，并支付合理利润。同时，依据规定，由于增加额外工程的变更令，应适当延长工期天数。另外，根据通用合同条款第15.1～15.4款规定，增加本合同的工程量，对增加工程量应以作价，给予一定的费用索赔认可。

课内实训7-1

施工索赔案例评析

【实训目标】

能运用索赔知识正确分析索赔成立的条件。

【实训过程】

1. 授课教师提供某项目实施过程中发生的案例。

【案例背景】某工程建设项目，在实施过程中发生了以下事件：

事件1：该建设项目的建设单位提供了地质勘查报告，报告显示地下土质良好。施工单位依此作了施工方案，拟用挖方余土做通往项目所在地道路基础的填方。由于基础开挖施工时正值雨季，开挖后土方潮湿，且易破碎，不符合道路填筑要求。施工单位不得不将余土外运，另外取土作为道路填方材料。

事件2：该工程按合同约定的总工期计划，应于×年×月×日开始现场搅拌混凝土。因施工单位的混凝土设备迟迟不能运往工地，施工单位决定使用商品混凝土，但被建设单位否决。而承包合同中未明确规定使用何种混凝土。施工单位不得已只有继续组织混凝土搅拌设备进场，由此导致施工现场停工，工期拖延和费用增加。

2.授课教师针对案例背景提出问题。

(1)对于事件1，施工单位是否可以提出赔偿要求？请说明理由。

(2)对于事件2，施工单位是否可以提出赔偿要求？请说明理由。

【实训成果】

对案例背景中的各种问题进行分析。

问题(1)：对于事件1，施工单位是否可以提出赔偿要求？请说明理由。

_____

_____

_____

问题(2)：对于事件2，施工单位是否可以提出赔偿要求？请说明理由。

_____

_____

_____

任务7.2

施工索赔程序及文件

一　施工索赔程序

索赔工作程序是指从索赔事件产生到最终处理全过程所包括的工作内容和工作步骤。

《建设工程施工合同(示范文本)(GF—2017—0201)》的索赔程序如下。

建设工程施工
合同:索赔

(一)承包人向发包人提出索赔的程序

承包人向发包人提出索赔的程序如图 7-1 所示。

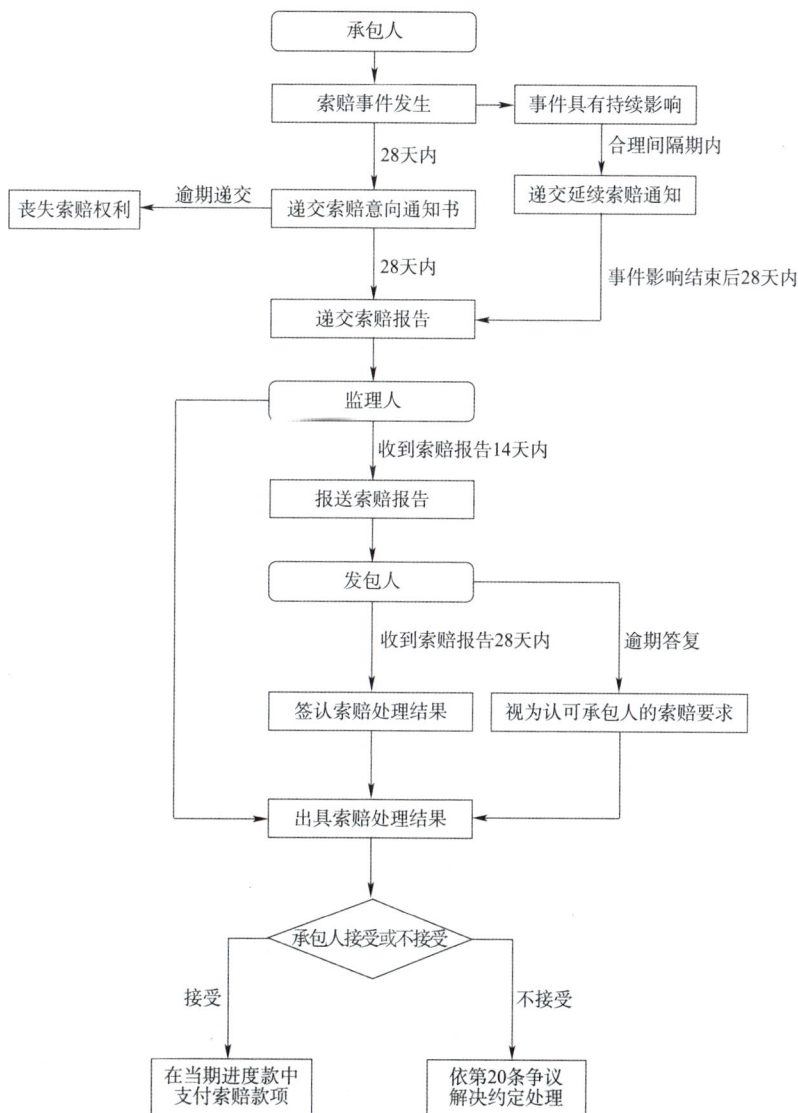

图 7-1 承包人向发包人提出索赔的程序

（二）发包人向承包人提出索赔的程序

发包人向承包人提出索赔的程序如图 7-2 所示。

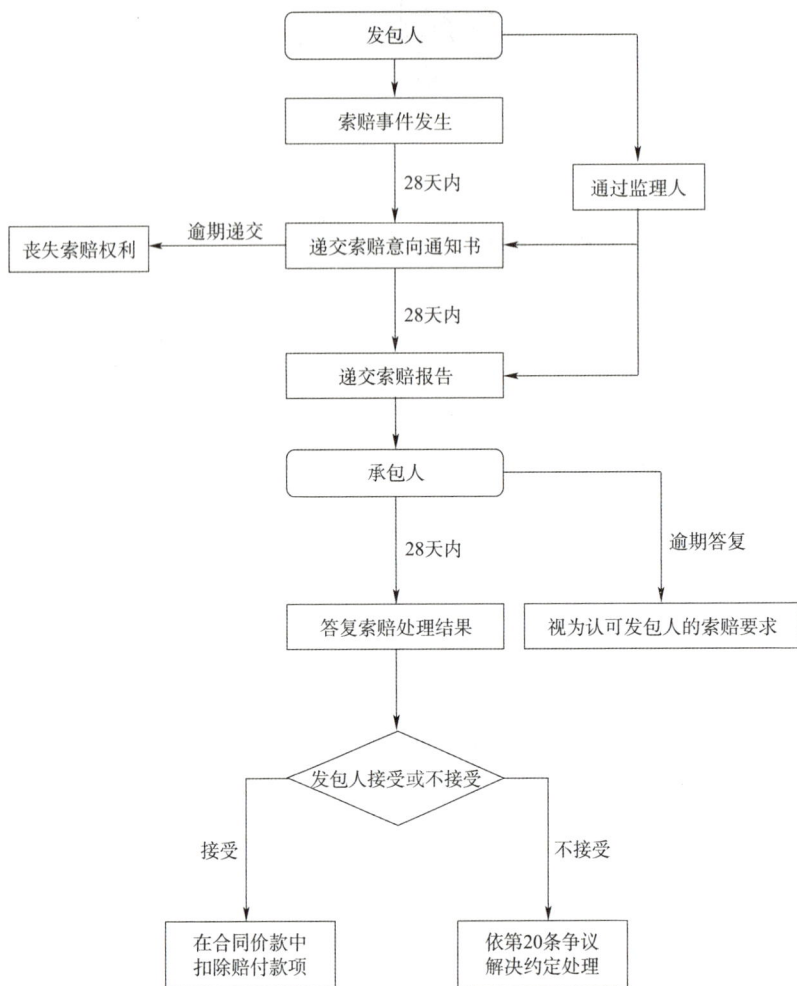

图 7-2　发包人向承包人提出索赔的程序

建设项目工程总
承包合同：索赔
处理程序

应用案例7-4

【案例概况】

某公路工程项目，公开招标后按招标投标文件签订了施工合同，合同工期为 12 个月。当工程进展到一半工期时，承包人提出申请延期，其延期理由：原有的电信电缆拆迁延误。承包人申述：因土方工程（关键路线上）电信电缆迁移问题迟迟未能解决，应由第三方将电信电缆移走的工程一直到上个月才迁走，造成工期延长，针对此事件须给予延期 5 个月。

【问题】

承包人可以提出索赔吗？索赔能否得到批准,为什么？

【案例评析】

承包人可以提出索赔,但索赔不能得到批准,原因如下：

(1)土方工程处于工期关键线路上,因拆迁问题耽误施工,从而工期确实发生了延误。

(2)原有的电信电缆拆迁由第三方施工,为建设单位应承担的责任,所以施工单位此项工期索赔可以成立。

(3)根据《公路工程标准施工招标文件(2018年版)》中通用合同条款23.1款关于"承包人索赔的提出"中规定,索赔事件发生后,施工单位应在索赔事件发生后的28天内向监理人递交索赔意向通知书,声明将对此事件提出索赔,并在索赔事件影响结束后的28天内向监理人递交最终索赔通知书。而施工单位在上述事件发生后的5个月才提出工期索赔申请,同时在索赔事件结束后也未能在28天内及时递交最终索赔通知书,监理人可视为施工单位放弃了此项索赔权利,所以不支持其索赔的请求。

二 索赔文件

索赔文件是承包人向业主索赔的正式书面材料,也是业主审议承包人索赔请求的主要依据。它包括索赔意向通知和索赔报告两部分。

(一)索赔意向通知

通用合同条款要求:承包人应在知道或应当知道索赔事件发生后28天内,向监理人递交索赔意向通知书,并说明发生索赔事件的事由。承包人未在上述28天内发出索赔意向通知书的,丧失要求追加付款和(或)延长工期的权利。

索赔意向通知一般应包括以下内容：

(1)事件发生的时间、地点或工程部位。

(2)事件发生的双方当事人或其他有关人员。

(3)时间发生的原因及性质,应特别说明并非承包人的责任。

(4)承包人对发生事件的态度。应说明承包人为控制事件的发展、减少损失所采取的措施。

(5)说明事件的发生将会使承包人产生的额外经济支出或其他不利影响。

(6)提出索赔意向,注明合同条款依据。

索赔意向通知书见表7-4。

索赔意向通知书　　　　　　　　　　　　　　　　　　　表 7-4

工程名称：　　　　　　　　　　　　　　　　　　　　　　　　编号：

致：_____

　　根据《建设工程施工合同（示范文本）》（GF—2017—0201）第_____条_____的约定，由于发生了_____事件，且该事件的发生非我方原因所致。为此，我方向_____（单位）提出索赔要求。

　　附件：索赔事件资料。

提出单位：_____（盖章）

负责人：_____（签字）

（二）索赔报告

1.索赔报告的组成

（1）总述部分，概要论述索赔事项发生的日期和过程，承包方为该索赔事项付出的努力和附加开支，以及承包方的具体索赔要求。

一般包括：①序言；②索赔事项概述；③具体索赔要求；④索赔报告编写及审核人员名单。

（2）论证部分，其目的是说明自己有索赔权，是索赔能否成立的关键。施工单位应引用合同中的具体条款，并参照有关法律规定，说明自己理应得到经济补偿或工期延长。

一般包括：①索赔事件的发生情况；②已递交索赔意向书的情况；③索赔事件的处理过程；④索赔要求的合同根据；⑤所附的证据资料。

（3）索赔款项和工期计算部分，决定应得到多少索赔款额和工期。施工单位必须阐明：①索赔款的要求总额；②各项索赔款的计算；③各项开支的计算依据及证据资料。

（4）证据部分，包括该索赔事件所涉及的一切证据资料，以及对这些证据的说明，是索赔报告的重要组成部分。对重要证据资料应附以文字说明或附以确认件。

2.索赔报告编制应注意的问题

（1）索赔事件要真实、证据确凿。

（2）计算索赔款项和工期要合理、准确。

（3）责任分析清楚。

（4）明确承包人为避免和减轻事件的影响与损失而做出的努力。

（5）阐述由于干扰事件的影响，使承包人的工程施工受到严重干扰，并为此增加了支出，拖延了工期，表明干扰事件与索赔有直接的因果关系。

索赔文件的一般格式见表 7-5

索赔文件的一般格式　　　　　　　　　　　　　　　　　表 7-5

序号	索赔文件构成	一般内容
1	题目	如关于××事件的索赔
2	事件	详细地描述事件过程，双方信件交往、会谈，并指出对方如何违约，证据的编号等

序号	索赔文件构成	一般内容
3	理由	主要是法律依据、合同条款
4	结论	指出对方造成的损失或损害及其大小
5	损失估价	列出损失费用的计算方法并计算出损失费用的大小
6	延期计算	列出工期延长的计算方法、计算公式等，并计算出要求延长的天数
7	附录	指各种编过号的证据、图表等

应用案例7-5

【案例概况】

某公路建设施工土方工程中，承包方在合同文件中标明有松软石的地方没有遇到松软石，因此，工期提前1个月。但在合同文件中另一未标明有坚硬岩石的地方遇到更多的坚硬岩石，开挖工作变得更加困难，由此造成了实际生产率比原计划低得多，经测算影响工期3个月。由于施工速度减慢，使得部分施工任务拖到雨季进行，按一般公认标准推算，又影响工期2个月。为此承包方准备提出索赔。

【问题】

1. 该项施工索赔能否成立？为什么？

2. 在该索赔事件中，应提出的索赔内容包括哪两个方面？

3. 在工程施工中，通常可以提供的索赔证据有哪些？

4. 承包人应提供的索赔文件有哪些？请协助承包人拟订一份索赔意向通知？

【案例评析】

1. 本事件施工索赔成立。因为事件起因是由于意外地质条件造成施工困难，不是承包人自身过错，属于可原谅延误，索赔成立。

2. 本事件使承包人由于意外地质条件造成施工困难，导致工期延长，相应产生额外的工程费用，因此，应包括费用索赔和工期索赔。

3. 索赔证据包括：

（1）工程照片，各项由业主代表或监理人签认的签证，工程施工现场实施情况记录，与本事件有关的合同文件（如标书、图纸、设计交底记录、变更指令等），这些证据用以说明施工条件变化的程度及是否真实等情况。

（2）施工进度表、施工备忘录、会议记录或纪要，以及以上各种记录报告，用以分析计算延误的工期情况并证实其可信性。

（3）与本事件相关的人工报表、材料报表、机械设备报表，用以分析计算多用了人工或延长工作时间，增加了设备数量、种类或工作时间，以及多用了材料数量等。

4. 承包人应提供的索赔文件主要包括：索赔意向通知（书）、索赔报告、详细的计算书与证据。索赔意向通知应在索赔事件发生后合同规定的有效期内向发包人或监理人提出索赔要求，在发出通知后，承包人应进一步开展索赔的取证工作，以备要求进一步补充索赔理由和证据。拟订的索赔意向通知如下：

索赔意向通知

致监理人：

我方希望你方对土方开挖中工程地质条件变化问题引起重视。

1.在合同文件中标明有松软石的地方未遇到预计的松软石。

2.在合同文件中未标明有坚硬岩石的地方遇到更多的坚硬岩石。

由于第一条，我方实际工期提前。

由于第二条，我方实际生产效率降低，而引起工期拖延，并不得不在雨季施工。

综合上述情况，由于施工条件变化造成我方实际工期拖延5个月，并由此使得我方费用比合同预计的增加很多。所以，我方就施工现场的施工条件与原勘察设计有很大不同，向你方提出工期索赔及费用索赔，具体工期索赔及费用索赔依据和数额的计算在随后的索赔报告中体现。

报送人：_____

报送日期：_____

任务 7.3
施工索赔费用和工期计算

一 工期索赔

（一）网络分析法

网络分析法是指通过分析干扰事件发生前后网络计划，对比两种工期计算结果来计算索赔值的方法。网络分析法的应用情况如下：

（1）若延误的工作为关键工作，则延误时间为工期索赔值。

（2）若延误的工作为非关键工作，当其由于延误超过时限而成为关键工作的，可将延误时间与工序总时差的差值作为索赔工期。

（3）若延误的非关键工作在延误后仍为非关键工作，则不存在工期索赔。

应用案例7-6

【案例概况】

某工程施工过程中,因地质勘探报告不详,出现图纸中未标明的地下障碍物,处理该障碍物导致网络计划中工作A持续时间延长10天,经网络分析计算,工作A的总时差为13天。

【问题】

该承包人能否得到工期补偿?

【案例评析】

该承包人不能得到工期补偿。虽然地质勘探报告不详是发包方的原因造成的,但工作A的总时差为13天,而工作A持续时间延长10天,工期延误的时间小于该工作的总时差,不会对总工期产生影响,承包人不能得到工期补偿,具体见下表。

延误原因	责任者	处理原则	索赔情况
①修改设计; ②施工条件变化; ③发包人原因; ④监理人原因等(属于可补偿延误)	发包人	可给予工期延长并补偿费用损失	可获工期索赔及费用索赔
①特殊反常的天气; ②工人罢工; ③天灾等(属于不可补偿延误)	客观原因	可给予工期延长,但是否给予费用补偿依合同具体规定	可获工期索赔(除合同规定外,一般不获得费用索赔)
①工效不高; ②施工组织不好; ③设备材料不足等	承包人	不延长工期,也不补偿损失	无权索赔

(二)比例计算法

在实际工程中,若干扰事件仅影响某些单项工程、单位工程或分部分项工程的工期,要分析它们对总工期的影响,可采用比例计算法来确定工期索赔值。

(1)若已知部分工程的延误时间,则计算公式为

$$工期索赔值 = \frac{受干扰部分的工程合同价}{整个工程合同价} \times 该部分工期拖延的时间 \qquad (7\text{-}1)$$

(2)若已知额外增加工程量的价格,则计算公式为

$$工期索赔值 = \frac{额外增加工程量的价格}{原合同总价} \times 原合同总工期 \qquad (7\text{-}2)$$

应用案例7-7

【案例概况】

某一级公路工程施工，路基工程21个月，路面工程12个月。假定以一定量的劳动力需要量为相对单位，则合同规定的路基工程工程量可折算为310个相对单位，路面工程工程量可折算为70个相对单位。合同规定，在工程量增减10%的范围内，作为承包人的工期风险，不能要求工期补偿。

在工程施工过程中，路基工程和路面工程的工程量都有较大幅度的增加，实际路基工程工程量增加到430个相对单位，实际路面工程工程量增加到117个相对单位。

【问题】

承包人可以提出的工期索赔为多少天？

【案例评析】

不索赔的路基工程工程量的上限为

$$310 \times (1 + 10\%) = 341(相对单位)$$

不索赔的路面工程工程量的上限为

$$70 \times (1 + 10\%) = 77(相对单位)$$

由于工程量增加而造成的工期延长分别为

$$路基工程工期延长 = \frac{430 - 341}{341} \times 21 \approx 5.5(月)$$

$$路面工程工程工期延长 = \frac{117 - 77}{77} \times 1 \approx 6.2(月)$$

$$总工期索赔: 5.5 + 6.2 = 11.7(月)$$

二　费用索赔

（一）分项计算法

分项计算法是将索赔的损失的费用分项进行计算，其主要内容包括：

（1）人工费。人工费包括增加工作内容的人工费、停工损失费和工作效率降低的损失费等累计。其中，增加工作内容的人工费应按照计日工资计算，而停工损失费和工作效率降低的损失费按窝工费计算，窝工费标准双方应在合同中约定。

（2）机械费。因窝工引起的机械费索赔，当施工机械属于施工企业自有时，按照机械折旧费计算索赔费用；当施工机械为施工企业从外部租赁时，索赔费用的标准按照机械租赁费计算。

（3）材料费。材料费索赔额应按照材料单价及材料的消耗量计算，并考虑调值系数。

（4）保函手续费。工程延期时，保函手续费相应增加；反之，取消部分工程且发包人与承包人达成提前竣工协议时，承包人的保函金额相应折减，则计入合同价内的保函手续费也应扣减。应注意保函费用随时间增加而增加,但费率不变。

工程保函欺诈纠纷案

某高速公路施工合同纠纷案

(5)延迟付款利息。发包人未按约定时间进行付款的,应按银行同期贷款利率支付迟延付款的利息。

(6)管理费。

①现场管理费。现场管理费是指承包人完成额外工程、索赔事项工作以及工期延长时间的管理费。其计算公式为

$$现场管理费率 = \frac{合同价中现场管理费总额}{合同总工期} \times 工程延期的天数 \qquad (7\text{-}3)$$

②公司管理费。公司管理费是指工程延误期间增加的管理费。其计算方法有以下两种:

a. 按照投标书中公司管理费的比例(3% ~8%)或公司总部统一规定的管理费比例计算:

$$公司管理费 = 管理费比例(\%) \times (直接费索赔款额 + 现场管理费索赔款额) \qquad (7\text{-}4)$$

b. 以工程延期的总天数为基础计算:

$$对某工程提取的公司管理费 = \frac{合同价中现场管理费总额}{合同总工期} \times 工程延期的天数 \qquad (7\text{-}5)$$

(7)利润。一般来说,由于工程变更范围的变更、文件有缺陷或技术性错误、业主未按约定提供现场等引起的索赔,承包人可以列入利润。索赔利润的款项计算与原报价单中的利润百分比应保持一致,即在成本的基础上增加报价单中的利润率,作为该项索赔款的利润。

(二)总费用法

当发生多次索赔事件以后,重新计算该工程的实际总费用,实际总费用减去投标报价时的估算总费用。这种方法只有在难以采用实际费用法时才应用。

(三)修正的总费用法

修正的总费用法是对总费用法的改进,即在总费用计算的原则上,去掉一些不确定的可能因素,对总费用法进行相应的修改和调整,使其更加合理。修正的总费用法与总费用法相比,有了实质性的改进,其准确程度已接近于实际费用法。

应用案例7-8

【案例概况】

某桥梁工程,合同金额是为2000万元,工期为29个月,合同条件以FIDIC合同条款第4版为蓝本。合同要求在河岸边修建一高架桥,承包人在进行桥梁的基础开挖时,遇到了业主的勘测资料中并未指明的流沙和风化岩层,为处理这些流沙和风化岩层,相应

造成了承包人工程拖期和费用增加，为此，承包人要求索赔：

（1）工期17天。

（2）费用125040元。

1. 索赔论证

承包人在河岸进行清理的基础开挖时遇到了流沙，为处理流沙花了10天的时间，处理完流沙后，又遇到风化岩层，为爆破石方又花了7天的时间。

按照业主提供的地质勘探资料，河岸的土基应为淤泥和泥炭土，并未提及有流沙和风化岩层。FIDIC合同条款第12.2款规定，在工程施工中，承包人如果遇到了气候条件以外的外界障碍或条件，如果这些障碍和条件是一个有经验的承包人也无法预见到的，发包人应给予承包人相应的工期和费用补偿。

上述流沙和风化岩层，如果业主不在地质勘探资料中予以标明，在短短的投标期间，一个有经验的承包人也是无法预见到的。因此，承包人要求索赔相应的工期，多支出的人工费、材料费、机械费、措施费、规费、利润、税金。

2. 索赔计算

（1）工期索赔计算。

处理流沙10天，处理风化岩层7天，小计17天。由于上述事件，承包人在这17天除了处理流沙和风化岩层处之外，无法进行其正常施工，因此要求补偿工期17天。

（2）费用索赔计算。

①处理流沙的费用。定额人工费12400元，定额施工机械费11230元，定额直接费小计23630元（假设等于直接费）；15%的措施费3540元，5%的企业管理费1360元，规费4985元，7.42%的利润2117元，10%的税金3563.2元，共计39195.2元。

②处理风化岩层的费用。定额人工费8850元，定额材料费23890元，定额施工机械费14870元，小计36610元（假设等于直接费）；15%的措施费5490元，5%的企业管理费2110元，规费3558元，7.42%的利润3280元，10%的税金5104.8元，共计56152.8元。

③延期的企业管理费：

分摊到被延误合同中的企业管理费 $A = \dfrac{\text{被延误合同金额}}{\text{合同期内公司所有合同总金额}} \times$ 合同期内企业管理费总额

被延误合同每天的企业管理费 $B = \dfrac{A}{\text{合同期}}$；索赔的延期企业管理费 $C = B \times$ 延期天数

在本合同期的29个月内，承包人共承包了3个合同，3个合同的总金额为4250万元，3个合同的企业管理费总额为4250×5%＝170（万元）。

$A = \dfrac{20000000}{42500000} \times 1700000 = 800000$（元）；$B = \dfrac{800000}{881} = 910$（元）；

$C = 910 \times 17 = 15470$（元）；减去①②项中包含的企业管理费＝15470－1360－2110＝12000（元）。

合计索赔费用＝39195.2＋56152.8＋12000＝107348（元）。

应用案例 7-9

【案例概况】

某公路项目建设单位与承包人签订了工程施工合同,合同规定:钢材、木材、水泥由建设单位供货到工地现场仓库,其他材料由承包人自行采购。承包人编制的施工方案和进度计划表已获监理人批准。混凝土搅拌机台班单价550元/台班,砂浆搅拌机台班单价130元/台班,人工单价180元/工日,管理费率15%,利润7%。

在边坡施工过程中,因建设单位提供的水泥未到,使该项作业从8月3日至8月16日停工(该项作业的总时差为0天),该项作业人工30人,混凝土搅拌机1台。8月7日至8月9日因下雨,涵洞基础开挖工程停工(该项作业的总时差为零),该项作业人工10人。8月17日至8月21日因1台砂浆搅拌机发生故障使涵洞砌筑延迟开工(该项作业的总时差为4天),该项作业人工12人。

为此,承包人于8月5日后陆续送交了工期、费用索赔计算书和索赔依据的详细材料,并于8月24日向监理人提交了一份索赔书,其计算书的主要内容如下:

1. 工期索赔

(1)边坡8月3日至8月16停工,计14天。

(2)涵洞基础8月7日至8月9日停工,计3天。

(3)涵洞砌筑由8月17日延迟至8月21日开工,计4天。总计请求顺延工期:21天。

2. 费用索赔

(1)窝工机械设备费。一台混凝土搅拌机:$14 \times 550 = 7700$(元);一台砂浆搅拌机:$7 \times 130 = 910$(元)。小计:8610元。

(2)窝工人工费。边坡:$30 \times 180 \times 14 = 75600$(元);基础:$10 \times 180 \times 3 = 5400$(元);砌筑:$12 \times 180 \times 4 = 8640$(元)。小计89640元。

(3)管理费增加:$(8610 + 89640) \times 15\% = 14737.5$(元)。

(4)利润损失:$(8610 + 89640 + 14737.5) \times 7\% = 7909.13$(元)。费用索赔合计:120896.63元。

【问题】

1. 承包人提出的工期索赔是否正确?应予批准的工期索赔为多少天?

2. 假定经双方协商一致,窝工机械设备费索赔按台班单价的65%计;考虑对窝工人工应合理安排工人从事其他作业后的降效损失,窝工人工费索赔按每工日105元计;综合费率为窝工费的10%。承包人上报的人工、机械单价为承包人投标单价,试确定索赔额。

【案例评析】

1. 承包人提出的工期索赔不正确

(1)边坡停工14天,应予工期补偿14天。这是由于建设单位原因造成的,且该项作业位于关键路线上。

（2）基础开挖停工，不予工期补偿。因为正常下雨属于季节性因素，是有经验的承包人能预见的，在施工组织中应作考虑，不予索赔。

（3）砌筑停工，不予工期补偿，因为该项停工属于承包人自身原因造成的。

应予批准的工期补偿：$14 + 0 + 0 = 14$（天）。

2. 费用索赔

（1）窝工机械费

边坡机械窝工：$14 \times 550 \times 65\% = 5005$（元）。

砌筑机械窝工：因砂浆搅拌机故障为非建设单位原因，所以造成砂浆搅拌机的窝工机械费不予补偿。

小计：5005 元。

（2）窝工人工费

边坡窝工：$30 \times 105 \times 14 = 44100$（元）。建设单位原因造成，但窝工工人已做其他工作，所以只补偿工效差。

基础开挖窝工：不予补偿。砌筑窝工：不予补偿。

小计：44100 元。

（3）管理费、规费、税金

（$5005 + 44100$）$\times 10\% = 4910.5$（元）。

索赔费用合计：$5005 + 44100 + 4910.5 = 54015.5$（元）。

职业素养提升

任务 1　请结合索赔产生的原因、索赔的成立条件和索赔的程序、索赔值的计算，谈谈合同管理对建设工程项目管理的作用？结合党的二十大精神，谈谈对推进法治中国建设的理解？

任务 2　请小组讨论在日常生活、学习中如何运用法律、合同维护自身权利和化解矛盾纠纷？

模块小结

公路工程施工索赔是合同管理的重要内容，是合同履行过程中经常发生的、受损方为保证自己合法权益而进行的一种行为。本模块主要学习了施工索赔的起因、程序和合同条款以及常见的施工索赔计算。

任务训练

一、单选题

1. 索赔是在合同的实施过程中，合同一方因对方不履行或未能正确履行合同所规定的义务或未能保证承诺的合同条件实现而（　　），向对方提出的补偿要求。

A. 拖延工期后　　　B. 遭受损失后　　　C. 产生分歧后　　　D. 提起公诉后

2. 以下不属于索赔本质特征的是(　　　)。

A. 索赔是要求给予补偿(赔偿)的权利主张

B. 索赔的依据、合同文件以及适用法律

C. 承包人有过错

D. 必须有切实证据

3. 下列索赔事件中,承包人不能提出费用索赔的是(　　　)。

A. 发包人要求加速施工导致工程成本增加

B. 由于发包人和工程师原因造成施工中断

C. 恶劣天气导致施工中断、工期延误

D. 设计中某些工程内容错误导致工期延误

4.《公路工程标准施工招标文件(2018年版)》规定,当施工现场出现气候异常恶劣时,承包人一般可向发包人提出(　　　)。

A. 工期延长的费用索赔要求　　　　B. 延长工期的要求

C. 既延长工期,又索赔费用　　　　D. 不能向发包人提出索赔要求

5. 施工合同履行过程中,因工程所在地发生洪灾所造成的损失中,应由承包人承担的是(　　　)。

A. 工程本身的损害　　　　　　　　B. 因工程损害导致的第三方财产损失

C. 承包人的施工机械损坏　　　　　D. 工程所需清理费用

6. 由于发包人的原因,造成工程中断或进度缓慢,使工期拖延,承包人对此(　　　)。

A. 不能提出索赔　　　　　　　　　B. 可以提出工期拖延索赔

C. 可以提出工程变更索赔　　　　　D. 可以提出工程终止索赔

7. 工程索赔计算时最常用的一种方法是(　　　)。

A. 总费用法　　　B. 修正的总费用法　　C. 实际费用法　　　D. 协商法

8. 按照索赔程序的规定,承包方如果根据本合同条款中任何条款提出任何附加支付的索赔时,应在该索赔事件首次发生的28天之内将其(　　　)提交监理工程师,并抄送发包人。

A. 索赔证据　　　B. 索赔意向书　　　C. 索赔依据　　　D. 索赔报告

9. 关于工期索赔,下列说法正确的是(　　　)。

A. 单一延误是可索赔延误　　　　　B. 共同延误是不可索赔延误

C. 交叉延误可能是可索赔延误　　　D. 非关键线路延误是不可索赔延误

10. 某工程部位隐蔽前曾得到监理工程师的认可,但重新检验后发现质量未达到合同约定的要求,则关于全部剥露、返工的费用和工期处理的说法正确的是(　　　)。

A. 费用和工期损失全部由承包人承担　　B. 费用和工期损失全部由发包人承担

C. 费用由发包人承担,工期不予顺延　　D. 费用由承包人承担,工期给予顺延

11. 某施工合同履行过程中,经监理工程师确认质量合格后已隐蔽的工程,工程师又要求剥露重新检验。重检后结果为质量合格,则下列说法正确的是(　　　)。

A. 发包人支付发生的全部费用,工期不予顺延

B. 发包人支付发生的全部费用,工期给予顺延

C. 承包人支付发生的全部费用,工期不予顺延

D. 承包人支付发生的全部费用,工期给予顺延

12. 当出现索赔事件时,承包人以书面的索赔通知书形式,在索赔事件发生后的(　　)天以内向工程师提出索赔意向通知。

    A. 28　　　　　　　B. 14　　　　　　　C. 21　　　　　　　D. 7

13. 某施工合同履行过程中,承包人发现由于公路管理部门的责任,连接施工场地与国道之间的道路不符合招标文件中说明的条件,则承包人由此增加的费用应由(　　)承担。

    A. 公路管理部门　　　　　　　　　B. 承包人

    C. 发包人　　　　　　　　　　　　D. 承包人与发包人共同

14. 在我国工程合同索赔中,既有承包人向发包人索赔,也有发包人向承包人索赔,这说明我国工程合同索赔是(　　)。

    A. 不确定的　　　　　　　　　　　B. 单向的

    C. 无法确定　　　　　　　　　　　D. 双向的

15. 不属于索赔程序的是(　　)。

    A. 提出索赔要求　　　　　　　　　B. 报送索赔资料

    C. 监理人答复　　　　　　　　　　D. 上级调解

二、多选题

1. 下列选项中可以得到工期索赔的有(　　)。

    A. 发包人及其代表原因引起的延误　　B. 承包人引起的延误

    C. 与发包人有关的第三方原因延误　　D. 与承包人有关的第三方原因延误

    E. 不可控制因素引起的延误

2. 某工程项目,为了避免加班工作及今后可能支付延误赔偿的风险,承包人根据工程理由要求将路基的完工实际延长40天,监理工程师应对下述理由中的(　　)予以考虑工期延长。

    A. 特别严重的降雨

    B. 现场劳务问题

    C. 意外事故(不可抗力)损坏机械设备,但承包人没有立即通知监理工程师

    D. 监理工程师最近发布的一个变更令,即在原工地现场之外的另一个地方附加了一项工作量较大的额外工作

    E. 不可预见的恶劣土质条件,使得路基施工的开挖及回填工作量大大增加

3. 施工机械使用费的索赔包括(　　)。

    A. 完成额外工作增加的机械使用费

    B. 恶劣天气引起机械降效增加的机械使用费

    C. 由于施工组织设计原因造成机械停工的窝工费

    D. 监理工程师原因造成机械停工的窝工费

    E. 发包人原因造成工效降低增加的机械使用费

4. 索赔的程序包括(　　)。

　　A. 提出索赔要求

　　B. 报送索赔资料

　　C. 监理工程师答复、工程师逾期答复后果、持续索赔

　　D. 领导协调

　　E. 仲裁与诉讼

5. 按索赔的目的不同,索赔可分为(　　)。

　　A. 施工索赔　　　　　　　　　　　B. 发包人反索赔

　　C. 费用索赔　　　　　　　　　　　D. 商务索赔

　　E. 工期索赔

6. 索赔报告包括(　　)。

　　A. 证据部分　　　　　　　　　　　B. 论证部分

　　C. 总述部分　　　　　　　　　　　D. 索赔款项(或工期)计算部分

　　E. 摘要部分

7. 关于《民法典》中解决合同争议的方式,下列表述正确的有(　　)。

　　A. 当事人可以通过和解或调解解决合同争议

　　B. 当事人不愿和解、调解,可根据仲裁协议向仲裁机构申请仲裁

　　C. 当事人不履行仲裁协议的,对方可以请求人民法院执行

　　D. 当事人有订立仲裁协议的,当事人可以选择向仲裁机构申请仲裁或向人民法院起诉

8. 公路工程中的索赔证据包括(　　)。

　　A. 招标公告　　　　　　　　　　　B. 来往信件

　　C. 各种会议纪要　　　　　　　　　D. 施工进度计划和实际施工进度记录

　　E. 施工现场的工程文件

9. 公路工程索赔成立的条件有(　　)。

　　A. 与合同对照,事件已造成了承包人的额外支出或直接工期损失

　　B. 造成费用增加或工期损失的原因,按合同约定不属于承包人的行为责任或风险责任

　　C. 承包人按合同规定的程序提交索赔意向通知和索赔报告

　　D. 造成费用增加或工期损失额度巨大

　　E. 索赔费用容易计算

10. 关于总索赔的正确描述是(　　)。

　　A. 总索赔是"一揽子索赔"

　　B. 总索赔是"综合索赔"

　　C. 总索赔是在工程交付时进行

　　D. 总索赔是国际工程中经常采用的索赔处理和解决方法

　　E. 总索赔是在完成了工程决算后提出

三、简答题

1. 试述公路工程索赔的程序。

2. 简述公路工程索赔的原因。

四、案例分析题

1.【案例背景】

某工程进度图如下图所示,其中由于承包人原因致使工作②～④延长1周,由于建设单位原因使工作③～⑤、④～⑥分别延长1周和4周。

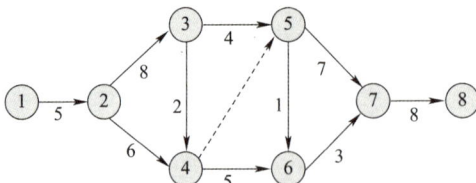

【问题】

该工程能否索赔,索赔工期为多少天?

2.【案例背景】

施工单位承建了某钻孔灌注桩箱形梁桥工程施工,大桥钻孔灌注桩共20根,桩长均相同。现场一台钻机连续24h不间断钻孔,每根桩钻孔完成后立即清孔、安放钢筋笼并灌注混凝土,钻孔速度为2m/h,清孔、安放钢筋笼、灌注混凝土及其他辅助工作综合施工速度为3m/h。

该施工合同中约定:人工单价100元/工日,人工窝工补偿费80元/工日,除税金外企业管理费、利润等综合费率为20%(以直接工程费为计算基数)。

施工过程中发生了如下事件:

事件1:灌注桩钻孔过程中发现地质情况与设计勘察地质情况不同,停工12天,导致人工窝工8工日,机械窝工费1000元/天,停工期间施工单位配合设计单位进行地质勘探用工10工日;后经设计变更每根灌注桩增长15m。(原工期计划中,钻孔灌注桩施工为非关键工序,总时差8天)

事件2:在1号主墩钻孔桩开钻前夕,承包人接到监理工程师指令,石油部门要在墩位处补充调查地下石油管线,要求1号主墩停止钻孔桩施工3天,监理工程师根据机械设备进退场申请单和现场核实,确认有两台钻机停工,其中一台为租赁,其分摊进退场费用后的实际租赁费2000元/天;另一台为自有,投标报价为台班费1600元,停置费1000元/天,利润率7%。

【问题】

1. 针对事件1,计算工期延长的天数,计算除税金外可索赔窝工费和用工费各多少元。(计算结果保留一位小数)

2. 针对事件2,计算1号主墩钻孔桩停工3天可索赔的钻机停工费用。

专项实训

某高速公路某合同段施工索赔

【实训目标】

通过模拟索赔谈判,加深对公路工程施工索赔的理解,具备依据合同文件和相关工程资料进行索赔的能力。

【实训过程】

结合教师提供的一个真实工程项目案例,分为两组,分别代表发包人和承包人,经过模拟索赔谈判后再交换角色进行实训。

1.教师提供一个真实工程项目案例,工程概况如下:

某高速公路某合同段,主要工程量包含一座大型互通式立交桥。红线周边居民较密集。经公开招标确定承包人并按招标文件签订了施工合同。工程开工前,承包人上报了施工组织计划并获得批准。工程开工后发生了如下事件:

事件1:原计划4月30日全部完成的拆迁工程直至5月15日才完成,导致无法按计划进行桩基施工,其中某部分处于进度网络图关键线路的桩基计划开工时间为5月6日,因此推迟至16日开工,造成窝工600工日(每工日工资40元),设备A闲置60台班(计日工单价为1500元/台班,投标预算书中该设备固定费用1000元/台班),设备B闲置75台班(计日工单价为1200元/台班,投标预算书中该设备固定费用800元/台班)。

事件2:至6月10日,因部分桩基与红线外民房距离较近,冲击振动影响较大,被居民阻工,被迫停工10天,该工序位于批准的施工组织计划关键线路中。经发包人、监理人、承包人共同研究决定改用回旋钻成孔。调运更换机械及窝工损失20万元,因更改施工工艺导致后续施工费用增加30万元。

事件3:进入上部结构施工后,突然接到发包人通知因市政规划原因暂时停工,等待重新设计。接到通知时,主线除外,匝道桥已搭设支架800t,经测算搭拆工费为400元/t,已制作模板4000m²,每平方综合费用80元,完成钢筋制作400t,钢筋清单综合单价6000元/t,当时的废钢材回收价格为1000元/t,地面硬化及其他费用20万元。90天后发包人下发了新施工图并要求按新设计进行施工。新设计施工图导致原设计匝道部分全部不能利用,报废工程500万元(实体已计量)。

2.学生分为两个组,分别代表发包人和承包人,经过一轮索赔谈判后再交换角色进行实训。角色扮演中的另一方,发包人方在索赔谈判中就索赔方提出的上述任务结果进行反驳。

3.指导教师通过启发式引导模拟索赔谈判过程,可以提前设置若干问题或突发情况,考验学生分析问题和解决问题的能力,通过现场模拟使学生掌握实际工程施工索赔能力。

【实训成果】

1.承包人是否可以提出索赔,为什么?

_____

_____

_____

2.每项事件工期索赔各是多少天,费用索赔多少?

_____

_____

_____

3.索赔证据有哪些？

_____

_____

_____

4.如何通过完善合同条件以及如何在工程实施过程中采取措施,以保护承包人、发包人方的正当权益。

_____

_____

_____

（可自行加页）

在线测评

模块7
在线测评

课程思政学习资源

模块7 课程思政
学习资源

参考文献

[1] 中华人民共和国民法典.北京:中国法制出版社,2021.

[2] 中华人民共和国招标投标法实施条例修订.北京:中国计划出版社,2019.

[3] 全国二级建造师执业资格考试辅导用书编委会.建筑工程管理与实务复习题集[M].北京:中国建筑工业出版社,2023.

[4] 全国二级建造师职业资格考试辅导用书编委会.公路工程管理与实务复习题集[M].北京:中国建筑工业出版社,2023.

[5] 全国造价工程师职业资格考试培训教材编审委员会.建设工程造价管理基础知识[M].北京:中国计划出版社,2023.

[6] 全国二级建造师执业资格考试辅导编写委员会.建设工程法规及相关知识[M].北京:中国建筑工业出版社,2023

[7] 中华人民共和国交通运输部.公路工程标准施工招标文件[M].北京:人民交通出版社股份有限公司,2018.

[8] 中华人民共和国交通运输部.公路工程标准施工招标资格预审文件[M].北京:人民交通出版社股份有限公司,2018.

[9] 住房和城乡建设部,国家市场监督管理总局.建设工程施工合同(示范文本):GF-2017—0201[S].北京:中国建材工业出版社,2017.

[10] 杨树峰.招投标与合同管理[M].4版.重庆:重庆大学出版社,2022.

[11] 宋春岩.建设工程招投标与合同管理[M].5版.北京:北京大学出版社,2022.

[12] 周艳冬.工程项目招投标与合同管理[M].北京:北京大学出版社,2022.

[13] 皇甫婧琪.建设工程法规[M].3版.北京:北京大学出版社,2021.

[14] 杨陈慧.工程招投标与合同管理实务[M].2版.重庆:重庆大学出版社,2021.

[15] 郝永池,郝海霞.建设工程招投标与合同管理[M].3版.北京理工大学出版社,2021.

[16] 李洪军.工程项目招投标与合同管理[M].3版.北京:北京大学出版社,2018.

[17] 危道军.招投标与合同管理实务[M].4版.北京:高等教育出版社,2018.

[18] 杨志中.建设工程招投标与合同管理[M].北京:机械工业出版社,2013.

[19] 姜仁安,郭梅.公路工程施工招投标[M].北京:机械工业出版社,2012.

[20] 董丽艳.公路工程施工合同管理与费用监理[M].北京:人民交通出版社,2011.